凝心聚力 偕行向美

——2022贵州教育纪事

贵州省教育厅◎编著

图书在版编目（CIP）数据

凝心聚力　偕行向美 : 2022 贵州教育纪事 / 贵州省教育厅编著 . – 贵阳 : 贵州大学出版社，2024

ISBN 978-7-5691-0856-9

Ⅰ . ①凝… Ⅱ . ①贵… Ⅲ . ①地方教育－教育事业－概况－贵州－ 2022 Ⅳ . ① G527.73

中国国家版本馆 CIP 数据核字 (2024) 第 012728 号

凝心聚力　偕行向美——2022 贵州教育纪事

贵州省教育厅　编著

出 版 人：闵　军
责任编辑：葛静萍
责任校对：韦　霞
装帧设计：杨　成

出版发行：贵州大学出版社有限责任公司
地址：贵阳市花溪区贵州大学北校区出版大楼
邮编：550025　电话：0851-88291180
印　　刷：贵阳精彩数字印刷有限公司
开　　本：787 毫米 ×1092 毫米 1/16
印　　张：20
字　　数：382 千字
版　　次：2024 年 1 月第 1 版
印　　次：2024 年 1 月第 1 次印刷
书　　号：ISBN 978-7-5691-0856-9
定　　价：128.00 元

编委会

遵循教育科技人才一体布局三个逻辑 强力推动教育高质量发展

（代序）

邹联克

在人类文明进步的历史长河中，教育、科技、人才始终是重要的推动力量。党的二十大将教育、科技、人才工作置于高质量发展之后集中表达，强调要深入实施科教兴国战略、人才强国战略、创新驱动发展战略，不断开辟发展新领域新赛道，塑造发展新动能新优势。这是以习近平同志为核心的党中央立足实现第二个百年奋斗目标和推进中国式现代化大局提出的重大时代课题。2023 年贵州省政府工作报告对一体推进教育科技人才工作作出部署，明确要推动发展动能加快向创新驱动转换，坚持教育、科技、人才“三位一体”，推动创新链、产业链、资金链、人才链深度融合。回答好这个历史之问、时代之问、人民之问、现实之问，必须遵循教育、科技、人才一体布局的理论逻辑、历史逻辑、实践逻辑，明晰新时代教育改革发展的历史方位和实施路径，更加有力地推动教育高质量发展。

一、遵循契合马克思主义生产力理论客观要求的理论逻辑

理论逻辑是认识问题、分析问题的源头和起点。穷理以致其知。通过科学的学理依

据，厘清事物的本质以及相关因素之间的内在联系，准确把握事物发展的规律要求，以理论上的清醒保证政治上的坚定、行动上的有力。

马克思主义是认识世界、把握规律、追求真理、改造世界的强大思想武器，是我们揭示教育、科技、人才一体布局深层逻辑的理论基点。马克思主义关于生产力理论的一般原理指出，生产力包括劳动者、劳动资料和劳动对象三个基本要素。劳动资料是人们用来影响或改变劳动对象的一切物质资料，其中起决定性作用的是生产工具，这是生产力高低的主要标志。科学技术带来的发明创造，首先影响和推动生产工具不断改进完善，更加适应发现自然、利用自然、改造自然的需求，从而提高劳动生产效率。在生产力的三个基本要素中，劳动者是最重要的决定因素。任何科学技术都是劳动者发明创造的，只有劳动者才能将其转化为改造自然的生产力。没有劳动者在其中发挥作用，再好的科学技术也不能变成现实的社会生产力。也就是说，没有人才就不会有科技进步，没有人才支撑，国家发展进步将举步维艰。人和科学技术都是潜在的生产力，是促进经济发展的可能因素。要把潜在生产力变为现实生产力，必须依靠教育传播文化知识、传承技能技艺。人们通过教育掌握文化知识和科学技术，具备了生产能力，成为现实劳动力。科学技术通过教育，以劳动者为载体进入社会生产领域，也变成现实生产力。因此，科技促进生产工具不断优化，人才决定社会生产力水平，教育促使潜在生产力变成现实生产力。只有把教育办好，加快提高人民科学文化素质，发展生产力才会成为可能。

强国必先强教、兴国必先兴学。教育有发展，科技、人才就会有进步；教育有质量，科技、人才就会有保障。没有教育的高质量，科技、人才的高质量就会难以为继。党的十八大以来习近平总书记关于教育工作的一系列重要论述，是马克思主义中国化时代化最新成果在教育领域的体现，是新时代推动教育高质量发展的根本遵循。我们要提高政治站位，增强政治觉悟，深刻领会“两个确立”的决定性意义，深学笃用习近平总书记对贵州工作的重要指示批示和关于教育的重要论述，坚持为党育人、为国育才，全面贯彻党的教育方针，坚持立德树人根本任务，突出教育公益性原则，坚持从政治上看教育、从战略上谋教育、从民生上抓教育、从规律上办教育，厚植“美的教育”理念，正确处理好新阶段教育改革发展的主要矛盾和矛盾的主要方面，推动教育高质量发展，努力办好人民满意的教育。以教育高质量保障人才高质量，以教育高质量支撑科技高质量，推动社会生产力进一步解放和发展，更好促进社会主义现代化建设。

二、遵循贴合改革开放和社会主义现代化建设必然选择的历史逻辑

历史逻辑是理论逻辑的基础和再现。今天需要面对的问题可以在历史上找到影子，历史上发生的事情可以作为今天的镜鉴。系统回顾党的十一届三中全会以来至党的十九大历次党的全国代表大会对教育、科技、人才工作的布局和要求，陈述其演变过程，探究其历史轨迹，有助于准确把握党对教育改革发展的目标期望和价值追求，有助于科学制定发展策略。

一个时代有一个时代的责任，一个阶段有一个阶段的使命。教育、科技、人才在不同的发展阶段承担着不同的时代任务。改革开放之初，党的主要任务是加快经济社会恢复重建。党的十二大指出，要实现20世纪末的经济发展目标，最重要的是解决好农业问题、能源和交通问题、教育和科技问题。党的十三大提出要实现我国经济建设三步走战略目标，必须把发展科学技术和教育事业放在首要位置，使经济建设转到依靠科技进步和提高劳动者素质的轨道上来。党的十四大强调，为了加速改革开放，推动经济发展和社会全面进步，必须加速科技进步，大力发展教育，充分发挥知识分子的作用。党的十五大指出，科技进步是经济发展的决定性因素，要促进科技、教育同经济的结合。发展教育是文化建设的基础工程。人才是科技进步和经济社会发展最重要的资源。

进入新世纪，党的主要任务是在21世纪头20年全面建成小康社会。党的十六大强调注重依靠科技进步和提高劳动者素质，改善经济增长质量和效益。教育是发展科学技术和培养人才的基础，在现代化建设中具有基础性先导性全局性作用。党的十七大强调提高自主创新能力，建设创新型国家是国家发展战略的核心，是提高综合国力的关键。教育是民族振兴的基石，教育公平是社会公平的重要基础。党的十八大指出，科技创新是提高社会生产力和综合国力的战略支撑，必须摆在国家发展全局的核心位置。要解决好人民最关心最直接最现实的入学、就业、看病、住房等利益问题，努力让人民过上更好生活。党的十九大强调，创新是引领发展的第一动力，是建设现代化经济体系的战略支撑。建设教育强国是中华民族伟大复兴的基础工程。人才是实现民族振兴、赢得国际竞争主动的战略资源。

综观党的十二大至十九大报告对教育、科技、人才的布局安排，教育先后作为经济建设、文化建设和社会建设的重要内容，科技始终服务经济建设，人才发展则以各种形式体现在经济建设、党的建设等不同板块之中。教育本身具有政治、经济、文化等多重职能属性，在落实“科学技术是第一生产力”战略加快经济发展时有教育支撑，提升人

民科学文化素质建设中国先进文化时有教育助力，构建和谐社会推进全面小康时有教育赋能，充分体现教育能全方位适契党和国家阶段性重点任务的需要。了解历史才能看得远，尊重历史才能走得远。在新时代新征程上，要主动识变、求变应变，坚持把教育事业摆在优先发展的战略位置，坚持经济社会发展规划优先安排教育，财政资金投入优先保障教育，公共资源配置优先满足教育和人力资源开发需要，认真落实教育经费“两个只增不减”要求，继续压缩全省行政经费用于发展教育。要坚持《贵州省推进教育现代化建设特色教育强省实施纲要（2018—2027年）》和贵州省教育发展“十四五”规划既定的路线图，深入推进实施教育“七大提升工程”，加快整体提升教育发展水平，力争各项主要发展指标达到甚至超过全国平均水平。要把握变革趋势和发展规律，加强科技创新和人才队伍建设，服务强国崛起、共同富裕、人的全面发展、丰富人民精神文化等不同需求，确保关键时刻站得出、紧急关头靠得住。

三、遵循融合实施创新驱动发展战略现实需要的实践逻辑

实践逻辑是历史逻辑的延续和实证。党的十八大以来，以习近平同志为核心的党中央面对中华民族伟大复兴战略全局和世界百年未有之大变局，坚持创新在我国现代化建设全局中的核心地位，推动实施创新驱动发展战略，有效促进经济发展转型升级、换挡提速、强能增效。

围绕实施创新驱动发展战略，习近平总书记深刻阐述了教育、科技、人才的使命任务、相互关系和本质要求。习近平总书记强调，抓住了创新，就抓住了牵动经济社会发展全局的“牛鼻子”。实施创新驱动发展战略，就是要坚持把创新作为引领发展的第一动力，推动以科技创新为核心的全面创新，切实增强科技进步对经济增长的贡献度。关于教育推动创新的使命任务，习近平总书记指出，教育要推进产学研协同创新，投身实施创新驱动发展战略，着重培养创新型、复合型、应用型人才。要优化同新发展格局相适应的教育结构、学科专业结构、人才培养结构。研究型大学建设要同国家战略目标、战略任务相对接，加强基础前沿探索和关键技术突破，为培养更多杰出人才做出贡献。创新驱动实质是人才驱动，当今世界的竞争说到底是人才竞争、教育竞争。实现第二个百年奋斗目标，高水平科技自立自强是关键，但归根结底要靠高水平的创新人才，等等。

创新是国家兴旺发达的不竭动力。过去党和国家事业依靠创新取得了伟大成就、创造了“两个奇迹”，未来仍要依靠创新开辟发展新领域新赛道、塑造发展新动能新优势。要坚持把创新摆在中心位置，紧扣创新驱动发展战略深入实施这个时代任务，教

育、科技、人才“三位一体”协同发力，教育围绕创新“办”、科技围绕创新“转”、人才围绕创新“干”，以高质量的教育、科技、人才支撑经济社会全面创新，进一步激发社会活力和发展动能，推进高水平科技自立自强，突破发展的瓶颈，助力中国式现代化加快实现。

一是全力实施教育系统自身“三位一体”协调发展。高等教育是为现代化建设提供人才支撑的引领力量。要重点发挥好高等学校人才培养、科学研究、社会服务、文化传承创新等基本职能，着力构建服务创新驱动发展战略的学校体系、科研创新体系和人才培养体系。坚持做强贵州大学、做大省属本科高校、做特市州本科高校，推进高等教育分类管理、错位发展。实施高等教育突破发展提升工程，优化高校布局结构，加快贵州医科大学等高校新校区建设，进一步扩大高等教育办学规模。健全高校科技创新目标考核评估体系，发挥好经费、项目等杠杆作用，撬动高校科研创新能力换代升级，以教育适应性变革融入创新驱动发展战略。通过“揭榜挂帅”等机制，切实加强实施有组织科研，集中攻克“卡脖子”关键核心技术，为实施围绕“四新”主攻“四化”主战略、实现“四区一高地”主定位和重大领域突破发展提供有力支撑。优化高等学校学科和专业布局结构，加强基础学科、新兴学科、交叉学科建设，深化办学模式、育人机制改革，进一步提高人才自主培养质量，培养更多爱党报国、服务于民的拔尖创新人才。

二是探索构建社会系统“三位一体”发展格局。坚持围绕高水平科技自立自强做文章，围绕建设人才中心和创新高地谋未来。健全新型举国体制，探索构建横跨教育、科技、人才工作等部门的定期沟通协商机制，进一步加强对政、研、校、企创新创造资源的优化配置和整合利用，推进人才共育、平台共建、难题共解、责任共担、成果共享。要深化产教融合、产城互动、校企合作，通过产业导师、相互挂职等连接机制，推动人才教育培养与关键技术突破互融互通。要统筹高等教育、职业教育、继续教育协同创新，推进职普融通、产教融合、科教融汇，在“校农结合”基础上，探索实施“校工结合”“校旅结合”，促进教育链、产业链、人才链、资金链、创新链协同发展。要聚焦重大科研项目实施，建立更加灵活的资源调配制度，把最好的人才集中起来，把最优的平台发挥出来，集中攻克大力发展基础产业、改造提升传统产业、培育壮大战略性新兴产业中面临的关键核心技术，促进建设富有贵州特色、在国家产业格局中具有重要地位的现代产业体系。

三是着力推进两个系统相互衔接沟通。坚持小逻辑服从大逻辑，小循环融入大循环。社会大系统侧重战略科技力量建设，围绕人才招、引、培、用等环节发力，推动培养更多大师、战略科学家、一流科技领军人才和创新团队、青年科技人才、卓越工程师、大国工匠、高技能人才，服务全省重大科研项目攻关；小系统注重培养科技创新后备力量，把创新这一根本要求体现到办学治校、教书育人各方面，把培育科学精神、创新能力、批判性思维根植到人生起始阶段，为培养一大批高素质创新型人才筑牢基础。充分发挥高等学校的优势，形成教育培养人才、搭建科研平台，集成合力攻坚的高等教育格局。大系统建设统筹支持小系统，小系统自觉服务大系统建设，通过扬长避短，取长补短，相互协作，共同服务创新驱动发展战略实施。

逻辑引领行动，实干成就未来。习近平总书记指出，只要把握住历史发展规律和大势，抓住历史变革时机，顺势而为，奋发有为，我们就能够更好前进。人民满意的教育、与现代化建设需求相适应的教育，就是高质量的教育。在新的发展起点上，我们要拓宽工作视野和格局，深刻领会教育、科技、人才一体布局的理论逻辑、历史逻辑、实践逻辑，将教育摆在中华民族伟大复兴历史进程中、摆在世界百年未有之大变局中、摆在全省经济社会发展大格局中去理解、去谋划、去推动，加快义务教育优质均衡发展和城乡一体化，优化区域教育资源配置，推进学前教育、特殊教育普惠发展，坚持高中阶段学校示范多元发展，统筹推进高等教育、职业教育和继续教育协调发展，推进教育数字化战略行动，加快建设高质量教育体系，让人民群众获得更加协调充分、更加优质均衡、更加宁静多元、更加人性适合、更加自然生态的“美的教育”。要坚持补短板强弱项，深入实施小学数学教学质量强基行动、普通高等学校理工科学科专业建设强化行动、教师队伍能力素质强力行动，加强教育治理能力建设，夯实贵州教育高质量发展基础，强力推动教育高质量发展，以教育之力助推全省经济社会高质量发展，以教育现代化支撑中国式现代化。

（作者系中共贵州省委教育工作委员会副书记，省教育厅党组书记、厅长）

目 录

第一篇
凝心

世纪盛会，举旗起航，躬逢其盛，教育勃兴。

2022 年，党的二十大报告首次把教育、科技、人才进行“三位一体”统筹安排、一体部署，首次提出教育是“基础性、战略性支撑”，凸显教育事业在党和国家工作全局中的分量之重。

胸怀“国之大者”，善谋“党之大计”。2022 年，全省教育系统坚持以习近平新时代中国特色社会主义思想为指导，全面落实习近平总书记关于教育的重要论述和党中央决策部署，在中共贵州省委、省人民政府的坚强领导下，以历史主动精神办好人民满意的教育，促进教育高质量发展，奋力推进特色教育强省建设，“五个一批”走向深入，教育系统党建品牌影响力进一步增强，统一战线工作迈上新台阶，不断为谱写多彩贵州现代化建设新篇章，提供强大的人才支撑、智力支持！

喜迎党的二十大　齐心跟党走　奋楫新征程

时间镌刻不朽，奋斗成就永恒。2022 年砥砺奋进，历史的如椽巨笔绘写壮美画卷。如红日东升，如大潮奔涌，如长风浩荡，向上向前的教育力量蕴藏在每一寸生机勃勃的土地上，向着未来无限伸展。

省属高校系统党的二十大代表诞生记

2022 年 10 月 16 日至 22 日，中国共产党第二十次全国代表大会在北京隆重举行。在此之前，中共贵州省委教育工委成立“党的二十大和省第十三次党代会代表推荐选举工作领导小组”（以下简称“推选工作领导小组”），中共贵州省委常委、省委宣传部部长、省委教育工委书记卢雍政同志亲任组长。

推选工作领导小组认真制定推选工作方案，在省属高校系统及时安排部署，精心组织实施，采取自下而上、上下结合、反复酝酿、逐级遴选方式进行。各高校坚持走群众路线，深入宣传发动，广泛听取基层党组织、党代表、党员和群众的意见，充分体现党

2022 年 4 月 2 日，中国共产党贵州省省属高校系统代表会议现场

省委常委、省委宣传部部长、省委教育工委书记卢雍政投票

员意志。省属高校系统共有基层党组织 2085 个，参加推荐提名的有 2085 个，覆盖率为 100%。党员 56260 名，参与推荐提名 56260 名，参与率 100%。

在参加完推荐工作后，贵州师范学院地理与资源学院教师吴建峰说："作为一名普通党员，在党代表推荐过程中，我积极参与党内政治生活，正确行使党员权利，把身边的先进典型选出来、推出去。我校推荐提名的同志，都是在工作中顾全大局，团结合作，以身作则，具有很强的敬业奉献精神的同志。"将这类政治素质过硬、工作业绩突出、示范形象好的党员推选为代表，能够充分代表民意，有力确保推选产生的党代表的先进性。

按照推选程序，推选工作领导小组先后 7 次召开工委（扩大）会议研究推选工作，在完成推荐提名、组织考察、确定代表候选人初步人选、确定代表候选人预备人选等主要环节后，时间来到 2022 年 4 月 2 日。在贵州省省属高校系统党代会上，工作人员宣读了贵州省第十三次党代会代表候选人基本情况简介，来自贵州省属高校系统的 143 名党代表出席会议，他们认真审阅《中国共产党贵州省省属高校系统党代表会议选举办法（草案）》和代表候选人预备人选名单，2 小时后，24 名省属高校系统出席省第十三次党代会代表通过大会投票选出。

这 24 名代表涵盖了经济、科技、教育、卫生等领域。各级党员领导干部 16 名，占 66.67%；生产和工作一线党员 8 名，占 33.33%。其中，专业技术人员 8 名，占 33.33%。女党员 8 名，占 33.33%。少数民族党员 8 名，占 33.33%。50 岁以下党员 8

名，占 33.33%。生产和工作一线党员中，有 6 人获得过国家级表彰，4 人获得过省部级表彰，8 人均获得过地厅级表彰。

2022 年 4 月 25 日至 28 日，24 名省属高校系统党代表参加了中国共产党贵州省第十三次代表大会。此次会议选举产生了贵州省出席党的二十大的代表，省属高校系统的李建军等 3 名同志光荣当选。

学习宣传二十大　教育发展看变化

教育是国之大计、党之大计。党的二十大报告将“实施科教兴国战略，强化现代化建设人才支撑”单独成章，阐释了教育、科技和人才的基础性、战略性支撑作用，充分体现了以习近平同志为核心的党中央高瞻远瞩的战略眼光和强烈的历史担当。办好人民满意的教育，一直是社会主义教育事业的根本立场和价值追求。

党的十八大以来的十年，全省教育系统始终牢记习近平总书记的嘱托，深学笃行

贵州大学组织师生员工集中收看党的二十大开幕会

贵州医科大学组织师生员工集中收看党的二十大开幕会

省教育厅驻荔波乡村振兴工作队与当地群众一起收看党的二十大开幕会

省教育厅组织学习习近平总书记在中国共产党第二十次全国代表大会上的报告

“以人民为中心”发展教育事业，努力答好“办好人民满意的教育”这张“考卷”。贵州省教育面貌发生了历史性变革，实现了教育脱贫攻坚成色大幅提升、教育普及水平大幅提升、教育公平质量大幅提升、教育服务贡献能力大幅提升、教育发展活力大幅提升、教育开放水平大幅提升“六个大幅提升”。十年来，全省教育系统始终坚持以习近平新时代中国特色社会主义思想为指导，感恩奋进、踔厉奋发。始终坚持“党的领导”办美的教育，成立省、市、县三级党委教育工作领导小组、健全省领导联系教育工作制度、建立“五级书记抓党建”工作机制，坚持和完善高校党委领导下的校长负责制，全省 16 所民办高校实现党组织书记选派工作全覆盖，进一步加强了党对教育工作的全面领导。始终坚持“优先发展”办美的教育。落实教育经费“两个只增不减”，十年来，共计压缩行政经费 34.97 亿元用于教育，累计投入教育经费 10851.71 亿元，不断改善学校办学条件，不断促进教育公平。累计招聘 13.5 万名特岗教师到农村学校任教，“国培计划”培训教师 90 多万人次。全省 7324 所农村中小学校与东部优质学校实现“组团式”帮扶全覆盖。始终坚持以“人民满意”办美的教育。在西部率先实现县域义务教育基本均衡发展，提前 2 年实现 100% 全覆盖。学前三年毛入园率、九年义务教育巩固率、高中阶段毛入学率、高等教育毛入学率分别达到 91.4%、95.5%、91.5%、45.7%，分别比 2012 年提高 29.4 个百分点、16.9 个百分点、29.3 个百分点、20.2 个百分点，其中：义务教育巩固率、高中阶段教育毛入学率首次超过全国平均水平。

能够取得这些令人赞叹的历史性成就，是因为有以习近平同志为核心的党中央掌舵

省教育厅一级巡视员赵廷昌（后排左三）调研贵州盛华职业技术学院"五级书记抓党建"

领航，办好人民满意的教育才有了最可靠的"主心骨"；是因为有习近平新时代中国特色社会主义思想为指引，办好人民满意的教育才有了行动上的"指南针"；是因为有中共贵州省委、省人民政府的高度重视、正确领导和大力投入，办好人民满意的教育才有了发展上的"保障器"；是因为有全省广大教师和教育工作者的身先士卒和倾情付出，办好人民满意的教育才有了后发赶超的"动力源"。这些年来，全省教育系统坚持为党育人、为国育才，胸怀"国之大者"，厚植"美的教育"理念，着力营造"党以重教为先、政以兴教为本、师以从教为乐、民以助教为荣"的良好教育生态，不断增强办好人民满意的教育的政治自觉、思想自觉和行动自觉。

学习党的二十大　擎旗奋进新征程

党的二十大圆满闭幕，贵州代表团激情满怀地返回后，在中共贵州省委的统一部署下，党的二十大代表卢雍政同志把教育系统作为宣讲党的二十大精神的第一站，他主持录制的《贵州教育大讲堂》特别节目"教育奋进之美"于2022年10月31日播出。在宣讲中他说道："党中央高度重视教育工作，党的二十大报告指出，教育、科技、人才是全面建设社会主义现代化国家的基础性、战略性支撑，实现科技自立自强，强化现代化建设人才支撑，归根结底在于教育。我们要按照党的二十大对教育工作的新定位、新部署，以历史主动精神办好人民满意的教育，促进教育高质量发展，奋力推进特色教育强省建设，统筹解决我省现代化建设的最大瓶颈，为谱写多彩贵州现代化建设新篇章，

2022 年 11 月 17 日，省委宣讲团成员，省委教育工委副书记，省教育厅党组书记、厅长邹联克在贵阳市面向全省教育系统宣讲党的二十大精神

提供强大人才支撑！”

2022 年 10 月 16 日，中国共产党第二十次全国代表大会开幕当天，贵州省教育厅组织全厅近 500 名党员干部、全省教育系统数百万党员干部、教职工收看了党的二十大开幕盛况。大家纷纷表示，要认真学习宣传贯彻党的二十大精神，切实把思想和行动统一起来，共同为全面建设社会主义现代化国家、全面推进中华民族伟大复兴而不懈奋斗。

蓝图已经绘就，号角已经吹响。在以习近平同志为核心的党中央坚强领导下，全面贯彻习近平新时代中国特色社会主义思想，坚定志不改、道不变的决心，坚持中国特色社会主义道路、坚持社会主义办学方向，以中国式现代化全面推进中华民族伟大复兴，踔厉奋发、勇毅前行，全省教育系统一定能创造无愧于党、无愧于人民、无愧于时代的新业绩，赢得更加伟大的胜利和荣光。

党的二十大代表·李建军：党建“六个结合”助推贵大高质量发展

2022年10月16日上午，党的二十大在全国各族人民的翘首企盼和全球瞩目中隆重开幕，大会现场的气氛既庄重又热烈，党代表们精神饱满、信心满怀。有幸作为党的二十大代表参加盛会，我倍受震撼、倍感振奋！现场聆听了习近平总书记所作的报告，深刻感受到报告思想深邃、气势恢宏，守正创新、继往开来，闪耀着马克思主义真理的光芒，宣示了新时代新征程的庄严使命，给全党以方向和引领，给人民以信心和力量。习近平总书记铿锵有力、掷地有声地宣告：中华民族伟大复兴进入不可逆转的历史进程！极大地鼓舞了中国人民的志气、骨气、底气！

李建军同志参加中国共产党第二十次全国代表大会

党的二十大报告对教育的战略定位提出了新要求，是新时代教育工作的行动指南。以前的党代会报告，教育往往是与民生相连，而党的二十大报告则把教育、科技、人才合为一个部分进行专门阐述，在报告中的次序排在民生之前。这进一步表明，我们党对教育、科技、人才与高质量发展之间相互作用的规律有了更精准的把握，并贯穿到总体工作布局中，进一步推动科教融合。这必将使我国加快造就一大批拔尖创新人才、数以千万计的高级专门人才和数以亿计的高素质劳动者，将提高我国科技创新水平和全要素生产率，加快社会主义现代化建设。贵州大学党委牢牢抓住“部省合建”和“双一流”建设历史新机遇，同向推进中共贵州省委、省人民政府“做强贵州大学”与“五级书记抓党建”，以建设全国党建示范高校为契机，着力抓好党建工作“六个结合”，加快建设贵州的人才中心和创新高地，汇聚起了高质量发展的强大动能。

一是政治建设与坚持社会主义办学方向相结合，全面加强党对高校的领导。党的二十大提出：“以党的政治建设统领党的建设各项工作。”贵州大学充分发挥学校党委领导核心作用，筑牢意识形态主阵地，压实管党治党责任。积极推进新时代高校党建示范创建和质量创优，实现了全国党建工作示范高校、标杆党委、样板支部三级党组织“双创”全覆盖以及国家、省、校三级示范点全覆盖。2022 年 11 月 15 日，时任省委书记、省人大常委会主任谌贻琴到贵州大学宣讲党的二十大精神。谌贻琴强调，教育是国之大计、党之大计。贵州大学要以建校 120 周年为新的起点，牢记“国之大者”，服务“省之大计”，弘扬“师之大道”，培育“业之大才”，加快建成国内一流、国际知名的综合性高水平大学，为民族复兴、贵州发展、高等教育、人才汇聚作出贵州大学的新贡献，真正让贵州大学“贵”的地位更加突出、“大”的格局更加彰显。

二是思想建设与人才培养相结合，全面落实立德树人根本任务。党的二十大报告提出：“坚持不懈用新时代中国特色社会主义思想凝心铸魂”，“全面加强党的思想建设”，“加强理想信念教育，引导全党牢记党的宗旨”，“自觉做共产主义远大理想和中国特色社会主义共同理想的坚定信仰者和忠实实践者”；“全面贯彻党的教育方针，落实立德树人根本任务，培养德智体美劳全面发展的社会主义建设者和接班人”。贵州大学通过打造“三全育人”新格局，建立“通识 + 专业”学生培养模式，以社会主义核心价值观引领校园文化建设。现在，贵州大学有国家“双万计划”一流专业总数 84 个，其中国家级一流专业 52 个（中央赛道），在全国高校中居于前列。2022 年应届本科毕业生考研录取率达 34%。本科通识教育模式入选 2020 年教育部全国通识教育十大典型案例，2022 年 5 月顺利通过教育部“三全育人”综合改革试点建设考核。

三是组织建设与师资队伍建设及人才培养相结合，全面推进人才强校战略。坚持党

李建军率贵州大学师生赴贞丰县助力乡村振兴

管人才、坚持引培并举、坚持组织建设和人才发展双促双高等措施的实行，推动学校人才工作的高质量发展。学校现有国家级人才占全省高校国家级人才总量的 60% 以上。

四是作风建设与师德师风建设相结合，争做新时代“四有”好老师。通过突出思想立德、突出作风正德、突出师德典型，贵州大学不断强化教师法纪教育、强化教师党支部政治功能，构建和完善荣誉表彰和文化浸润体系，着力把教师培养成为学、为事、为人的“大先生”。

五是纪律建设与巡察常态化相结合，营造风清气正政治生态。党的二十大提出：“发挥政治巡视利剑作用，加强巡视整改和成果运用，落实全面从严治党政治责任。”贵州大学通过建立完善巡察工作机制、深化巡察成果运用、完善全方位监督体制，着力营造风清气正政治生态，完成了对 22 个基层党委、5 个二级单位的政治巡察。

六是制度建设与“双一流”建设相结合，激活高质量发展新动能。贵州大学重点打造植物保护世界一流建设学科和大数据科学与技术特色学科群，相继出台了人才培养、教育教学科研等方面多项制度措施，全力推动“双一流”建设。学校现有博士学位授权点 20 个，位列部省合建高校前列。同时，学校把“四个面向”作为科学研究的着力点，通过实施“大地论文”工程，推动党建科研同频共振。

今后，贵州大学将认真学习贯彻党的二十大精神和习近平总书记视察贵州重要讲话精神，全力贯彻落实省第十三次党代会精神，围绕“四新”主攻“四化”主战略和“四区一高地”主定位，推动学校党建与事业发展深度融合，全力助推学校部省合建和新一轮“双一流”建设，守正创新，踔厉奋发，为奋力谱写多彩贵州现代化建设新篇章作出新的贵大贡献。

党的二十大代表·刘秀祥：我的梦想是打造山乡教育“高地”

刘秀祥同志在党的二十大“党代表通道”畅谈山乡教育梦想

十年来，贵州人民牢记嘱托、感恩奋进，初步走出了一条发展和生态两条底线齐守、发展和安全两件大事同抓、发展和民生两个成果共要的新路，推动多彩贵州精彩蝶变，创造了赶超跨越的“黄金十年”，与全国同步全面建成小康社会、实现了第一个百年奋斗目标。习近平总书记赞誉：“贵州取得的成绩，是党的十八大以来党和国家事业大踏步前进的一个缩影。”我们在座的每一位同志都感触很深，多彩贵州的美好今天有我们贵州教育人的心血和汗水。

2022年10月16日至22日，中国共产党第二十次全国代表大会在北京召开，我作为贵州唯一的基层教师代表参加了这次盛会，现场聆听了习近平总书记的报告，非常激动，更感到责任重大。习近平总书记在报告中提到“实施科教兴国战略”，“坚持教育优先发展”，“促进教育公平”，“办好人民满意的教育”，让我充满了无穷的力量，更加坚定了我扎根山区教育的信心和决心。我是2012年回到贵州望谟从教的，当时是以特岗教师的身份，在望谟县一所乡镇中学任教，我原来在山东工作，年薪有55万元，当时的想法很简单，只要我和母亲有吃有穿，就把剩余的钱寄回老家，帮助有需要的孩子。但是，我曾经资助的一个妹妹辍学结婚了，这对我的触动很大，她的事情让我明白了一个道理：人活着，必须要有梦想和责任。回想我自己，没有梦想、没有他人的帮助，我就走不到今天。于是，我回来了，而且我选择一定要回到我的家乡望谟县。

望谟县是原国家级深度贫困县，曾经“读书无用”思想对群众的影响很大，很多孩子早早就辍学外出务工或是早早结婚生子。为了帮助孩子们，除了正常上好课，我发起了“助学走乡村行动”，利用周末和假期骑着摩托车四处劝学。十年来，先后帮助了1800多名孩子重返校园，牵线资助贫困学生4800多人，资金达1700多万元，惠及多所小学、初中和高中。由于孩子们的家庭经济困难和学业基础较弱，他们都比较迷茫，我通过各种活动与交流帮助孩子树立自信心，让他们变得更加阳光，憧憬未来。

随着脱贫攻坚的圆满收官，党和政府对教育投入的不断加大，整个贵州的教育基础设施都得到了巨大改善，教育质量也蒸蒸日上。过去十年，贵州高中教育提升最大的两个县是台江县和望谟县，十年前，望谟县考上本科的每年只有70人左右，长期在黔西南布依族苗族自治州9个县（市）挂末；十年后，望谟县高考上本科线人数每年上升到1300多人，排到全州前三名；很多孩子通过读书走出了大山，改变了命运，拥有更好的出路和更好的选择，彻底阻断了贫困的代际传递。

习近平总书记在党的二十大报告中提到“办好人民满意的教育”，“促进教育公平”。要从“有学上”到“上好学”，贵州乡村教育还有很长一段路要走，我们教育人任重道远。党的二十大期间，我在“党代表通道”发言时，讲了我的梦想，我的梦想就是要在大山深处做出基础教育的“高地”，让山里的孩子们享受优质的教育，拥有更好的出路和更多的选择。未来的工作就围绕着怎样做大山教育的“高地”，10月23日，从北京返程，24日中午我到贵州广播电视台录制《贵州教育大讲堂》党的二十大精神宣讲专集，24日下午给省教育厅各位领导汇报自己学习党的二十大精神的感悟和未来打算，我提了四个建议：一是把望谟县打造成贵州基础教育“高地”，希望给予更多的政策倾斜和资金支持，望谟县原来是国家级深度贫困县，过去十年教育发展取得了一些成效，但基础依然薄弱，如能打造成贵州基础教育的样板县，给其他类似的县份参照和学习，会对整个贵州基础教育起到撬杆作用；二是把望谟县打造成基础教育“高地”的切入口，把望谟县实验高级中学（以下简称“实验高中”）创建成为省级示范高中，让其产生引领和示范辐射作用，因为望谟县实验高中2018年才建校，是一所新学校，从一张白纸上描绘好教育蓝图，就有引领和示范辐射作用；三是对脱贫县的教师成长给予更多的机会和平台，聚集优质资源，让脱贫县教师的综合素质和教学技能得到更好提升，让他们教出更多优秀的孩子；四是把望谟县实验高中的名师工作室做大做强，目前，望

刘秀祥给同学们讲课

谟县实验高中有省级劳模和省级名师工作室，可以努力争取全国劳模和国家级名师工作室，汇聚更多更好的资源，助推山区教育发展。

如何更好地贯彻落实党的二十大精神，回到望谟后，我第一时间就给县委书记和县长汇报，接着给全县干部、教师和学生们宣讲党的二十大精神。要做大山深处基础教育“高地”，就要让党的二十大精神落地生根、开花结果，我有几点建议：第一，县（市）党委、政府更加重视教育发展，在资金上投入，在政策上倾斜，在工作上支持，在生活上关心，在氛围上营造；第二，全面落实党的教育方针，立德树人，五育并举，铸牢中华民族共同体意识，努力培养社会主义事业的合格建设者和接班人，将思想阵地牢牢抓住；第三，全面提升教师的综合素质和教学技能，特别是乡村教师的综合素质，目前我们的硬件设施与东部地区差距不大，但是，教师的教育理念、教学方法与东部地区差距较大，贵阳市第一中学和兴义市第八中学这些学校之所以强，是因为他们处于“双强”（学生强、教师强），而我们滞后地区的路仍然很长；第四，树立教育典型，发挥榜样的模范带动作用，相信榜样的力量，相信奋斗的力量，如王玉老师让大歹小学发生了巨大变化，让无数老师有了精神力量，我想我们还有无数个“王玉老师”，王玉老师基金会的设立，帮助了大歹教育的发展，我想应该还有更多类似基金会，可以助推更多山区教育的发展；第五，我们要改变教育投入的导向，谁更弱谁更需要倾斜，越是偏远的地区越需要优质的教育，越需要优秀的教师和教学资源。

人，一辈子做好一项事业就非常了不起。我的心里只有乡村教育，只有大山里的孩子。我已经36岁了，我将继续扎根山区，做孩子们的引路人。做好这项工作、完成这份事业，我心足矣！

党建引领 教“改”育“新”

坚持和加强党对教育工作的全面领导是办好教育的根本保证，是新时代教育事业取得历史性成就的宝贵经验，是进一步办好人民满意的教育的关键所在，是引领新时代中国特色社会主义教育事业发展的“定海神针”。2022 年，贵州省牢牢把握加强党对教育事业的全面领导这一根本要求、立德树人这一根本任务、优先发展教育事业这一战略部署，引领全省各级各类学校坚持用习近平新时代中国特色社会主义思想铸魂育人，在学思践悟中踔厉奋发、勇毅前行。

高等学校党建“三聚焦”谋新

溪山之畔，阅湖之滨，红色建筑与青山绿水交相辉映，蓝天白云下，青年学子步履匆匆，郎朗书声萦绕上空，“明德至善 博学笃行”的校训标语十分醒目……走进贵大，奋进、感恩、青春、热烈的气息迎面而来。

2022 年，贵州大学迎来了光荣的时刻。这一年，贵州大学走过了 120 年，120 年的栉风沐雨，传薪继火，在中国共产党的领导下不断奋进。这一年，贵州大学再次成为国家“双一流”高校，为学校插上腾飞的翅膀。贵州大学在党的领导下，以习近平新时代中国特色社会主义思想为指导，守正创新，紧盯“教育高质量发展”目标，全面贯彻落实党委领导下的校长负责制，坚持办好人民满意的教育。学校全面深入学习宣传贯彻落实党的二十大精神和贵州省第十三次党代会精神，以巩固深化首批“全国党建工作示范高校”为重点，深入推进“五级书记抓党建”重要部署，有效推动党建工作质量全面创优。

新时代新征程。贵州大学党委、行政始终坚持以习近平新时代中国特色社会主义思想为指导，深入学习宣传贯彻党的二十大精神，认真贯彻落实习近平总书记视察贵州重要讲话精神和关于教育、科技、人才工作的重要论述，牢记嘱托、感恩思进、感恩奋进。在教学中，坚持科技是第一生产力、人才是第一资源、创新是第一动力，强化教育

2022 年 11 月 18 日，贵州大学建校 120 周年庆祝大会在贵阳举行，省委副书记、省长李炳军出席大会并讲话

科技人才基础性、战略性支撑，全力服务和推动全省高质量发展和现代化建设。

■聚焦理论武装，强化党的领导

举旗帜，强化思想引领。学校把深入学习习近平新时代中国特色社会主义思想、习近平总书记最新重要讲话和重要指示批示精神，列为校党委全委会、党委常委会，基层党委会会议“第一议题”并严格落实。学校领导坚持带头领学、细照笃行，先学一步、学深一层，对照习近平总书记最新重要讲话精神，深入思考学、联系实际学、全面系统学。2022 年，校党委常委会传达学习习近平总书记重要讲话和重要指示批示精神 34 次。深入开展习近平新时代中国特色社会主义思想研究阐释，组织学校领导、专家学者在《人民日报》《光明日报》等党报党刊发表理论文章 38 篇。

明方向，加强理论武装。学校将学习宣传贯彻党的二十大精神、省第十三次党代会精神作为学校重要的政治任务，深入开展“党的二十大精神大学习大落实”活动，及时出台集中宣讲工作方案和教育培训方案。在“众望新闻”开设贵州大学贯彻落实党的二十大精神“党组织书记抓党建笔谈”专栏，组建各类师生宣讲团，结合党委理论学习中心组学习、教职工政治理论学习、“三会一课”、党课团课等形式，分期分批组织宣讲培训。作为党的二十大代表，该校党委书记李建军教授回校后，第一时间向师生传达大会精神，随后在省委组织部、省检察院，及省社科界等宣讲党的二十大精神 9 场。该校全年组织宣讲党的二十大精神 460 余场次。

抓根本，突出融合创新。学校扎实推进党史学习教育常态化长效化，建成“贵州大学党建思政文化中心”，中心融汇中国共产党人精神谱系、立德树人根本任务和百年贵大文化传承，具体而形象地呈现中国共产党光辉历史和伟大征程中的贵州足迹、贵州大学红色校史、新时代高校加强党的建设和“三全育人”创新实践，是师生学习党史、贵州史和校史的重要平台；编辑出版《红色贵大》，修订《贵州大学校史》，用校史特别是红色校史赋能思政工作。创新学生党建模式，持续推行“三长制”试点建设，让党建进宿舍。

“学生宿舍就是我们大学生在校的家，党建进宿舍，进一步坚定了我们的理想信念。”学生党员们表示。2022 年，学校成功入选教育部“一站式”学生社区综合管理模式自主试点高校，作为全国“三全育人”综合改革试点单位建设工作顺利通过教育部验收。

2022 年 5 月 9 日，《中国组织人事报》用半版篇幅以“扎根黔地　为党育人”为题对学校党建工作进行了专题报道。

■聚焦固本强基，完善组织体系

求木之长者，必固其根本。加强党的建设，关键在完善上下贯通、执行有力的组织体系。贵州大学党委严格贯彻《中共教育部党组关于高校党组织“对标争先”建设计划的实施意见》，统筹实施基层党建“三大行动”，着力固本强基。

开展“堡垒晋级”行动，推进基层党组织对标争先。统筹推进抓基础和强特色两条道路。新增党支部标准化规范化建设省级示范点 1 个、省委教育工委示范点 3 个。新增 2 个教育部全国高校党建“双创”工作培育创建单位，3 个党组织入选“全省高校党建示范点”创建工程、“全省高校党建‘双带头人’”培育工程建设单位，实现高校党建“双创”工作国家、省、校三级荣誉全覆盖。开展“头雁引领”行动，培优党务工作队伍。建立学校党委示范培训、基层党委全面培训、党支部兜底培训的全覆盖培训机制。重点抓好“双带头人”教师党支部书记培育工程，组织学校首批“双带头人”教师党支部书记工作室中期评估，举办学校首届“双带头人”教师党支部书记沙龙，1 个教师党支部工作案例入选全国党员教育培训示范基地《高校教师党支部党建创新案例精选》（第四辑）。开展“细胞强健”行动，发挥党员先锋模范作用。注重在疫情防控重大斗争中检验党员干部初心使命，通过设立党员责任区、示范岗、先锋队、突击队、志愿服务队等方式，推动广大党员在大战大考中发挥作用。出台制度加强优秀青年教师、高层次人才发展党员工作，学校全年发展党员 2497 名（高级知识分子群体 32 人，其中高层次人才15人）。

党组织、党务工作者、党员的全过程建设培育链条，以及“全国党建工作标杆院系”“全国党建工作样板支部”“全省高校党建示范点”全覆盖创先争优链条的延伸，使得贵州大学党建工作全程全面、联动发力，迸发强大动能。

聚焦党建引领，推动高质量发展

中国工程院院士，贵州大学党委副书记、校长宋宝安指出：“探索高质量党建引领高质量发展工作机制，实现学校党建事业‘一盘棋’格局，一直是贵州大学党委的追求。”从学校党委到基层党委，再到党支部，三级党组织紧盯重点领域和关键环节，结合基层党组织工作实际，探索挖掘具有实际成效、推广价值、借鉴意义的党建特色做法。

这是一次深度服务地方的积极实践。将服务“四新”主攻“四化”主战略和“四区一高地”主定位纳入学校年度党的建设工作要点。成立十大“工业专班”，服务我省基础能源、现代化工、先进装备制造等十大产业振兴计划。拟定《贵州大学助力“强省会”实施方案》，陆续与贵阳市、贵安新区在不同领域开展相关合作。与国家天文台签署战略合作协议，共建“天文大数据联合实验室”。十二个特色农业产业团队持续发力，全国高校思政网推介贵州大学“激活党建“红色引擎” 全面助力乡村振兴”党建“一融双高”工作案例。

这是一次强化学校发展动能的主动探索。大力实施“2114”高层次人才引培工程和国家级人才培育工程，加大高层次人才引培力度，高质量推进新时代人才强校战略。全年新增高层次人才179人和国家级人才团队1个。其中，新增国家级人才14人，占学校现有国家级人才总量的40%，2022年度新增数占全省高校国家级人才总量的26.5%。

这是一次积极服务师生的担当作为。组织召开“书记校长与我面对面”座谈会4次，持续推进“我为群众办实事”，完成学校2022年度“十大实事”。为教职工办理房屋产权证144户（均为购房20年左右的办证困难户）。学校荣获“2022年贵州省走好网上群众路线工作先进集体”称号。严格落实毕业生就业“一把手工程”，落实“高校书记校长访企拓岗促就业专项行动”。学校先后与茅台集团、省移动通信公司、水电九局、国家天文台、省人民检察院等单位签署合作协议，为2022届毕业生拓展高质量就业岗位数千个。

2022年11月18日，贵州大学建校120周年大会举行，时任省委书记、省人大常委会主任谌贻琴向学校致贺信，省委副书记、省长李炳军发表讲话，对学校发展成就给予

贵州大学校史馆揭牌

充分肯定、提出殷切希望。学校将牢记“国之大者”，服务“省之大计”，弘扬“师之大道”，培育“业之大才”，按照省委、省政府的要求，真正让贵州大学“贵”的地位更加突出、“大”的格局更加彰显。

中小学校党建“三个化”出新

苍翠松柏屹立山间，清风吹拂绿浪翻涌，书声琅琅萦绕校园……地处乌蒙腹地的毕节市，感恩奋进、力争上游的教育事业令人赞叹。

曾经的“贫困锅底”“教育洼地”“人口大市”，面对底子薄、体量大、基础差的现实压力，毕节人民没有放弃，毕节教育工作者更没有放弃，在党的坚强领导下，在统战系统的真切帮扶下，在社会各界的大力支持下，毕节人民自信自强、守正创新，紧盯“教育高质量发展”目标，全面贯彻落实中小学校党组织领导的校长负责制，坚持办好人民满意的教育，栉风沐雨、风雨兼程，在乌蒙腹地、黔边西北奋力书写教育事业的壮丽篇章！

深化思想建设，构建理论学习新格局

“坚持党对教育事业的全面领导，首要的是突出思想政治工作。”谈及毕节教育事业的发展，中共毕节市委教育工委副书记，市教育局党组书记、局长何正芳目光坚毅，

语气坚定。

新时代新征程。中共毕节市委、市人民政府始终坚持以习近平新时代中国特色社会主义思想为指导，深入贯彻落实习近平总书记对贵州、对毕节工作的重要指示批示精神，坚持把教育摆在优先发展的战略地位，加快补齐短板弱项，推动毕节教育换挡提速。

“这次培训讲得好，培训内容既有理论的高度，讲政治讲方向；又有实践的深度，讲方法讲技巧；更有人文的温度，讲感情讲故事，我们听得懂也爱听……”

“这次党组织书记培训很有收获，我回去就对照‘两清单、三制度、四机制’和16项制度抓紧快干……”

“以前总觉得学校只要管好学生就行了，没有思考整个学校的管理和提升，导致教学质量一直提不上去，通过培训我发现，抓好党的建设，对于把学校的整体管理水平和办学品质提上去，促进学生德智体美劳全面发展具有重要意义……”2022年毕节市第5期党组织书记重点培训班学员正分享交流着自己的收获和体会。

以学益智，以学修身，以学增才。2022年，毕节市投入培训经费54万元，举办党员教育培训班6期，培训560余人，组建35支“理论宣传二人讲”示范宣讲队，936支巡回宣讲队伍，累计开展1164场次宣讲，覆盖党员56253人次，学生509348人次，党的创新理论进校园、进课堂、进头脑，真正做到“润物细无声”……

理论的魅力在于为实践提供坚强的引领。2022年，全市新增普惠性幼儿园学位近5000个，义务教育学位20000个，普通高中学位3000个，化解中小学大班额2050个，补充教师2089人……这熠熠闪光的数字的背后，是毕节市教育系统不忘初心、牢记使命，为国家强盛和地方经济社会贡献教育力量的家国情怀，是毕节教育工作者砥砺前行、永不懈怠，坚持办好人民满意的教育的不懈追求。

优化组织建设，构建党的领导新格局

当好改革“试验田”，勇做创新“领跑者”，是习近平总书记对毕节的殷切期望，更是对毕节教育发展的鞭策指引。

2022年，沿着习近平总书记指引的方向，经中共贵州省委教育工委同意，毕节市先行先试，率先在全市推动中小学校党组织领导的校长负责制落地生根，一时间浪潮翻涌，反响强烈。

“书记，这个党组织领导的校长负责制到底是什么？”

“推不下去啊，校长心里有想法，都不支持工作啊，唉！”

“是啊是啊，书记，现在学校到底是校长说了算还是书记说了算啊？”

…………

一石激起千层浪，大家对“中小学校党组织领导的校长负责制”充满疑惑，虽然有中央文件指导，但是基层学校怎么具体落实？书记、校长怎么定位？大家心里有个大大的问号。

“谁说了算？个人说了都不算，党组织说了算；党组织集体研究、民主决策说了算……”中共毕节市委教育工委专职副书记、市教育局党组成员肖明军的一句“党组织说了算”，清除了大家思想上的迷雾，匡正了认识上的误区。

中共毕节市委教育工委主动会商市委组织部、市委机构编制委员会办公室，撸起袖子加油干，着力解决党组织书记编制和配备问题。2022 年，毕节市新增核定中小学校党组织书记职数 622 个、专职副书记职数 241 个，通过从党政部门选拔、教育部门下派等方式，优化配备党组织书记 277 人、校长 82 人、专职副书记 138 人。

“配备专职副书记后，抓党建主责主业的意识更强了，学校领导班子成员分工更加精细，协调运作机制更加规范，党组织的领导作用得到有效发挥。”毕节市第二十小学党支部书记、校长林科琴谈到党组织领导的校长负责制时说。

教育系统还在持续发力……

探索“1233 工作方法”，印发《毕节市中小学校党组织议事规则》等 16 项细化规章制度，形成系统化、规范化、标准化的运转机制。

持续深入推进中小学校党组织领导的校长负责制，指导 669 所中小学校开展调整工

笑容洋溢在毕节市七星关区柏林街道阳光实验学校孩子们的脸上

作，目前，完成率为98.15%，调整体量和完成率都位居全省前列。

毕节市3096个党支部标准化规范化建设全部达标，2022年创建国家、省、市级示范党支部30余个。

打基础、建机制、强队伍、补短板、树品牌……毕节教育终将在这场新时代浪潮中腾起美丽的浪花。那一栋栋高大漂亮的教学楼、那一张张写满奋斗的通知书、那一面面挂满拼搏的荣誉墙……不都是最好的回答吗？

■强化纪律建设，构建“三不腐”新格局

从“五岭逶迤腾细浪，乌蒙磅礴走泥丸”的革命战场，到“共产党人拿命换渠，敢叫荒山变良川”的开垦拓荒，再到“脱贫路上洒热血，下为百姓上为党”的脱贫战场，毕节市教育系统涌现出一批批优秀教师、先进工作者，他们在毕节试验区建设的30多年里奉献了青春和热血。但是，还有一些不尽如人意之处。

“教育系统来观展的同志，有教育局（教科局）的领导，也有市属学校的党组织书记、校长，还有基层学校的一线党员教师，他们一般都会在‘毕节市教育系统身边案例板块’前站立很久，神色凝重。”这是毕节市教育系统党风廉政警示展厅讲解员看到的观展情景。

2022年以来，中共毕节市委教育工委联合市纪委监委召开警示教育大会，并围绕12个方面41个典型案例，建设毕节市教育系统专项警示教育展厅，分5批次安排全市教育系统党员、干部接受警示教育，开展“以案示警”活动47场次，覆盖3000余人。

典型案例成为警醒党员干部的“教科书”和“清醒剂”。“我没想到自己的身边竟然有这样一些反面案例，这次警示教育让我深受震撼，以案说纪、以案说法，可以说是当头棒喝、直击人心，我在今后工作中将时刻保持敬畏之心，干干净净做人、勤勤恳恳做事……”毕节市赫章县第一中学党委书记常国健在观展毕节市教育系统党风廉政警示展厅后如是说。

作风建设永远在路上。毕节市教育系统一直坚持严的主基调不动摇，坚持发扬钉钉子精神加强作风建设，抓早抓小，把对广大干部职工的廉洁自律教育抓在日常、融入日常，利用专题会、教师例会等形式学习相关法律法规1463场次，覆盖102768人次，累计召开警示教育379场，覆盖77069人次，签订杜绝赌博、杜绝酒驾醉驾承诺书77007份。

严肃查处“靠校吃校”“靠生吃生”问题和其他师德师风失范行为；深入开展极少部分党员干部及公职人员赌博、酒驾醉驾腐败问题专项整治工作，深挖酒驾醉驾背后接受宴请、公款吃喝等“四风”及腐败问题，坚决革除全市教育系统作风建设上的顽瘴痼

疾；大力推动“党风育校风、校风育学风”，努力为学生系好“第一粒扣子”，从严从实抓好“清廉学校”建设，用廉洁思想武装教师头脑，用高尚师德培育合格学生，全力营造风清气正、向上向好的政治生态。

时间是开拓者前行的刻度、奋斗者筑梦的见证。

昔日已展千重锦，今朝再进百尺竿。奋发有为推进毕节教育高质量发展，毕节教育人信心满满！

民办高校党建“五力”创新

作为省委教育工委首家选派党委书记的民办高校，近年来，贵州城市职业学院认真落实习近平总书记“民办高校的办学方式、组织结构、运行模式可以不同，但在坚持正确政治方向、正确育人导向上没有例外”的重要指示，积极探索党对民办高校全面领导的有效路径，始终坚持用习近平新时代中国特色社会主义思想凝心铸魂，全面深化“五级书记抓党建”制度，落实落细民办学校党建工作重点任务，在党的建设中不断创新工作机制和方式方法，持续夯基础强组织、抓认识强队伍、转作风强担当，把党的全面领导贯穿办学治校、教书育人全过程。

■增强政治功能，把准“风向标”，不断提升推动发展凝聚力

“作为新时代的高校辅导员，我们要接过历史的责任和担当，落实立德树人根本任务，听党指挥，跟党步伐，身体力行传承党的优良传统，为同学们讲好新时代爱党爱国的生动故事，当好学生成长路上的领路人。”党的二十大召开后，学校师生迅速掀起学习贯彻党的二十大精神热潮，扎实开展“党的二十大精神大学习大落实”活动，通过辅导报告、座谈交流、学习讨论、现场宣讲、应知应会测试等方式，开展党的二十大报告原文诵读、党的二十大精神贯穿课程说课比赛、“练好‘三字一话’提高育人本领”等活动，聚焦主线学、融会贯通学、联系实际学，推动学习向广度拓展、向深度进展。始终坚持“第一议题”抓学习、“第一遵循”抓贯彻、“第一政治要件”抓落实制度，有效地夯实了学校思想政治建设根基。

这是学校把握时代脉搏、紧跟时代发展，以党建引领学校高质量发展的缩影。校党委认真贯彻落实新时代党的建设总要求，把政治建设放在首位，把衷心拥护“两个确立”、忠诚践行“两个维护”体现在实际行动上，教育引导广大干部师生进一步坚定理想信念，不断提高政治判断力、政治领悟力、政治执行力，牢记“国之大者”“省之大计”，团结带领全体党员和师生员工开拓进取、扎实工作，取得明显成效。

2022 年 11 月 16 日，贵州省民办高校党建工作现场推进会

■扛牢主体责任，画好“向心圆”，不断夯实作用发挥核心力

近年来，该校党委结合实际，积极探索民办高校党建工作的新思路、新方法。理直气壮抓班子建设，坚持民主集中制、党委会议事规则、党委理论学习中心组学习、党委委员联系指导党总支（支部）、深入基层联系学生等制度，切实强化党建工作主体责任。通过与基层签订责任书和制定任务清单、下发工作提示、定期交叉检查等方式，将全面从严治党的压力层层传导和压实。以落实党风廉政建设工作为抓手，持之以恒纠治“四风”，畅通监督举报渠道，强化节假日、寒暑假纪律提醒等，进一步营造风清气正的校园政治生态，为学校事业发展提供坚实的纪律保障。

找准着力点，强化党建基础保障。对标《民办学校党建工作重点任务》要求，强化年检的激励约束作用，推动学校配齐党的工作部门、配足党组织工作经费、配强党务工作人员，确保党建工作有人管、有人抓，确保党的领导在民办高校全覆盖、党的声音在民办高校全传播、党的决策在民办高校全落实。党委、董事会和校长办公会成员“三向”交叉任职，建立党委书记、董事长、校长定期沟通制度，不断明确董事会、党委会、校长办公会的定位与职责，优化学校治理的完整结构，董事会在党委工作经费、人员配备等方面持续加大投入和保障力度，使“三驾马车”变成“三马驾车”。

■构筑育人高地，焕发“新活力”，不断彰显立德树人引擎力

2022 年，贵州城市职业学院城建学院获全省高校第二批“三全育人”综合改革试点院系建设。“健全高职院校劳动教育评价改革试点”获批省深化新时代教育评价改革试

点项目。获全省大中小学劳动教育示范创建学校。

一滴水可以折射太阳的光辉，这些成绩反映出贵州城市职业学院党建工作的推进。学校以机制先行、思想先导、文化先育、党员先锋“四轮先驱”的工作模式，切实推动习近平新时代中国特色社会主义思想进教材、进课堂、进头脑，广泛开展“四史”教育，创新“红色领航”三全育人模式，充分利用贵州红色文化资源，挖掘专业文化的红色资源，成立领导小组、加强工作督导、强化阵地管理，多措并举构筑育人新阵地，全面提高人才培养质量。

■发挥示范作用，培育“领头雁”，不断强化敢打硬仗战斗力

亮身份、当先锋，走前列、作表率，基于严格高质的党员教育服务管理。贵州城市职业学院坚持在经常性上下真功夫，在常态化上下严功夫，以“5 星党员”考核评价体系平台建设为抓手，建立以参加“三会一课”、民主评议、组织生活会、政治理论学习，共享学习日记，教学能力水平，师德师风，党风廉政等为内容的分层分类考核评价体系，不断探索流动党员“定期排查、身份证实、一方隶属、双重教育”管理方式，建立党员先锋示范岗 26 个、责任区 37 个。

2022 年，该校“严程序”“推优秀”，发展新党员 161 名，其中，学生党员 150 名，占 93%。强化党员教育培训，对党支部书记进行全员轮训，对组织员进行经常培训，对党务工作骨干进行常态培训，培训党务工作者、党员 20 次 312 人。加强党内激励关怀帮扶，引导党员立足岗位，争创一流，推动学校高质量发展、维护校园安全

贵州城市职业学院抓党建促发展

稳定。

■筑牢战斗堡垒，吹响“冲锋号”，不断提升全面创优引领力

抓实支部一个点，夯实基层固基础。

贵州城市职业学院持续推进健全完善党建“1+N”机制建设，以“五级书记抓党建”为总领，完善基层党组织抓党建述职、民主评议党员等制度，全面巩固党支部标准化规范化建设达标成果，开展“一院一品牌、一支部一特色”争先创优活动。学校党委副书记赵磊说：“学校现在有26个党总支、党支部，尽管组织建设有很好的基础，但全面进步、全面过硬还有空间，我们还要继续努力！”

2022年，该校城建学院教师党支部获“第三批全国党建工作样板支部”创建，是贵州省民办高职院校中唯一的获批单位；商务学院学生党支部获“贵州省高校党建工作样板党支部”建设单位。

聚焦“四新”主攻“四化”主战略、“四区一高地”主定位，贵州城市职业学院持续推进育人方式、办学模式、管理体制、保障机制改革，服务乡村振兴和经济社会高质量发展，扎实做好人才培养、教材建设、毕业生就业等工作。2022年，毕业生就业率达95.35%；征兵任务超额完成，入伍学生139人，呈阶梯式上升；升本学生188人，比例持续创新高。在全省职业院校技能大赛、第八届中国国际“互联网+”大学生创新创业大赛等赛事中获一等奖2项、二等奖10项、三等奖26项、优秀奖3项。城建学院教师党支部被评为“全省脱贫攻坚先进集体”。“双高”建设中，获省级特色骨干专业和省级特色骨干专业群建设立项。

“求木之长者，必固其根本；欲流之远者，必浚其泉源。”贵州城市职业学院党委书记刘杰表示：贵州城市职业学院将紧紧围绕贯彻落实党的二十大精神，切实以习近平新时代中国特色社会主义思想铸魂立心，把坚持党对民办高校的全面领导体现在牢牢抓住政治建设、责任落实、班子建设、育人工作、从严治党上；切实在提升政治功能和组织功能中强基立根，把基层党建工作的全面进步、全面过硬落实在强化组织体系、政治功能、组织功能、队伍建设上；切实在全面贯彻党的教育方针中占阵立本，把党建引领高质量全面发展实现在思想融合、治理融合、工作融合上，充分发挥民办高校力量，努力培养一代又一代德智体美劳全面发展的社会主义建设者和接班人。

第二篇 聚力

抓重点、破难题、补短板、强弱项、调结构、提质量。

2022年，贵州省教育系统主动服务“四新”“四化”主战略、“四区一高地”主定位，努力在贵州教育高质量发展的征程中再闯新路、再开新局、再抢先机、再出新绩，“七大提升工程”深入推进，“大基教”更加突出公平发展，“大职教”更加突出融合发展，“大高教”更加突出错位发展，在加快建设特色教育强省的道路上蹄疾步稳——基础教育普及程度整体首超全国平均水平，高等教育普及水平与全国差距逐步缩小，人口平均受教育年限稳步提高……不断让人民群众获得更加协调充分、更加优质均衡、更加宁静生态、更加人性适合、更加自然多元的“美的教育”，为实施主战略实现主定位，全力推动经济、社会、文化高质量发展贡献强大教育力量。

“入园难入园贵”到“优幼教读好园”
——学前教育普及普惠

“幼有所育”是“民生大事”。党的十八大以来，以习近平同志为核心的党中央积极回应人民群众对教育的期待，指明学前教育“公益、普惠”发展方向，持续实施学前教育行动计划。中共贵州省委、省人民政府高度重视学前教育，省教育厅坚决落实“基本普及学前教育”目标，经过 10 余年的持续发力，学前教育发展驶入“快车道”，学前三年毛入园率从 2011 年的 50% 提升到 91.4%，超过全国平均水平 3.3 个百分点，普及普惠水平大幅提升。

念好“四字经”，解决“四难题”

2011 年以来，贵州学前教育着力念好“消”“化”“破”“疏”四字经，着力解决“普惠资源”“师资建设”“经费投入”“管理机制”四难题，铸就十年辉煌发展之路。

一是“消”痛点，解普惠资源不足之急。2011 年以来，实现“四增一有”。全省幼

贵州师范大学附属幼儿园小朋友演奏非洲鼓

遵义市绥阳县第三幼儿园的课堂活动

儿园总数从 2677 所增加至 11305 所，增加了三倍多；在园儿童从 87.78 万增加到 165.53 万，翻了近一倍；新建、改（扩）建易地扶贫搬迁安置点配套幼儿园近 300 所，解决了偏远贫困地区近 4.5 万儿童入园问题；新增小区配套普惠性学前教育学位 16.8 万个，有效缓解城镇地区适龄儿童“入园难”问题。2015 年底每个乡镇都建成至少 1 所公办中心幼儿园，提前 5 年实现国家目标。二是“化”焦点，解师资队伍不足之困。十年新增公办幼儿园教师 5 万余名，幼儿园教职工与幼儿比从 2011 年底的 1:27.7 提升到 2021 年底的 1:8.61。在全国率先将县级特岗教师计划指标扩大到学前教育，近 5 年招聘幼儿园特岗教师 8000 余名。三是“破”难点，除经费投入短缺之忧。2018 年底建立了公办幼儿园生均公用经费标准不低于 500 元 / 生 / 年的财政拨款制度，省级学前教育内涵发展资金从 80 万元 / 年增加到 5000 万元 / 年。2016 年在全国率先启动实施农村学前教育儿童营养改善计划，截至 2021 年底，省、市（州）、县三级财政已累计投入营养膳食补助资金 25.18 亿元，每年惠及超过 80 万名农村学前教育儿童，实现了全省农村学前教育机构全覆盖。四是“疏”堵点，消管理制度不畅之弊。基本实现集团化办园、教研指导责任区、农村集团化管理资源中心在公办民办幼儿园“三个全覆盖”，构建了覆盖县、乡、村公办民办幼儿园的管理制度，办园行为不断规范，保教质量不断提升。

“筚路蓝缕，以启山林。”今日之贵州人民对学前教育的获得感成色更足、幸福感更可持续、安全感更有保障。成绩可喜，未来可期。建设高质量的学前教育体系，是贵州奋力谱写新时代高质量发展新篇章的使命担当；我们必须保持定力，绵绵用力、久久为功，促进儿童身心健康成长，是贵州教育人孜孜不倦的追求。

紧盯四件事，凸显四个力，再续“黄金十年”新篇章

2022 年 2 月，国务院出台新国发 2 号文件，教育部，中共贵州省委、省人民政府相继出台贯彻落实新国发 2 号文件的实施意见。省第十三次党代会描绘了贵州未来五年坚持以高质量发展统揽全局，奋力谱写多彩贵州现代化建设新篇章的发展蓝图。当前，贵州学前教育紧扣教育发展“十四五”规划、特色教育强省建设以及学前教育普及普惠提升工程和“十四五”学前教育提升发展计划各项部署，系统谋、务实干，推进学前教育普及普惠、安全优质发展。重点抓好学前教育四件事，即：瞄准“一个目标”，坚持“两端发力”，做好“三篇文章”，聚焦“四个重点”。一是瞄准普及普惠“一个目标”，每年支持创建 8 个以上国家普及普惠县。二是坚持示范和兜底“两端发力”。持续做好省、市（州）、县三级示范幼儿园培育建设，到 2025 年，支持每个市（州）至少有 1 所一类省级示范园，每个县至少有 1 所省级示范园，整体带动区域幼儿园保教质

黔东南苗族侗族自治州榕江县古州镇中心幼儿园教师教孩子们舞龙

铜仁市玉屏侗族自治县第六幼儿园的小朋友做抛球游戏

量提高；以农村资源中心建设为抓手，到 2025 年每个乡镇建成 1 个资源中心，建立完善乡（镇）、村一体化管理体制，兜住农村教育质量底线。三是做好布局规划、经费保障、管理机制“三篇文章”。科学规划资源布局，健全落实公办园生均公用经费、普惠性民办园补助标准和保教费动态调整的经费保障工作，持续夯实幼儿园党建引领、齐抓共管的部门协同机制。四是聚焦内涵发展“四个重点”。围绕教师专业能力提升、幼小科学衔接、以自主游戏为核心的课程改革、“三个全覆盖”制度落实，全面提高幼儿园保教质量。

坚持攻坚克难、再创新绩的“四力”，即再闯新路的创新力，再开新局的执行力，再抢先机的引导力，再出新绩的服务力。着力把重大机遇转化为整体提升学前教育水平、建设特色教育强省的重大举措，在新征程上创造贵州教育高质量发展新的“黄金十年”，将新国发 2 号文件带来的政策红利转化为学前教育高质量发展的实际成效，满足人民群众对更好更优学前教育的期盼，回答好学前教育再立新功的“时代答卷”。

坚持两关注，突出两重点，构建协同育人大格局

一是遵循规律，做到两个“关注”。关注儿童身心、生活、学习等发展的连续性，尊重儿童的原有经验和发展差异；关注幼儿园与家长携手合作，共同培养孩子热爱体育运动、增强时间观念、建立规则意识等，培养有益于儿童终身发展的习惯、能力与品

质。二是打破壁垒，抓好两个“重点”。一要幼儿园重点做好入学准备。做到“两个坚持”，坚持将入学准备渗透在幼儿园的活动中，并处理好循序渐进与把握重点的关系，既强调将入学准备贯穿于幼儿园三年的全过程，逐步培养儿童基本素质，又强调大班即将进入小学时，实施有针对性的入学准备教育；坚持教育部门、幼儿园、小学、家长多方协同，建立联动机制，共同推进幼小衔接。二要小学低年级重点做好入学适应。2022年4月，教育部公布了义务教育课程方案和课程标准（2022年版），将纵向学段间有机衔接不够作为要解决的重点问题之一，将一年级上学期设置为入学适应期。这就需要在课程和教法上，采取更加符合儿童认知特点的方式，合理安排内容梯度，减缓衔接坡度，支持儿童在学习和活动中获得具体直接的经验。大力鼓励幼儿园和小学结对子，建立学习共同体，开展联合教研活动。2021年起，贵州省确定9个“幼小衔接”实验区，在51所幼儿园和小学推进入学准备和入学适应教育。这项工作已取得初步成效，要强化巩固，形成示范，做好推广，帮助每个孩子顺利实现“幼小过渡”。

“枝间新绿一重重，小蕾深藏数点红。”儿童是祖国的花朵，是民族的希望、国家的未来。孩子们对知识有更强渴望、对未知有更深探索，让他们更好成长，是全省教育工作者的心愿。发展学前教育事关千家万户的切身利益，是保障和改善民生的重要举措。近年来，我省为持续加大公办幼儿园建设力度，切实解决辖区学前儿童“入园难”“入园贵”问题，努力办好人民满意的学前教育，截至2022年12月底，在圆满完成省政府民生实事“新建、改（扩）建100所公办幼儿园”项目年度既定目标的基础上，各地积极作为、克难攻坚，累计完成新建、改（扩）建和维修改造公益普惠性幼儿园418所，累计完成投资27亿元，新增普惠学位5.7万个。

“资源中心”为农村园装上“芯片”
——铜仁市缩小城乡幼教差距

“自从有了资源中心，我每个月都到中心园参加业务培训。通过培训，我发现少部分孩子学习不主动是因为我的教育方法不当，填鸭式教学不符合幼儿年龄特点及学习规律……”这是铜仁市万山区开天村山村幼儿园教师刘海平的教学反思。

“利用资源中心及其衍生的资源共享、片区研培、统一管理等功能，学前教育城乡一体化管理机制趋于完善。”铜仁市教育局党组成员、副局长杨代军介绍说，目前该市学前教育资源中心正在蓬勃发展，不少乡镇园、山村园正努力丰富资源中心内涵，确保更多适龄儿童在家门口上好园。

提质升级，资源中心来帮忙

2015 年，铜仁市建成 2005 所山村幼儿园，实现了学前教育行政村全覆盖。“为提升山村园质量，我们曾加大教师培训力度，编写混龄班教师指导用书，在县域组建覆盖城乡的幼教集团，在市、县及集团园建立教研指导责任区……虽有一定作用，但效果不明显。”杨代军说，2017 年，铜仁市加入教育部、联合国儿童基金会组织发起的农村学

铜仁市幼儿在普惠幼儿园开心玩耍

铜仁市第二十四幼儿园的孩子学习手工制作

学前教育资源中心

前教育质量提升项目并组建了工作组，在专家带领下，幼儿教育越来越规范。

针对山村园大部分为“一园一班一师”，且课程资源匮乏、教师无同伴互助难以开展教研、“小学化”不同程度存在等现象，工作组调研后决定给山村园配备一定的玩教具并建立“资源中心”，探索质量提升新路径。

2018 年 5 月，万山区高楼坪乡中心幼儿园建成铜仁市第一个，也是贵州省首个农村集团化办园资源中心。作为试点，该中心由万山区按 5 万元标准投建，投放了独轮车、炭烧积木、音乐打击器械等玩教具。

万山区高楼坪乡中心幼儿园保教主任杨茂娜说：“资源中心很受山村园老师们欢迎，他们每个月都带着长长的清单到这里来，他们称赞资源中心是‘百宝箱’，小到卡纸颜料，大到多媒体教学设备及户外游戏所需中型器械，都能共享。”刚开始时，老师们只是借，后来就慢慢学会了制作并提供自己收集整理的资源。“看，这些都是集团园和各分园在教学、教研中生成的资源。”她指着一排排“课程资源”说，“用手机扫二维码，不但资源种类、数量一清二楚，用法也有介绍。”

彭婷是万山区 2015 年招募的一名幼教志愿者，她毕业于铜仁学院学前教育系，有扎实的专业素养，她很注重孩子阅读兴趣和阅读能力的培养。刚开始，她想每天跟孩子们分享一个绘本故事，可她所在的大坪山村园只配备了 100 册绘本，一学期都支撑不了。中心园建起资源中心后，她每个月都去借绘本，孩子们对越来越丰富的绘本阅读特别感兴趣。

“资源中心不但有玩教具，不少家长及社会人士也主动加入，成为我们的‘人力资源’。”松桃苗族自治县实验幼儿园园长钟静说，幼儿园会不定期邀请家长及社会各界人士来园介绍防疫、消防、环保及交通安全知识。

不少幼儿园在资源中心上做“大文章”，形成了共同性基础课程和选择性活动课程，还汇编了包括主题教学资源、班级环创资源在内的 41 个课程资源包，带动了全县幼儿园办园内涵持续提升。玉屏侗族自治县皂角坪中心幼儿园则在资源中心的基础上创设课程资源室、教研资源室、网络资源室等，极大丰富了资源中心的内涵。

“资源中心给山村园提质升级帮了大忙。”万山区教育局学前教育办公室主任杨燕认为，资源中心改善了办园条件，也丰富了山村园的课程资源。近年来，该市每年都有不少幼儿从城区园或父母外出务工地幼儿园回到家门口的山村园上学。

片区研培，教师找到成长“芯片”

在铜仁市教研指导责任区网络中，乡镇中心幼儿园和辖区山村园是在市、县及集团园之下的第四级教研指导责任片区，承担着指导山村园业务的职责。杨代军介绍说，资源中心建在乡镇中心园，除设置资源室外，还单独设置了集体备课室，山村园或乡镇民办园的教师每个月都有两天时间在资源中心研学，要么是集体备课、教研，要么是搞观摩、培训，资源中心成了片区研培中心。

夜郎村梓木坪幼儿园是高楼坪乡中心园的 3 个分园之一，姚香菊是在该园从教的幼教志愿者。她说：“我每个月都会去资源中心参加集体教研，和其他教师一起对上个月的课程进行反思、研讨，做好下个月的课程计划，几年下来，我组织一日活动、观察孩子、做课程计划的能力都得到了提升。”

“资源中心每月定期开展的研培活动对老师们的专业提升帮助特别大。”万山区茶店街道中心幼儿园保教主任杨丽介绍说：“以前幼儿园的课程设置基本是‘唯教材’，现在教师们普遍认识到与儿童真实生活相关联的资源都可以是课程资源。比如，前段时间幼儿园的一棵树快要死了，以往，我们会把它移出幼儿园。现在，老师们都想去了解孩子们会怎样看待这棵树。知道了孩子们的想法，就抓住了教育契机。这棵树现在已变为课程资源，向幼儿讲述如何爱护与保护环境。”

从浅层反思转变为深度反思，从主观评价到客观评价……近两年来，铜仁市有不少乡镇园、山村园教师借助资源中心“蜕变”为懂教育、爱幼儿、乐奉献的好老师。如今，哪怕是仅有几个孩子的山村园，入职没多久的年轻教师或小学转岗教师都能灵活安排符合幼儿成长规律的一日活动，培育幼儿成长。

“是资源中心让教师专业得到提升，并帮他们找到了职业自豪感。”杨代军说。

城乡一体化，为园所提升内涵赋能

在集团化办园管理模式下，县级教育部门对幼儿园的考核或评比以集团为单位进行，实行集团内统一管理、各集团园捆绑考核。

杨代军介绍，铜仁市的乡镇中心园还承担着对山村园及所在乡镇民办园的管理职

幼儿园的快乐每一天

责。集团总园会把本园的规章制度、管理方式、考评办法等投放在资源中心共享，山村园再结合本园实际制定管理制度。同时，乡镇中心园每月指派骨干教师对该辖区山村园、民办园开展指导检查，列出问题清单后共享给教育行政部门，合力规范办园行为，逐步提高保教质量。仅几年时间，玉屏侗族自治县 14 所乡镇园有 9 所被评为市级示范园，4 所被评为县级示范园。

铜仁市及时将在资源中心建设和利用过程中形成的经验以“铜仁市学前教育集团化资源管理中心建设指南”的形式固定。江口县第四幼儿园园长余华认为，“指南”明确了资源中心建设的目的、路径及要素要求。

为真正发挥好“资源中心”在农村学前教育中的“芯片”作用，铜仁市每年都对各县（区）资源中心的管理人员及资源中心所在幼儿园的园长、教研员进行再生资源培训，达到以培训促管理、以培训促资源利用效益最大化的目的。

截至目前，铜仁市每个乡镇中心园都建有资源中心，乡镇较大且有两所公办园的，正在筹建第二个资源中心，90% 的乡镇都有县级及县级以上示范园，城乡差距逐步缩小，“家门口上好园”正在成为现实。

为有碧江活水来
——碧江区汇聚幼小衔接“动力源”

走进铜仁市碧江区正光小学，可以看到参照6—7岁儿童视线安放的路标、指示牌崭新漂亮，涂鸦区、扎染区、科学区、民间游戏区等，遍布着孩子们学习、游戏与探索的痕迹……

2022年，碧江区教育局印发《铜仁市碧江区幼儿园与小学科学衔接指导手册》，并逐步建立起“齿轮型”联动的体制机制、“三位一体”的评价方式、“三级抱团”的教研模式。一年来，碧江区以构建衔接机制为重心，以改革评价方式为推手，以整合教研资源为要件，全力推进幼小科学衔接。

抓住“机制建设”关键，形成政策动力

成立领导小组、推进小组，实地调研，搭建管理框架、人员架构，建立工作制度、考核制度、教研制度，组建专家团队……这是碧江区为全面推进幼小科学衔接做的前期准备。

“横向破冰、纵向贯通”的“齿轮型”联动，是碧江区探索出的幼小衔接工作机制。“教育、民政、市场监管、公安等各部门打破壁垒，横向联系；‘区—责任区—园、校’形成‘金字塔’式三级推进网格，区级统筹，责任区、幼儿园与小学纵深推进，逐级结合发展实际建立工作方案、机制，各级之间相互关联，形成联动。”碧江区教育局局长杨伟介绍说。

碧江区教育局学前教育办公室主任叶小伟认为：“幼小衔接不只是小学、幼儿园的事，还是老百姓普遍关注的民生大事，只有完善机制、高位推进，才能解决多年沉积的难题。”

在横向联动、纵向推进的工作机制下，碧江区将规范办园、办学行为，构建良好教育生态，作为“幼小衔接”的重要任务。“区直各部门组建综合治理队伍，部门联动、

明暗结合，规定动作 + 自选动作灵活组合运用，走访、排查、督导、抽查、社区调研等交替使用，动态监管民办园、培训机构办学行为。”碧江区教育局教研室学前教育教研员马尼娅说。

碧江区要求幼儿园建立大班毕业生档案，幼儿流失清单、追踪记录，对儿童流失去向、流失原因进行详细摸排，并逐级上报。综合治理队伍开展明察暗访，对违规机构予以关停或停业整顿等行政处罚。

抓住“评价改革”关键，形成支持动力

“评价的指挥棒不变，衔接就只能浮于表面。”碧江区教育局副局长田景洲如是说。在机制保障下，碧江区将“幼小衔接”与“双减”接轨，又在评价改革上出新招。

碧江区以儿童后继学习、全面发展为核心，从“行政部门—学校、学校—教师、教师—儿童”自上而下地改革了评价方式，完善评价体系，将诊断性评价、形成性评价、总结性评价、横向评价、纵向评价贯穿于评价全过程，他评、自评方式有机结合。

碧江区教育局在对学校的评价中，破除考试成绩、升学率的传统评价模式，家长、教师、儿童、社会共同参与，将衔接工作机制建立、家园校共育、双向衔接、联合教研、儿童四个准备与四个适应情况等，纳入学校教学质量、年终考核、绩效考核等指标

碧江区幼儿园开展劳动教育小游戏

体系。“衔接工作中，家长关心学得好不好，教师在意基础牢不牢，学生在意学习轻不轻松。打破‘唯分数论’，让孩子学习成长的三个关键人发声，是一次重大突破。”铜仁市第六小学校长舒兴党说。

学校将“幼小衔接”中的参与度、贡献值、创新方法、工作成效、儿童入学准备和适应情况，作为教师教学工作评价的重要参考依据。“以前我们只关注学生的学习成绩，因为学生成绩关系到教学成绩，自从学校改变了对教师的评价方式后，我们开始更多关注学生学习、探索的过程，有了更多的时间与学生交流、游戏，建立了良好的师生关系。相比以前，我们更轻松了，学生更快乐了，学习效率也更高了。”铜仁市实验小学一年级教师谭雪说。

教师在对儿童的评价中，更加注重过程导向，记录和分析儿童学习与成长轨迹，使用个体内差异评价、档案袋评价、轶事记录评价、个性赏识性评价等方式，关注儿童个体差异与个性发展，扬长不避短，补足缺项，因材施教。“我最担心的就是考试考不好，没想到我们学校竟然用闯关、竞答、小组汇报、作品展示代替了考试，原来上小学也可以这么有趣，我好喜欢。”铜仁市实验小学一年级学生胡城彬说。

抓住“联合教研”关键，形成提质动力

“幼小衔接”是双向奔赴的衔接，幼儿园与小学必须相互了解、磨合，才能达成衔接共识。然而，幼儿园与小学数量不一、办学水平高低不同，“一对一”双向衔接耗时长、见效慢，一度成为碧江区“幼小衔接”工作的“瓶颈”问题。

碧江区“破而后立”，探索出“区—责任区—园（校）”三级抱团发展的“幼小衔接”联合教研模式。“以原集团园为圆心，辐射半径范围内的优质园、校为龙头，其余园、校为成员，抱团发展，这是碧江区打破僵局，实现‘联合教研’全区覆盖的大胆尝试。”叶小伟介绍说。

区级建立“联合教研”制度、签约本地专家、组建指导团队、拟定指导意见、梳理教研清单、印发管理办法，统筹责任区建设、管理和指导；责任区指导幼儿园、小学“一对一”“一对多”“多对多”双向协作，划分阶段重点，明确教研方向、方法；幼儿园、小学参与片区联合教研，并在责任区引领下结合本园、本校实际开展园本、校本教研。

“责任区的划分整合了片区人、财、物资源，集零为整，‘双龙头’方式又打破了‘一言堂’局面，保障了幼儿园与小学各自的发言权，从思想转变到合作共赢，真正实现了双向衔接。”第一责任区龙头园园长罗丽华说。

为保障联合教研实效，碧江区抓住衔接质量核心，以责任区为单位，建立“教研中心”“课程中心”“资源中心”，三个中心相辅相成、相得益彰。每个责任区建有两个教研中心，一个建在城区，供责任区和城区园（校）联合教研使用，另一个建在乡镇，在片区指导下结合乡村实际开展联合教研。城乡“联合教研”分中有合、合中有分，聚焦共性问题，并分层、分类解决个性问题，促进各层次、各类别的小学与幼儿园在原有办学水平上稳步提升。与此同时，责任区内的城区小学联合幼儿园，建立课程中心，集课程开发、研究、实践、审议于一体，根据低年级学生身心发展特点，为学科教师量身定制游戏化、生活化的双向衔接课程，改革教学方法，形成本校衔接课程资源。教研中心、课程中心建好了，所需材料从何处来？怎样有效利用材料？资源中心的再利用解决了这些难题。碧江区将原有的农村学前教育集团化管理资源中心进行重组，增加了“幼小衔接”资源收纳、整理、管理、共享功能，持续为责任区、教研中心、课程中心提供并更新资源。

“每个责任区都是一个学习共同体，每个中心的教研成果、课程都可供片区内学校借鉴、学习，每个片区的资源又可在全区共享，‘区—责任区—园（校）’模式整中有分，分中有细，细后归总，层层递进，服务整体，真正实现了抱团发展。”叶小伟总结说。

随着自上而下推进、改革评价方式、建立教研责任区，碧江区幼小衔接过程中的机制不健全、衔接意识薄弱、衔接质量不高等难题正被逐个破解。碧江区幼儿园、小学从“独立”过渡到“协同”共进，从单向被动衔接变成了双向主动奔赴，行政推动、教科研支持、教育机构等多方共同参与的“幼小衔接”机制初具雏形，未来可期。

学在南明　教研引领

在贵阳市南明区第七实验幼儿园，优美的校园让人赏心悦目，优秀的师资队伍受到家长肯定；在南明区第三实验幼儿园，孩子们走进幼儿园，仿佛置身于学习与游戏的乐园……近年来，南明区高度重视学前教育发展，从硬件提升、内涵发展、内联外帮等方面着手，不断推动学前教育事业稳步发展，解决适龄儿童“入园难”问题，并稳步迈向“入好园”。

学前教育硬件提升　创优环境“稳步行”

宽窄不一、高低不同的沟壑里，孩子们穿着雨鞋、拿着玩具，自在玩水，不亦乐乎……这是南明区第七实验幼儿园孩子们快乐戏水的课堂。

“我们希望打造一所‘以教研为引领’的幼儿园，给孩子们提供好的教育环境、好的教学体验，所以我园从一张图纸开始，全程参与幼儿园开工建设，对一些不能让孩子真真切切感受自然、体验生活的设计，重新进行了调整。”南明区教师学习与资源中心幼教教研员、南明区第七实验幼儿园园长张茜说，“幼儿园环境都是为儿童而建，通过改变地面材质、高度、坡度，融入草皮、泥土、木板、塑胶等方式，创设富于变化的立体场地，让孩子们在游戏中探索、成长。”

工欲善其事，必先利其器。为适应幼儿成长发展趋势，激发幼儿学习兴趣，南明区各幼儿园秉持“焕发孩子生命力”的理念，充分发挥幼儿主体作用，从操场到绿化、楼道到洗手池……依据地理优势，结合社区资源，运用符合幼儿发展规律的设计，开发出多个可供幼儿进行实践探索的场所，挖掘多个可供小、中、大班不同年龄段幼儿玩耍的场地，努力设计与幼儿身心发展相适应的外部环境，让孩子产生不同的体验感，培养其学习和探究能力。此外，自南明区第七实验幼儿园、南明区第八实验幼儿园投入使用后，南明区新增公办学位 700 余个，非普惠性幼儿园转为普惠性幼儿园 5 所，新增普惠性学位 849 个，该区 2022 年新增普惠性学位共计 1000 余个，极大缓解了“入园难”问题。

学前教育内涵提升　确保孩子上好园

在让幼儿园基础设施符合孩子身心发展的同时，如何进一步提升幼儿园教育内涵成为南明区幼教系统的另一发力点。

一间间教室整洁明亮，不同房间里摆放着各式手工、绘画、图书等教具；教室外，孩子们跟着老师一起做着游戏；教室内，孩子们正在把当天的所见所闻，用图画的方式记录下来……这是南明区第三实验幼儿园的日常教学场景。

“我园在2018年底，开展自主游戏实践研究，把游戏的权利真正还给幼儿，尊重幼儿自主学习的规律和价值。游戏结束后，幼儿通过绘画表征的方式表达自己在游戏中的所思所想，老师与每一个幼儿进行一对一的交流，推动幼儿在个别对话中充分积极地反馈自己的感受。”南明区第三实验幼儿园园长何丽介绍道，“尊重幼儿成长规律，才能让幼儿在游戏的真实情境中勇于探究、不断挑战、获得经验、形成想法，培养主动学习的能力。”

南明区第三实验幼儿园作为南明区公办园之一，在办园过程中，遵循教育发展规律，紧紧围绕“做生活的主人”的办园理念，结合南明区学前教育发展实际情况，在实践中融会贯通、守正创新，努力在提升保教质量的基础上寻找新路径进行课程改革。同时，通过老师和幼儿“一对一”的交流教学、课程改革对自主游戏的实践研究等方式，支持教师专业化成长，为教师提供交流平台、将其带入成长“快车道”，更好助推教育高质量发展。

5年来，南明区第三实验幼儿园获得贵阳市教育工作先进集体荣誉称号，连年获得贵阳市幼教教研指导责任区先进责任园荣誉称号，2020年获得贵阳市学前教研指导责任区成果“一等奖”等荣誉……该园的成长，正是南明区扎实推进学前教育高质量发展，不断加强师资队伍建设，加快实现教育现代化的一个缩影。

学前教育均衡发展　优质资源广“辐射”

农村地区由于自然条件较差，经济社会发展水平较低等原因，学前教育起步较晚，发展较为缓慢。曾经的大歹村是黔东南苗族侗族自治州从江县少有的深度贫困村，学前教育发展滞后。2021年5月，北京市北海幼儿园贵阳分园调研后指派专业人员帮扶大歹幼儿园。随即，该园便开始了装修设计、物资配备等前期准备工作，同年8月，帮扶团队正式入驻大歹幼儿园，按下驻园帮扶“启动键”。

“近一年来，我们成立以党员骨干教师为主的帮扶团队，深入大歹幼儿园开展帮扶工作。为确保帮扶的实效性，切实让大歹村的每个孩子都能享受公平而有质量的教育，帮扶团队从基础条件、学生习惯、教师观念、办园质量等方面对大歹幼儿园进行帮扶指导。在帮扶团队指导下，经过大家的共同努力，大歹幼儿园 2021 年 12 月被评为从江县县级示范幼儿园，2022 年 9 月被评为黔东南苗族侗族自治州州级示范幼儿园。”一名支教教师自豪地说。

孩子们在绘画课堂尽情发挥想象力

自 2019 年起，北京市北海幼儿园贵阳分园充分利用自身的教育资源和优势，当好帮扶“排头兵”，坚持“输血”与“造血”相结合、“本色”与“特色”共发展的方式，与安顺市、普安县、开阳县、从江县等地的多家幼儿园及南明区第十教研指导责任区内的 9 所民办园开展点对点结对帮扶指导，量身打造“加油站”，进一步为幼儿教师赋能。同时，坚持“走下去”“送出去”“以公带民”的原则，助力该区学前教育高质量发展。

据了解，南明区大力抓好公办率和普惠率，通过置换、撤并、闲置资源利用、挖潜现有资源等方式增加公办幼儿园学位。截至 2022 年，该区在园幼儿 28832 人，普惠性在园幼儿 27582 人，非普惠性在园幼儿 1250 人，公办率 62.62%，普惠率 95.66%。学前教育内涵发展省级补助资金 100 万元，执行率 100%。

未来，南明区将继续引进省外优质教育资源，加大与北京师范大学教师教育研究中心和首都师范大学附属实验学校教育集团的合作力度，为南明区教育高质量发展注入强劲动力，并持续扩大优质学位供给，大力实施学前教育普及普惠、义务教育优质均衡攻坚行动，整体提升教育高质量发展水平，全力以赴办好人民满意的教育，以“强教育”贡献“强南明”，以“强南明”服务“强省会”。

让更多孩子“有园上”“上好园”的水城方案

“这所幼儿园的开办，真是解了我们家长的‘燃眉之急’！”家住六盘水市水城区发耳镇大寨社区湾子组的居民张应花说，以前镇上的幼儿园太少，不是学位满了，就是学费太高，学位规模只有 6 个班的中心幼儿园怎么也“挤”不进去，他们夫妻俩始终找不到合适的幼儿园。多方辗转托人，最终，镇上一所私立幼儿园才勉强接收孩子入园。

由于夫妻俩的工作单位距离幼儿园太远，接送孩子往往需要花费三四十分钟。直到一个学期后，一所全新公办园即将开办的消息让张应花看到了希望。公告一出，她立刻打电话报名。“您放心，我们的学位充足着呢！”六盘水市水城区发耳镇第二幼儿园园长毛艳菊的回答让她吃了一颗“定心丸”。

“这所幼儿园不仅解决了孩子就近入园的问题，同时相较于一般民办园，收费低，学费从每学期 3480 元降到了 1530 元，大大缓解了经济压力。而且基础设施、教学质量、师资队伍都很好，孩子可以快乐成长。”回想起前几个月的焦虑，张应花现在心情大好。

从“有园上”到“上好园”，不仅关乎教育质量，更关乎教育公平。近年来，六盘水市水城区始终坚持深入贯彻落实党中央提出的办好学前教育、实现幼有所育的重大决策部署，初步建成覆盖城乡、布局合理的学前教育公共服务体系。该区现有幼儿园 181 所，在园幼儿 27464 人，专任教师 1684 人。近三年来，该区学前三年毛入园率从 85.12% 提升到 89.81%，普惠性幼儿园覆盖率从 88.27% 提升到 97.34%，公办园占比率从 61.88% 提升到 70.04%。

坚持“三高联动”　凝聚创建合力

高点定位。水城区深入贯彻落实全国教育大会和全省教育工作会议的精神，把学前教育普及普惠发展作为第一民生工程，围绕“四新”主目标和“四化”主抓手，全力推进“学前教育普及普惠县”创建工作，努力实现幼有所育、幼有优育，使幼儿园成为城镇发展、乡村振兴的“标配”。高位推动。成立区“四大班子”主要领导任组长、分管领导任副组长、区直相关部门和各乡（镇、街道）党政主要领导为成员的学前教育普及普惠发展工作领导小组，下设综合协调、业务指导、项目建设等10个工作专班，每个专班由一名县级领导牵头，专职化、专业化推动普及普惠县创建。将学前教育普及普惠县创建工作作为重要中心工作，召开区委常委会、区政府常务会、专题会等14次，对普及普惠县创建工作进行安排部署和调度督查，切实解决校园用地、规划建设、经费调拨、教师待遇等重大问题。高效推进。成立学前教育普及普惠县创建工作专班，建立科级干部包片、股室干部包乡镇、普通职工包幼儿园的“三级包保体系”。全面压实教育局层面的全面协调、督促指导责任，中心校层面的辖区统筹、入园视导责任，幼儿园层面的常规管理、具体落实责任等“三级责任”。通过业务培训、现场指导、调度督促等方式，高效推进“学前教育普及普惠县”创建工作。2022年以来共召开集中培训会、现场培训会、工作观摩会5次，开展片上巡查16轮、驻点督导1568人次、入园检查860人次。

推进“三个优化”　增强创建实力

优化资源布局。结合新型城镇化进程和易地扶贫搬迁需要，在城市规划时，城区布局了40所幼儿园，优先落实学前教育用地，并预留482亩土地（城区63亩、乡镇419亩），留足发展空间。在农村结合人口变化情况，与义务教育规划调整同步谋划学前教育资源布局，采用“低幼点＋混龄班”的模式，将小学高年级儿童集中到中心小学，村级学校富余学位用于学前教育；结合该区山高谷深、人口分布点多面广的特点，对于适

龄儿童小、交通不便的自然村寨，采取不同岁段混合编班的方式解决儿童入园问题。该区共布局乡镇中心幼儿园35所，村级独立幼儿园45所，村级“校中园（混龄班）”61个。优化办园条件。“学前教育普及普惠县”创建工作启动以来，该区共建成公办幼儿园10所，增加学位3875个；新建、改（扩）建学前教育项目123个，新增学位1.42万个；2022年再投入资金1.05亿元，实施学前教育项目20个，预计增加学位3570个。按照“五同步”工作要求，出台《水城区城镇小区配套幼儿园治理工作方案》，督促房开商按照政策要求配建幼儿园并移交政府办学，目前已建成移交投用幼儿园4所，增加学位1170个。优化发展环境。加强扶持，2022年，拨付民办普惠园生均公用经费、奖补资金449万元，支持民办园优化育人环境，提高教师福利待遇。加强年检，围绕党建、办园条件、办园行为、招生、资产财务等方面，2022年共检查民办园48所，其中年检合格的有39所、基本合格的有9所，全面规范民办园常规管理。加强治理，坚决取缔无证民办幼儿园62所，将涉及幼儿引导分流到周边公办园、民办普惠园就近入园；近年来开展“小学化”专项督查48次，走访家长、幼儿、教师和园长739人次，防治和纠正民办园“小学化”倾向，促进幼儿身心健康发展。

加大“三种力度”　汇集创建动力

加大引才力度。近三年来，通过公开招聘、特岗计划、员额制等方式招聘幼儿教师955名，其中，2022年从中小学培训转岗补充幼儿教师202名，实施西部计划补充幼儿教师63名，员额制招聘幼儿教师400名。加大培才力度。在贵阳幼儿师范高等专科学校、六盘水市直属4所幼儿园的帮扶指导下，通过国培、省培、市培、区培、专项培训、园本培训等渠道，近三年共开展幼儿教师培训1.12万人次，幼儿教师培训全员覆盖，教师综合素质全面提升。其中，开展园长岗位培训1千余人次，实现园长持证上岗率达100%。加大用才力度。近三年来，该区建立了一支拥有市、区级“三名一骨干”224名、后备管理人才76名的教育教学团队，引领全区幼儿教师专业化成长，助推“学前教育普及普惠县”创建工作提质升级。

实施“三化并举” 激发创建活力

实施一体化管理。出台《六盘水市水城区乡镇村级幼儿园一体化管理工作实施方案》，组建31个资源中心、6个研培中心，推进设备、人力、课程、信息“四类资源”共享，实现管理策略、培训交流、保教管理、教研教改、活动安排、评价激励“六个统一”。实施集团化办园。依托7个龙头园暨责任区示范园，组建7个学前教育集团暨学前教育教研指导责任区，采取跟岗研修、送教下乡、入园指导等方式，帮助指导辐射园抓好区角设计、环创工作、安吉游戏、幼小衔接、园所管理等工作。实施示范化引领。近三年来，该区共创建省级示范园1所、市级示范园30所、区级示范园32所，辐射引领各级各类幼儿园全面提高管理和保教水平。2022年8月，水城区第七幼儿园顺利通过省级示范幼儿园三类园评估，实现该区省级示范性幼儿园“零突破”。

强化“三项保障” 提高创建效力

强化经费保障。每年压缩6%的行政经费支持教育事业发展，2020年以来，该区学前教育共投入资金6.54亿元，占教育事业投入资金的20%以上，学前教育投入资金保持只增不减。2022年，共拨付保育教育费、取暖费、生均公用经费等5580万元；设立教育高质量发展专项资金2900万元，大力支持“学前教育普及普惠县”创建工作；区长定期调度教育资金，由财政部门统筹，每周定期拨付一次项目建设资金。强化要素保障。教育、财政、发改、住建、国土等部门各司其职、各尽其责，在规划、土地、项目、资金等方面全力保障学前教育发展，在中心城区拿出120余亩“黄金地块”，在乡镇选用最平整、最集中的地块建设幼儿园，确保适龄幼儿“全覆盖、零门槛、无障碍”入园。强化纪律保障。水城区纪委监委、考核督查局严格践行“四种形态”，加强督查检查，加大执纪审查力度，紧盯创建工作重要环节和关键领域，健全完善各项规章制度，坚决整治“等、靠、要”“庸、懒、散、浮、拖”等不良风气和不作为、慢作为、乱作为等问题，常态化巩固工作成效，确保“学前教育普及普惠县”创建工作高标准通过国家评估认定。

“有学上”到“上好学”
——我省持续推进义务教育优质均衡发展

夏日，贵安新区校园里书声琅琅、生机勃勃。在贵州师范大学贵安新区附属初级中学，学生种植的格桑花迎风绽放，粉色、白色、黄色点缀在校园草坪，围墙铁栅栏上也开满了月季花和蔷薇，课间，师生在“花海”中放松身心；在贵州师范大学贵安新区附属高级中学，该校学生撸起袖子、挽起裤子，在“农耕园”撒种、插苗、浇水，开心劳作；在贵州师范大学贵安新区附属小学的“厨艺教室”里，老师示范“凉拌黄瓜”的制作步骤，同学们听得津津有味……

2022 年 5 月，教育部发布《义务教育劳动课程标准（2022 年版）》，明确 2022 年秋季开学起，劳动课成为中小学的一门独立课程。目前，贵安新区各中小学先试先行，积极开展劳动教育，优化设计劳动课，以丰富的劳动项目为载体，有计划、有目的地组织学生参加生活、生产劳动，培养学生正确的劳动价值观和良好的劳动品质。

“我校充分利用校园资源，今年 3 月就开始组织学生种植月季花、格桑花和蔷薇，并按照班级划分区域，组织学生日常管护，组织学生参与植物栽种的全过程，培养学生的劳动意识和实践能力。”贵州师范大学贵安新区附属初级中学副校长李虹说，“下学期将会把劳动教育课纳入课程表，系统开设劳动教育课程，适时组织学生走出校园，参加社会实践活动。”

开设丰富多彩的劳动教育课程，是贵州省大力推进素质教育，促进学生全面发展的一个缩影。而义务教育优质均衡发展已在全省中小学蓬勃发展，方兴未艾。

义务教育均衡发展是我国着力推进教育公平而作出的重大决策，是继“两基”（基本普及九年义务教育和基本扫除青壮年文盲）之后的又一项重大教育民生政策。其最终目标，就是要合理配置教育资源，办好每一所学校，教好每一个学生，实现教育公平。2022 年来，我省把推进义务教育优质均衡发展作为一次生动的教育改革发展实践，在达成“有学上”目标后，将教育发展目标提升到更好满足人民群众子女“上好学”美好愿

望的新高度。

2022 年，我省以实施“公办强校”为抓手，强力推进县域义务教育优质均衡发展。着眼振兴乡村教育的需要，兼顾乡镇学校和易地扶贫安置点学校，分两批遴选出 1513 所“公办强校”项目学校。研究出台《贵州省义务教育公办强校项目学校建设评价指南》（以下简称“《指南》”），省、市（州）、县（市、区）三级分层分类组织对项目学校培育《指南》进行系统培训解读，重点讲清楚“怎么做”“做什么”。举办全省义务教育公办强校培育工作培训班，指导各地结合经济社会发展实际，严格对照《指南》合理制定公办强校计划实施方案，进行为期 3 年的培育。有序推进县域义务教育优质均衡发展，支持具备条件的县（市、区）开展县域义务教育优质均衡创建工作。2021 年遴选贵阳市白云区、遵义市赤水市、毕节市黔西市和黔南布依族苗族自治州荔波县作为全国县域义务教育优质均衡创建县，2022 年认定贵阳市云岩区、遵义市汇川区、安顺市西秀区、铜仁市印江土家族苗族自治县、黔东南苗族侗族自治州麻江县和黔南布依族苗族自治州龙里县作为优质均衡创建县。指导创建县认真对照《县域义务教育优质均衡发展督导评估办法》（教督〔2017〕6 号）的“资源配置”“政府保障程度”“教育质量”“社会认可度”四个方面内容、31 项指标和《教育部办公厅关于开展县域义务教育优质均衡创建工作的通知》（教基厅函〔2021〕43 号）的攻坚清单 5 个方面 20 条，逐校查找未达标的项目。印发《省教育厅办公室关于进一步做好县域义务教育优质均衡创建工作的通知》，指导各地优化完善优质均衡创建工作方案，有序推进创建工作实施。

持续加强教学常规管理。督促和指导各地执行好《贵州省义务教育学校教学常规基本要求》，落实集体备课制度、推门听课等教育教学基本制度，规范和重塑学校备课、课堂教学、作业布置、考试管理和家访等基本制度，确保教学基本要求在每一个学校、每一个班级和每一堂课都得到有效落实。提高安置点学校教育教学质量，摸底调研安置点配套学校相关情况，依托“贵青杯”品牌活动优势，遴选部分安置点配套学校音乐、美术教师开展跟踪培养，指导安置点学校提高音乐、美术教学质量，丰富课后服务内容。同时，持续加强教研常规管理。注重发挥教研工作保障基础教育质量的重要支撑作用，强化校本教研，充分发挥教研组、备课组、年级组在研究学生学习、改进教学方法、解决教学问题、指导家庭教育等方面的作用，进一步明确市（州）、县、校三级教研活动时间和安排，明确教研人员、管理干部的教研要求和参加场次，明确教研基本环节和流程，丰富市（州）、县、校三级教研活动，力争让全省中小学教师每周参与一次教研活动，每月参与一次大型教研活动，让一线教师积极主动参加高质量教研活动成为常态。

落实立德树人根本任务。联合省文明办、团省委等13家部门印发《关于在全省中小学组织开展“牢记嘱托感党恩　勇担使命闯新路”主题教育系列活动的通知》，深入开展“扣好人生第一粒扣子”“贵青杯”系列活动43个项目。发挥党史“立德树人”重要作用，不断健全中小学常态化开展党史学习教育机制，厚植红色基因，赓续红色血脉。引导中小学生感党恩、听党话、跟党走，自觉践行社会主义核心价值观。以中小学生喜闻乐见的形式，引导中小学生回顾国发2号文件给贵州经济社会发展带来的巨大变化，感悟新国发2号文件给贵州带来的新机遇、新期待、新发展，引领中小学生争做“牢记嘱托感党恩　勇担使命闯新路”践行者、主人翁。深入推进“五育”并举，持续落实“双减”政策，不断拓展校外教育资源，丰富课后服务活动内容，不断提升育人质量。

高位推进“双减”工作。推动各地制定、出台课后服务收费政策，夯实课后服务经费保障；开展作业管理、课后服务典型案例征集工作，通过加强宣传交流、典型示范，不断提升作业管理水平和课后服务水平；指导各地积极开展寒暑假托管服务，免费开放学校体育馆、图书室等场馆让学生自主学习、体育锻炼等；在寒暑假、国家法定节假日等假期收假前，因新冠肺炎疫情学校停课学生返校复课前，指导学校结合实际设置一周的学生作业“缓冲期”，循序渐进引导学生适应学校学习和生活，减轻学生因作业过多未及时完成、学习状态欠佳未及时调整而产生的心理压力。将“双减”纳入“四下基层”调研督导内容、开学检查内容和综合大督查内容，加强对各地各校作业管理、课后服务等工作的督促指导。联合团省委印发《关于贵州共青团协助教育系统开展“双减”

工作的通知》，联合省文旅厅、省文物局印发《关于利用文化和旅游资源、文物资源提升青少年精神素养的实施方案》，拓展课后服务途径，充实课后服务力量，丰富课后服务内容。

提升特殊教育服务能力。完善特殊教育体系。指导各地贯彻落实好《贵州省"十四五"特殊教育发展提升行动计划实施意见》，大力发展非义务教育阶段特殊教育，积极发展学前特殊教育，鼓励普通幼儿园接收具有接受普通教育能力的残疾儿童就近入园、随班就读，推进特殊教育适宜融合发展，均衡协调发展。研究制定《贵州省特殊教育融合发展实施方案》，对我省"十四五"时期特殊教育融合发展进行谋划部署。开展融合教育实验区创建工作，创建贵阳市、遵义市、铜仁市、六盘水市 4 个融合教育实验区，初步遴选、培育融合教育实验校（幼儿园）80 所。以"高校 + 教研 + 特校 + 普通学校（园）"的模式组建融合教育团队，推进特殊教育适宜融合发展，提升融合教育质量。推进特殊教育办学质量提升。深入基层学校、幼儿园开展国家和省特殊教育政策解读，指导特殊教育学校防疫安全管理、教学常规和教研常规管理，加强各市（州）特殊教育资源中心、资源教室规范化建设，推进三类特殊教育学校义务教育课程标准实施。组织专家团队研究编写《特殊儿童随班就读工作指南》《特殊儿童入学评估工作指南》《特殊儿童送教上门工作指南》等。聚焦特殊教育教师专业能力提升，举办特殊教育资源中心、融合教育、康复教育种子教师专项培训 523 人次，送教上门、随班就读、课程标准骨干教师国培 900 人次，提高特殊教育学校、融合学校（幼儿园）、特殊教育资源中心教师的专业技能。

从基本均衡到优质均衡，从教育机会公平到追求有质量的教育公平，构成了新时期中国义务教育的主旋律，共同指向教育的应有之义：关注人的全面发展，让每个孩子都有人生出彩的机会。教育工作者要遵循这一发展思路，全力以赴推动义务教育从基本均衡向优质均衡前进，推动新时代义务教育向更高水平、更加均衡、更有质量迈进，进一步提升人民群众对教育的获得感、满意度。

变“民生痛点”为“教育亮点”
——遵义市积极打造“双减”升级版

《遵义市通过“精准化”教学模式提质增效》《遵义市破解三大难题提高课后服务质量》《赤水市针对难点堵点强化课后服务保障》《新蒲三小做好三道“作业菜”》4个案例成功入选教育部“双减”典型案例；汇川区第三小学冰雪运动被央视《新闻联播》报道关注；5个案例入选《贵州改革工作动态》，获评全省优秀改革案例1个，获贵州省教学成果特等奖1个……“双减”实施以来，遵义市坚持“减法加法一起做、效率效果一起要、软件硬件一起抓”，全力构建“五个体系”，努力打造“双减”升级版。

构建高效工作体系，提升“双减”驱动力

“双减”实施以来，中共遵义市委、市人民政府高位推动，成立“市委书记＋市长”的双组长领导机制，始终坚持把教育放在优先发展的战略地位，将“双减”工作纳入政府问效考核，制发“1＋36”配套文件，在全省率先进行体教融合改革，产生“1+1＞2”规模效应，扎实推进“双减”工作。以创建“‘双减’示范市”“体教融合示范市”“校园足球特色市”为契机，评选“双减”星级示范校40所，创建星级体育特色学校150所，建立市级体育后备人才基地96个，49所中小学校开设有游泳课，1504所中小学体育场地面向社会开放。“双减”施行以来，该市教育行政部门不再审批新的学科类培训机构，摸底排查治理培训机构1393所、关停226所、压减注销526所、查处隐形变异机构7所，审核从业人员2779人、培训材料1993份；641所培训机构全部开设专用账户，监管资金2822.52万元；清理撤除违规广告267件；引导培训机构转行117所、参加课后服务机构46所，解决人员就业189人；组织开展就业培训19次，推荐就业岗位246人，招考解决就业28人。

赤水市退休教师“轻骑兵”小分队走进元厚小学教授二胡

凤冈县第六小学学生学习葫芦丝

构建精准教学体系，提升“双减”内生力

教育是最大的民生，义务教育择校曾经是家长最头疼的问题。为推进基础教育均衡化、优质化，汇川区、红花岗区、新蒲新区通过实施教育集团化办学，合理配置教育资源，充分发挥优质学校的辐射带动、示范引领和品牌效应，更好实现就近入学，为择校热“降温”。

遵义市教育体育局抢抓创建“国家级信息化教学实验区”机遇，制发《遵义市义务教育“双减”星级示范学校评估认定方案（试行）》《遵义市义务教育学校教学常规管理办法（试行）》等文件，遴选 99 所学校，借助“问题—课堂—研究—实践—改进”项目研究学生赋能，实施“一破、五优、三提高”精准化课堂教学模式，在精准化预习、精准化备课、精准化授课、精准化作业、精准化检测、精准化对策“六个精准化”上下功夫，着力打造“有序、有趣、有效、有用”的新型教学模式。评选市级“双减”论文 211 篇、优秀课堂案例 291 个，28 节师范课入选教育部精品课资源库、1 人荣获全国基础教育教学成果二等奖，学生在国家级科技创新系列比赛中获全国奖 35 项。

构建特色师资体系，提升“双减”执行力

正安县第四小学通过“赋教师育人能量”“解教师后顾之忧”“疏教师身心压力”“展教师教学风采”四项举措，搭建教师交流平台、出彩平台，充分用好第三方机构、大学生志愿者、家长代表等，找准“路子”、结好“对子”，盘活课后服务需要的教师资源。赤水市聘请 200 余名优秀骨干教师，组建 20 余支“教育轻骑兵”机动小队，支援 48 所薄弱学校开展课后服务。习水县率先出台《关于进一步做好“双减”背景下教师关爱工作的八条措施》，在高质量落实“双减”政策的同时切实为教师减负、

播州区第四小学蜡染社团展示学生作品

遵义市第四中学舞蹈社团倾情演出

减压。

课程实施关键在教师。针对遵义市乡镇学校师资不足的实际，该市以“学长制”、教师+学区名师、教师+家长代表、教师+社区服务队、教师+第三方机构、教师+群团专家、教师+大学生志愿者、教师+退休教师，形成“1+7”人才“蓄水池”，实施师资联动，提升“双减”执行力。通过体教融合，1250余名高校体育专业师生、57所社会体育机构、350余名教练员进入该市400多所中小学开展体育课后服务，市级层面组织开展课后服务特色课程教师、心理健康教育骨干教师、学校少年宫辅导员、吉他教师、体育教练员等1万余人次培训，推动5.8万人服务“双减”，形成长效联动机制，确保课后服务从周一至周五全覆盖、每天2小时“菜单化”课后服务全覆盖、义务教育学校全覆盖、主动需要的学生全覆盖、所有学科全覆盖。

构建多元作业体系，提升“双减”创新力

高效完成作业，是提升“双减”内生力的重要举措。播州区学生家长刘胜权说：“以前孩子从一年级开始就搞考试排名，作业经常做到晚上12点，孩子和家长都苦不堪言。如今，书面作业多数都在学校完成，回家主要做一些力所能及的家务劳动和其他社会实践活动。”

得到学生和家长拥护的作业从何而来？遵义市教育科学研究院以此为题，召集学科专家，制发《遵义市义务教育阶段学科作业设计与实施指导意见》，该市大力推行作业内容分层化、设置多样化、推送一体化、选择自主化、评价反馈时效化的“五化作业”管理模式；让作业流程可量化可控制、有监督有评价，倡导学校开展每周一天“无作业日”，公布作业管理举报电话和邮箱，邀请“两代表一委员”、村（居）干部等担任作业管理监督员，设置“家校联系册”等方式确保作业管理“控量提质”。

如今的家庭作业、寒暑假作业，丰富多样、分类分层、极具特色，不仅有学科作业，而且充分融合红色思政、传统文化、体育锻炼、科技创新、社区服务等内容，让孩子在学中做、做中学，在生产劳动和社会实践中全面提升德智体美劳方面的能力。

构建家校社联动体系，提升“双减”凝聚力

周一至周五下午五点半至六点半、周末及寒暑假，习水县东皇街道东风湖社区人头攒动、热闹非凡，50 余名在职教师和 30 余名社会志愿者，义务为社区 1796 名易地扶贫搬迁户子女开展作业辅导、兴趣培养、心理辅导等活动，日常开设绘画、剪纸（非遗）、珠心算、舞蹈等 10 多个社团，有效解决了“搬得进、留得住、学得好”等方面的瓶颈问题。放学时段的正安县第五小学，穿着红马甲的家长志愿者、社区服务者有序指挥着学生们排队分流。该校的安保老师由衷地说：“家长、民警、社区志愿者的协助，使师生安全更有保障，学校工作更有动力。”

类似的家、校、社联动施行、完美融合的场景在黔北大地不胜枚举。

“双减”实施以来，遵义市认真落实教育部等十三部门联合印发的《关于健全学校家庭社会协同育人机制的意见》（教基〔2022〕7 号），制发《遵义市家庭教育指导工作实施方案（2021—2025）》，率先成立全省首个“学校家庭社会协同教育研究”人文社科基地，建立市级家庭教育指导中心 2 个，家庭教育二级指导中心 15 个，组织 300 名专家开展线上线下常态化服务，组建 51 名以高校教师为主体的市级骨干团队、347 名以中小学教师为主体的县级骨干团队，完成家校社课题 168 个，培训市、县级家庭教育骨干教师 760 课时、1730 余人次，1631 名师范类专业学生完成家庭教育指导课程，开展家庭教育“进机关 · 进企业 · 进网络 · 进学校 · 进社区 · 进农村 · 进家庭”活动 7300 余场，各学校充分结合红色文化、沙滩文化、茶文化、酒文化、非遗文化等资源，开设特色自选课程 200 余门，致力形成定位清晰、机制健全、联动紧密、科学高效的学校、家庭、社会协同育人机制。

“让人民满意，办美的教育，是中共遵义市委、市人民政府矢志不渝的初心和使

习水县第六小学“双减”嘉年华活动

命，以高质量课后服务吸引学生回归校园更好的学习、让学校回归教育本真，促进学生全面发展、健康成长，是遵义教育人的目标和向往。”遵义市政协副主席、市教体局党组书记、局长周玉新如是说。如今的遵义教育，借“双减”东风，全力构建“五个工作体系”，切实将“民生痛点”转变为“教育亮点”，努力形成“学校尽心、教师用心、学生舒心、家长称心、社会放心”的大好局面。

“四轮驱动”公办强校　优质教育发展提速

人的全面发展是教育的最终目标，也是推动教育事业发展的根本动力。云岩区作为贵阳市中心城区之一，在教育高质量发展上，始终“快人一步”。

2017 年，云岩区率先全面实施“公办强校”计划，整体提升区域内义务教育阶段学校办学品质。第二批 38 所新优质学校培育工作的全面启动，标志着云岩区通过“四轮驱动”实施“公办强校”计划初显成效。

建设学区共同体，“共享”促均衡

教育高质量发展首先是“强基础”。

从 2014 年开始，云岩区积极探索学区教育共同体建设，按照“理念共享、资源共享、方法共享、成果共享”原则，依托辖区传统公办优质学校组建了以贵阳市第二实验小学、贵阳市实验小学、贵阳市省府路小学、贵阳市环西小学、贵阳市三桥小学为中心学校，以贵阳市第二实验中学、贵阳市第七中学、贵阳市第十七中学、贵阳市第十九中学、贵阳市第三十中学为中心校的学区教育共同体，充分发挥中心校优质资源的引领辐射作用，汇聚各成员校的优势，助推该区义务教育学校高质量发展。

大营学区教育共同体小学部由10所学校组成，自成立以来，各学校积极组建教研联盟，名师、骨干教师具体负责，定期组织开展研修工作，形成了和谐融洽的研修氛围，提高了教学交流的实效性。名师、骨干教师、教学能手充分发挥示范引领作用，带领一批教师快速成长，较大提升了学校骨干、名师占比，各校教育教学质量、学校课程实施等成绩喜人。在云岩区学科技能竞赛中，大营学区获得一等奖，学区成员校第四实验小学成为新优质培育学校。

追求普及之上的均衡是义务教育发展的基本路径。学区教育共同体建设不断缩小校际差距，该区每一所中小学都能参与到学区教育共同体建设中来，为优质均衡发展“添柴加薪”，云岩教育在教育现代化之路上的起跑线整体前移。

培育新优质学校，“全覆盖”扩总量

以“一到无穷大”为办学理念，打造“童梦”教育的云岩区第一小学是新优质学校代表。该校在仔细剖析生源构成复杂、学生数量激增等现状后，立足学校自身实际，寻找发展“内生动力”。“云梯”课程的设计，正是云岩区第一小学在成长发展中释放育人力量，内涵学校生命质感，实现“内生力”“内动力”的再提升。

截至目前，云岩区首批新优质学校有11所，已授牌7所，第二批38所新优质学校的培育工作已全面启动。

推进集团化办学，“引领”强辐射

云岩区优质教育资源虽然丰富，但其布局分散，新建小区教育配套设施不够完善，一定程度上阻碍了该区教育质量整体提升。

为充分发挥传统优质学校教育优势，依托区属传统优质学校（以贵阳市实验小学、贵阳市省府路小学为代表的集团化办学），在新开办学校举办集团化独立法人学校，成员学校共享集团总校在学校文化品牌、教育教学管理模式和优质师资等方面发挥的辐射引领优势。

集团化办学模式一方面避免了优质教育资源的稀释，另一方面有利于集团成员校迅速发展为优质学校。贵阳市实验小学现为“一校七址”的集团化办学模式，为确保各分校的教育教学质量，该校在实践中采用“线块结合”“网状辐射”管理方式。精简、扁平化的管理结构不但使各分校责任明确、效率提高，而且各分校资源共享，发挥集团办学的整体优势，同时也有助于培养一批适合集团化管理的新型学校管理人才。

目前，云岩区以8所优质学校领办的13所集团成员校成长迅速、发展良好，教育教学质量不断提升，社会满意度不断提高。

实施合作办学，“借力”促增长

“君子生非异也，善假于物也。”借力一线城市的优质教育资源，寻求合作，是云岩区教育优质均衡发展的又一重要手段。

秉持“让孩子拥有一百个世界”的办学理念，北京芳草地国际学校贵阳分校贯彻“生于京长于黔”的合作精神，办学6年来，积极转化总校优质教育资源、先进教学理念，实现“三年一跃”（即办学三年成为新优质学校，三年入列云岩区公办强校）的可喜成绩。

据悉，云岩区通过京筑教育合作举办了北京日坛中学贵阳分校、北京芳草地国际学校贵阳分校，通过和上海合作举办了云岩区向阳实验小学；东山小学借助北京小学集团校的品牌效应成为云岩区首批新优质学校，贵阳市第二实验中学与深圳第二实验学校、贵阳市第四实验小学与北京海淀区中关村第四小学结成联盟校，实现教科研同步共享……引进合作办学学校已发展为云岩优质教育资源的新的增长点。

云岩区的学区教育共同体建设和新优质学校培育是“公办强校”计划的先行先试，系列改革措施不仅激发了办学活力，也促进教师队伍不断优化，各类人才呈井喷式增长。截至目前，云岩区现有特级教师16人，各级骨干教师585人，各级名校长34人、名师145人、名班主任28人，各类人才保有量领先全省，为进军教育现代化夯实了人才基础。

2022年，在贵阳市小学部分学科优质课评比中，云岩区获一等奖15个，占比27.8%，一等奖获奖人数在全市遥遥领先。同年，在贵阳市教学成果奖评审中，云岩区获特等奖2个、一等奖6个，推荐参评省教学成果奖3个，获奖率占比全市第一。

从“有学上”到“上好学”，云岩教育始终紧扣新时代人民群众对美好教育的期盼，“公办强校”计划的推行实施，正是“办好人民满意的教育”的有效措施。

教育“花开”易扶校
——岑巩县第四小学“四聚力”促基础教育质量提升

“一个人走得快，一群人走得远”“每天改变一点点，就会一点点地改变”，岑巩县第四小学校长吴隐在教师会上总是这样说。

岑巩县第四小学于2019年8月26日正式开学，是岑巩县易地扶贫搬迁配套小学，该校占地面积28178.76平方米，建筑面积32214.66平方米。该校以“质量立校、科研兴校、师德强校”为办学思路，秉承“人人有机会、人人有发展、人人能成才”办学理念，加强校园安全管理，全面推进教育教学改革，教育之花在这片土地上激情绽放。

聚力团队建设　提升教师质量

“一棵树摇动另一棵树，一朵云推动另一朵云，一个灵魂唤醒另一个灵魂。”该校

的教师最早是从不同的乡镇遴选到该校的，而 100 个人就有 100 种思想，怎样让 100 种思想形成一种合力？校领导班子率先垂范。一是铸师魂，积极开展党史学习教育，开展师德师风铸魂行动，召开党风廉政会议，让教师准确把握党的历史发展主线，坚定理想信念。二是定目标，建立教师目标成长档案、教师目标完成平台，通过课题研究引领教师成长，该校现有 4 项州级课题结题（含 2 个群文阅读课题），省级 1 项、州级 2 项、县级 2 项、校级 16 项课题正在实施，有二十余位教师参加县级名教师、名班主任、名校长工作室教师研修团队，三年来，涌现出州级名校长 1 名，县级名班主任 1 人，学科带头人 4 人，并有 7 人获得高级教师资格。三是多学习，列出教师学习任务清单，分批次派遣学校中层领导及教师前往建德市实验小学、电子科技大学附属小学、佛山市三水小学跟岗学习 40 人次。四是强素质，推出“人人公开课、年级展示课、片区示范课”活动方案，要求人人参与、人人竞争，改进教师教学方法，提高课堂教学实效。三年来，在学科竞赛中，该校获州级二等奖 3 人次，三等奖 3 人次，获县级一等奖 15 人次，二等奖 8 人次。

聚力“三起来”举措　提升学生质量

“让每一个孩子把规矩立起来，阳光自信起来，自立起来，让孩子生活幸福、生命精彩，是我们的目标。”岑巩县第四小学校长在每年的开学典礼上都如是说。该校的学生来自全县各乡镇，60% 左右的学生来自建档立卡户，学生的生活、行为习惯较差，关注学生的习惯养成成为学校的首要任务、既定目标。一是把规矩立起来。每学期开学第一周，对该校学生进行一日常规教育和训练；为落实“在家做个好孩子、在校做个好学生、在社会做个好公民”培养目标，期末对每个学生进行学校、家庭、社区“三位一体”评价。二是让孩子们自信、阳光起来。该校教师会发掘每个学生的闪光点，并颁发奖状以示鼓励；为学生开设 27 个丰富的社团，涵盖了琴棋书画、听说读写及部分体育运动项目，每周利用三天课后服务时间开展年级篮球联赛，在 2022 年的岑巩县篮球比赛中，该校女队获得第二名、男队获得第三名的好成绩。三是让孩子们自立起来。该校每周布置一次简单的家务劳动，每天布置寝室内务整理、教室和校园的卫生保洁等“作业”。

聚力“家校社协同育人”　提升家教质量

学校发展需要学校、家长、社会相互配合、共同努力。岑巩县第四小学注重“家校社协同育人”，开展家校合作、校社合作，让家长行动起来、参与进来，形成强大教育合力。该校为落实“家校社协同育人”，一是成立家长委员会和家长学校，制定家长学

校制度，拟定家长委员会职责，明确家长的职责和义务。二是将每学年的4月、10月定为该校家长家庭教育月，成立14人的培训团队，对家长进行家风培养、家庭教育、家庭沟通等内容的全覆盖培训。三是落实家长开放日活动，每周一，家长深入学校、深入课堂，让家长挂职班主任，进一步加强家校沟通。三年来，对学生家长进行普惠式培训80多期、家委培训3期，受益家长12000人次，通过培训，更多家长对家校共育的意义有了新的认识，家长主动承担起学生上学、放学的交通安全护送义务、假期巡河安全义务，并不定期监督学校食堂、寝室管理、课堂教学等工作。

聚力课堂改革　提升课堂质量

“教学是教师的看家本领，课堂是教师实现价值的舞台”，岑巩县第四小学校长始终坚持带领教师一起去定位、一起去思考，去摸索、去创新、去探索适合学校发展的“习得课堂”，每学期还承担课堂改革讲座。一是改变教师理念：从“教知识”到“教发展”，从“讲授成功”到“学习成功”，从“教教材”到“用教材教”，从“重知识”到“重情知”，从“统一要求”到“区别对待”，从“重记忆”到“重思维”。二是改变学生学习：从不预习到主动预习；从不参与到主动参与，从不会阅读到主动阅读；从不会表达，到表达清楚；从上课不专注到认真听讲；从课堂习惯差到课堂习惯好。三是加强备课时效性：采用了“3+N+3”集体备课模式，解决“教什么”，落实“怎么教”，明确“教来做什么”的问题。三是加强课程实效性。开齐开足开好课程，重视德育、智育、体育、美育、劳动教育等课程建设，根据学校实际明确音乐、美术、体育等课程内容安排，取舍课本内容，实现每期掌握1—2项技能的目标。四是加强阅读和书写实效性。统一阅读时间，早上晨读半小时，住校生晚自习前阅读半小时，睡觉前阅读半小时，每周三下午第一节课设为全校性阅读课。统一写字时间，将学生午休前20分钟定为书写时间，提升学生阅读和写字水平。

“村小摇滚”筑梦师
——记六盘水市钟山区大湾镇海嘎小学教师顾亚

2022 年岁末，海嘎小学顾亚老师带着孩子们北上，参加中央广播电视总台 2023 网络春晚的录制，一曲摇滚《倔强》唱完，万千网友热情点赞：“用村小乐队的纯净之声，唱出青春的多彩模样……”

七年之前的 2016 年 8 月，当时在六盘水市钟山区大湾镇腊寨小学任教的顾亚主动申请到大湾镇海嘎小学工作。海嘎小学位于海拔 2400 多米、条件艰苦的海嘎村，是贵州省海拔最高的学校，被称为“云端小学”。记得来海嘎小学的第一天，已有心理准备的顾亚还是被当时的困境震惊了：由于教师来一批走一批，破破烂烂的学校只剩谢远志这一名教师，学前班和小学一、二、三年级共 14 个孩子；谢老师只能把所有学生并成一个“复式班”，学前班到三年级，换着课本授课，苦苦支撑着办学，陪伴着大山的孩子们。

由于条件恶劣，很多海嘎村民带着小孩外出务工就不再回来，在家的孩子也纷纷转到山下的大湾镇就读，海嘎小学眼看着就只剩关闭一条路了。顾亚和谢远志商量，海嘎村毕竟还有 366 户 2238 人，而到大湾镇有 14 公里山路，如果学校关闭了，孩子们都去大湾镇上学，路途太远有风险，经济上也吃不消。还是在家门口办好学校，学校办好了，学生们自然会回来。顾亚和谢远志挨家挨户动员学生返校上课，家长们仍然顾虑重重地问顾亚：“海嘎小学条件这么差，老师们都待不长；如果把孩子从山下转回来，过半年，你待不住又调走了，那我们怎么办？”

面对村民将信将疑的眼神，顾亚和谢远志给群众拍了胸口：“我们一定坚持下去，退一万步说，孩子们只要跟我们回学校，我们去哪里，孩子也去哪里，直到他们小学毕业。”得到承诺的群众纷纷把学生送回海嘎小学，2016 年 9 月开学时，68 名学生和老师举行了升国旗仪式，鲜艳的五星红旗伴着山风冉冉升起在 2400 多米的韭菜坪，师生们唱着国歌，对国旗行礼，禁不住热泪盈眶。

贵州省脱贫攻坚战在2016年刚打响，海嘎小学没有自来水；68名学生的“营养午餐”需要相当的用水才能维持。顾亚、谢远志和后来的两位老师为了保证第二天“营养午餐”的供应，总在夜里去三公里外挑水。他们白天上课，夜里又挑起水桶，一挑就是两年，伴随脱贫攻坚的推进，白花花的自来水终于在2018年9月引入海嘎小学，四位老师的挑水担子才放下。

“刚来学校时，孩子们见到我都是害羞地头一低就悄悄走开了，主动打招呼都觉得不好意思。”顾亚回忆道，“孩子们非常内向，不爱与老师沟通，不爱接触外界事物。”有一天，在宿舍弹吉他的顾亚突然发现很多小脑袋趴在窗台上看他，那满眼的好奇和向往让他心思一动——音乐也许是让孩子们变活泼快乐的一把钥匙。顾亚在音乐课上就带着手风琴去弹琴、伴奏，教孩子们唱歌；课外活动时间，他带着孩子们围坐在操场上，用音乐填补孩子们的课余时光，用音乐唤醒孩子们学习、生活的热情。

在物质条件如此简陋的村级小学，组建摇滚乐队，并没有人看好这个想法，觉得这个梦太不切实际了。而顾亚知道，有梦才会去造梦，才会梦想成真。于是，顾亚在一、二年级的学生中教尤克里里、吉他，带着三、四年级的学生挑战架子鼓、贝斯和手鼓，高年级学生则尝试难度更大的小乐队。由于海嘎小学的乐器有限，顾亚开始在朋友圈求助，大山外的爱心人士陆续捐赠乐器给孩子们，音乐社团成立了、小乐队组建了，一股学音乐、勤学习、爱生活的劲头在“云端小学”蔚然成风。顾亚回忆说：“刚开始学习乐器的时候，孩子们很愿意尝试，但是我让他们跟着音乐节拍摇动起来，他们会觉得很害羞，一叫他们摇动就紧张，孩子们你看看我，我看看你，很害羞，还笑场。不过自从学了唱歌和演奏乐器，每个孩子脸上都多了一份自信和阳光。”

音乐，无意中打开了老师和学生交流的大门。起初，顾亚只是想让孩子们轻松地听听音乐、学学音乐就好。可后来，事情发生了不可逆转的变化，农村娃勇敢、质朴、坚毅的精神头让他们爱上了音乐，并用音乐唱出他们的故事，不经意地在网上传播并感动了万千网民。

2018 年，顾亚和孩子们组建“遇”乐队，开始一所乡村小学的摇滚之路；2019 年，组织另一批学生组建了“未知少年”乐队，用简单的乐器唱着热情的摇滚和海嘎的故事。视频传到网上，“未知少年”乐队一夜火遍全网。2020 年 8 月 19 日晚，11 个孩子完成了属于自己的首场演唱会，在直播平台上有超过 142 万名网友围观和点赞，有网友留言说：“点赞贵州大山里的乐队，这是我听过的最纯净、最真诚的摇滚演出。”

2021 年 12 月，影视歌巨星刘德华在抖音上看到海嘎小学的摇滚表演后，回复顾亚：“顾老师你好，我是刘德华，我看到你们的演出，我觉得非常温暖，然后谢谢你一直用音乐，影响了那么多孩子们，让他们看到更大的世界，我希望可以有越来越多像你这样的老师，用音乐歌声去传递力量给予他人，也谢谢你们喜欢我，我会继续努力，一起加油！”

顾亚告诉记者，海嘎小学的孩子们的歌声在引来流量的同时，也引来党政部门和社会各界的关爱与支持，今天的海嘎小学已有 14 位教师坚守，学生增长到 120 多名，小学一至六年级完备，今年还增设了幼儿园；海嘎村的孩子们不下山就能享受到优质教育。学校的硬件、软件设施得到翻天覆地的改善，孩子们在这里快乐学习、健康成长。

在海嘎小学附近的山梁上，可以看见 14 公里之外的大湾镇。七年来，高海拔的紫外线晒得顾亚皮肤黝黑，送记者下山的路上，顾亚信心满满地说：海嘎这片高寒山区，物产有限，却有漫山遍野的韭菜花；音乐已经在高寒之地、在孩子们心中生根发芽，希望所有大山深处的孩子都有梦想的翅膀，都能通过学习和实践点燃心底的火光，不仅照亮更远的地方，还烛照更加美好的未来。

承上启下　立德树人
——全省普通高中教育高质量发展

巍巍武陵山，滔滔乌江水。五月的铜仁，阳光雨水纷至沓来，炽热而明媚。推门见绿的德江县城，一花一树，无不彰显着春夏之际的勃勃生机。2022 年 5 月 25 日，全省普通高中改革发展暨教育质量提高工作会议在德江县召开……

党的十八大以来，在以习近平同志为核心的党中央坚强领导下，围绕加快实现教育现代化、建设教育强国，为“两个一百年”奋斗目标奠基，普通高中教育以培养担当民族复兴大任的时代新人为己任，积极服务国家重大战略，砥砺奋进，攻坚克难，不断完善政策保障，积极扩大教育资源，持续提升育人质量，努力满足人民群众对公平而有质量教育的需求，取得重要进展和显著成就。

长期以来，中共贵州省委、省人民政府始终坚持把教育摆在优先发展的战略地位，坚持把教育作为最长远的民生，坚持把教育作为脱贫攻坚的治本之策，坚持“穷省办大教育”。在高中教育方面，提出整体提升普通高中教育办学水平，适应高考综合改革和推进育人方式改革，全面提高普通高中育人质量，促进人均受教育年限加快提升，突破

贵州省普通高中改革发展暨教育质量提高工作会议在德江县召开

高中阶段教育资源短缺、发展水平滞后瓶颈，推动高中阶段教育跨越式发展。

顶层设计进一步完善。相继出台《省人民政府关于进一步加快高中阶段教育发展的意见》《省人民政府关于基本普及十五年教育的实施意见》《贵州省推进教育现代化建设特色教育强省实施纲要（2018—2027年）》《贵州省整体提升教育水平攻坚行动计划（2021—2030年）》《贵州省消除普通高中大班额专项规划（2020—2022年）》等系列文件。

普及水平进一步提升。“十三五”期间，累计安排普通高中学校建设中央资金32.3亿元、省级资金33.2亿元，支持全省各地推进高中阶段教育普及攻坚工程实施。与2015年对比，截至2021年底，全省普通高中学校数量达到478所，增加48所；专任教师人数达到70536人，增加14338人；普通高中教师学历合格人数达到69534人，增加14974人；生师比从1:17.42提高到1:13.69；高中阶段毛入学率从86.1%提高到91.5%，首超全国平均水平0.1个百分点。

内涵发展进一步加强。推进普通高中特色多样化发展，促进普通高中学生全面而有个性特长的发展。全省省级示范性普通高中127所（一类13所，二类63所，三类51所），基本实现示范性普通高中覆盖县（市、区）。作为全国第四批省份，顺利启动高考综合改革，实施新课程，选用新教材，开展普通高中教辅评议。

招生改革进一步推进。积极探索中考改革试点，采取学业水平考试和综合素质评价相结合的高中招生机制。将优质普通高中计划分配到辖区内初中学校的比例提高到60%。开展普通高中自主招生，建立特长生入学绿色通道，确保普通高中教育“起点公平”。

办学行为进一步规范。贯彻落实“五项管理”，落实“公民同招”、属地招生，加大违规招生、违规收费、违规补课等行为的查处力度，普通高中办学行为明显规范、学生课业负担明显减轻、群众满意度明显提高。

面向未来，贵州省高中教育与经济社会发展一道，步入了高质量发展阶段。“十四五”时期，贵州省高中教育的主要目标就是“推动高质量发展”，必须坚持教育公益性原则，深化教育改革，促进教育公平，必须鼓励高中教育特色化、多样化发展。

深化三个认识。普通高中教育作为“腰部”教育，上承义务教育，下启高等教育，是学生个性形成、自主发展的关键培养时期，也是承载着人民群众厚重希望的教育，是办好人民满意的教育的关键所在。办好普通高中教育，对于巩固义务教育普及成果、增强高等教育发展后劲、进一步提高国民整体素质具有重要意义。一是要充分认识这是践行“两个维护”的内在要求，二是要充分认识这是“四新”“四化”的重要支撑，三是

2022 年 7 月 9 日，省委教育工委副书记，省教育厅党组书记、厅长邹联克看望普通高中学业水平考试的命题教师

要充分认识这是教育高质量发展的自身需要。

锚定一个目标。这个目标就是以示范性普通高中、特色示范性普通高中创建为目标。需要特别强调的是，办学形成特色有一个孕育、成长、成熟的过程，不能逾越基本的办学规范空谈特色，也不能急功近利“因为特色而忘记本色”，更不能单纯依靠公司策划、媒体包装“凭空捏造”特色文化。

抢抓两个机遇。即“高考综合改革”和“加强县域高中建设”机遇。

深化三项改革。一是育人方式的改革。要全面贯彻党的教育方针，要落实立德树人根本任务，要推进高中课程改革，要有序推进选课走班。二是考核评价的改革。要完善学生综合素质评价制度，要健全学校和教师评价制度，要实行罚劣奖优机制，要切实抓好教育固定资产投资。三是招生录取制度改革。要合理确定高中阶段招生计划，要严格规范招生秩序，要规范民办普通高中发展，要加强招生工作监管。

实现四个发展。一是办学条件进一步改善。二是办学理念进一步转变。其中，发展目标要由“重点”向“均衡”转变，发展方式要由“外延”向“内涵”转变，发展重心要由“分数”向“能力”转变，发展模式要由“单一”向“多样”转变。三是办学质量进一步提升。四是党的建设进一步加强。

“所当乘者势也，不可失者时也。”贵州教育人要凝心聚力、锐意创新、积极作为，用智、用情、用力、用心，全力推进全省普通高中教育高质量发展，为加快推进教育现代化、建设特色教育强省、奋力谱写多彩贵州现代化建设新篇章作出新的更大贡献。

德江高中教育的“五维”观察

2022 年 5 月 25 日，贵州省教育厅把全省普通高中改革发展暨教育质量提高工作现场会放到黔东北的德江县召开，这是德江教育的高光时刻……

早在明代，贵州教育先贤田秋在德江潮砥临官道手书摩崖石刻——“黔中砥柱”，激励德江人民在办好人民满意教育的道路上砥砺前行。近年来，德江干部群众紧盯“教育现代化”目标，一路风雨兼程，艰辛付出，终有阳光！尤其是普通高中“美的教育”竞放异彩！

维度一：“策略” 坚强后盾

“把教育摆在优先发展的战略地位，是县委、县政府坚持教育强县的超前意识。”谈及德江教育的发展，县委教育工委专职副书记杨旭琴底气十足。

走进新时代，迈进新征程，中共德江县委、县人民政府始终坚持以习近平新时代中国特色社会主义思想为指导，将教育摆在优先发展的战略地位，作为推动经济社会发展的基础性、前瞻性、奠基性工程抓落实。

2022 年，该县县委班子运筹帷幄，在聚焦“美的教育”发展理念基础上，敲定了“一心五城”奋斗目标，“教育之城”名列其中，强化教育在经济社会发展中的基础性支撑地位，强化教育在城镇建设和发展中的重要推动作用，以教育高质量尤其是普通高中教育高质量发展助推该县经济社会高质量发展。

蓝图绘就，落地落实是关键。德江县探索成立由该县人大常委会主任担任团长的教育集团。同时，该县明确县委副书记任教育工委书记，县委常委、常务副县长任教育工委副书记并分管教育工作，县委常委、县委宣传部部长、县委统战部部长任教育工委副书记，确保教育事项优先研究、教育项目优先规划、教育经费优先拨付、教育人事优先解决。该“策略”为推动德江县普通高中教育发展树起坚强后盾。

维度二：“规模” 信心满满

在一个武陵山腹地的偏僻县城，同时拥有 7 所普通高中，基本消除了超负荷的大班额现象。化解这个难题，德江做到了！

在十年以前，随着社会经济不断发展，“进城热”一度升温，该县城区高中学校学生人数爆满、学位紧缺，家长苦不堪言。

“我们两口子选择进城务工，主要是想在挣钱的同时，给读高中的娃儿一个好的学习环境。没想到好多学校都是大班额。”

“对这个现象，你有什么想法呢？”

“我们作为老百姓，唯一的愿望就是学校能把学生教好！让学生享受优质的教育资源。”

——这是五年前笔者采访一个进城务工的“农民哥”的一段对话。

“农民哥”口中的“把学生教好”，不仅指老师教书的方法，还包括校园环境、师资力量等教育资源。

一直以来，消除普通高中大班额，促进教育均衡发展，都是德江教育的一个重大任务。“十三五”以来，该县新建搬迁德江县第一中学（以下简称“德江一中”）、德江县第二中学（以下简称“德江二中”），新增建设德江县第三高级中学，引进伟才、德星、玉龙 3 所优质民办高中，一路风雨一路歌，艰辛后面见彩虹！几年来，德江县普通高中办学条件极大改善，基本消除了普通高中大班额现象。

“目前，全县有各类普通高中学校 7 所。其中，省级示范性高中 2 所，乡镇普通高中 1 所，民办高中 3 所……”在德江教育简介中，一个个闪光的数字，诉说着德江县普通高中教育高质量发展的辉煌历程。

维度三：“数量” 保障有力

一个老师“拳打脚踢”，既上语文又上数学，10 年前，这种现象在偏僻落后的县城十分普遍，师资力量紧缺，是一个久攻不下的难题。

“那时候真的很困难，高中教师多从农村中学调进城，赶鸭子上架，初中教师教高中，先上车后买票，进了高中，再想方设法考高中教师资格证……”德江一中的老教师杨跃飞回忆。的确，当时教书行业不受人喜欢，许多学生因看不上而不报考人们眼中的“师范崽崽”学校，导致教育师资力量十分紧缺。

近年来，中共德江县委、县人民政府和教育主管部门举全力，打通师资紧缺这个教育瓶颈。从战略和全局高度充分认识到抓好普通高中教师队伍建设的重要性，把教师队伍建设置于教育事业发展的重点支持战略领域。坚持优先谋划教师工作，落实教师队伍建设“一把手负责制”，优先保障高中教师工作岗位，调整教育支出结构，增加人力资源投入，优先满足高中教师队伍建设需要，确保高中教师队伍建设落实到位。

“十三五”以来，德江县通过公开招考、人才引进等多种渠道招聘高中教师 147 人。目前，全县高中教职工达 1240 人，不断满足普通高中师资需求。

师资力量，既要数量也要质量。德江县出台“十四五”期间“强师工程”方案，深入实施铸魂、提能、薪火、强根、增效、建强等“六项行动”，通过开展“观听查研”教学视导，引进“名师教学”、推选“学科领头人”、举办“优质课”大比拼、培育“三名工程”等重要举措，全新打造“教研联盟”升级版，推动高中教育事业高质量发展。2022 年，该县选任学科领头人 21 名、名师 4 人、骨干教师 37 人。

维度四：“势头” 强劲攀升

“近几年，德江县教育教学质量的快速进步，人们有目共睹……”德江县桶井乡木朗村村民向华志说，“以前，人们总是千方百计把成绩好的学生送到铜仁市、贵阳市的好学校就读，现在不一样了……”

2016 年，木朗村村民陈明波的儿子陈向杰中考成绩排列全县前十，他希望把儿子送进贵阳市就读，在家务农的妻子向华志深觉此举不便，她下定决心把孩子送入德江一中，并去学校找了个保洁类的工作，便于陪读。经过学校的努力、家长的配合，2019

年，陈向杰以 676 分的好成绩考入清华大学机械航空与动力车辆工程专业。

陈向杰只是德江教育质量飞速提升的一个缩影。进入“十三五”以来，德江县持续抓基础教育，不放弃任何一个学段，不放弃任何一个学生，促进教育整体进步、质量整体提升。

功夫不负苦心人，正是德江县人民群众自强不息、艰苦奋斗的“砥柱精神”，德江教育质量才有了质的飞跃、量的提升。“十三五”时期，德江县高考一本录取人数 3147 人，二本录取人数 7405 人，比“十二五”分别增加 2302 人、2547 人，其中 600 分以上

人数从2016年的39人增加到2020年的70人。“十三五”以来，被九校联盟（C9）校录取的人数达31人，其中清华大学3人、北京大学5人。2022年本科上线3469人，上线率60.72%，比2021年增加了89人，600分以上31人，被北京大学录取2人。德江一中、德江二中均获得铜仁市同类高中学校教学质量一等奖，高于贵州省平均水平。

维度五：“成果” 未来可期

“德江一中顺利通过省级二类示范性高中复评并正全力推进省级一类示范性高中申创，德江二中顺利通过省级二类示范性高中第一次评估。2022年，全省高中阶段教育高质量发展工作推进会在德江召开……”德江教育发展的总结报告中，德江县普通高中教育高质量发展浓墨重彩，这些成果的取得，彰显了德江教育发展的区域优势，其人才集聚中心战略地位更加凸显。

“德江机场开通，4条高速公路过境，乌江全线复航，‘教育之城’宏伟蓝图绘就……德江县区域性教育中心人才通道、资源、政策要素聚集，普通高中教育扬帆远航……”

“教育，需要一种情怀。我县将紧紧围绕创新推动德江教育发展的‘策略’‘规模’‘数量’‘势头’‘成果’五维度目标，竭力推进普通高中教育现代化，努力办好人民满意的教育……”德江县教育局局长冉光跃一语中的，满怀民生。

“起跑线”上的公平
——贵阳市第一中学“三个引领”彰显示范性高中责任担当

新时代新征程，贵阳市第一中学（以下简称“贵阳一中”）始终坚持以习近平新时代中国特色社会主义思想为指导，全面落实党的教育方针，围绕立德树人根本任务，以推进学校高质量发展为主题，坚持五育融合发展，以“美好教育”的办学理念、“正本求真、正习求新”的办学思想，优化资源配置、发挥辐射带动作用，支撑区域协调发展。

致力“指路领航”，示范引领彰显教育价值

1902年，贵阳一中创始人李端棻以“回归自然、发展天性”的教育思想肇基该校的美好教育。该校教育理念历经“双基教育”“人格教育”“适合教育”“本真教育”“美好教育”，以“美”统摄教育追求，培养思想美、心灵美、形象美、语言美、行为美的新时代新青年。

贵阳一中传达学习贯彻党的二十大精神

构建“12345”教育框架。追求“美好教育”为一好理念，以“正本求真，正习求新”两正思想，培育“养心育德，养智育能，养长育美”三养课程群，打造“情怀深厚之师、思想现代之师、格局开放之师、品位高雅之师”的四好队伍，践行“大美德育、睿美智育、健美体育、优美美育、勤美劳动教育”的五美教育。

建设美好教师队伍。把坚持党的领导和中华优秀传统文化融入教育教学实际，着力打造“筑光党建”品牌，赓续红色传统；弘扬育人精神，搭建教师全面发展平台，完善进阶发展方案，铸就“人人是金牌”的教师队伍。扎实推进基本素养、同课异构、专家讲座、“寻美·品美”感悟“美好教育”等各类活动，给予教师更多美的发现和思考，赋能该校高质量发展。

建构美好校园文化。开展“好书推荐”“成长分享”“与美同行·讲好一中故事”等活动，构筑师生精神高地。该校翠山八景让师生有美好成长的环境，美的气息、好的磁场在校园中弥漫，学校成为有诗意、有念想、有未来的地方。

紧抓“核心素养”，实效引领促进质量提升

优化实施课程教学。持续构建贵阳一中特色的“养心育德”“养智育能”“养长育美”课程群，健全学生综合素质评价机制，探索利用大数据平台对学生进行“五育融合”的精准画像。进一步加强学科融合、综合实践课程及活动课程建设，落实课程建设主体责任和监管责任，师生、家长、专家有效参与该校课程建设、实施和评价；通过家访、家长大学堂、家长导师等方式，形成以学校教育为主线，家庭教育为阵地，社会教育为屏障的“家校社融洽合作”的全面育人格局；注重课堂教学改革，探索“育动课堂”“指向实践活动的参与式”“以问题为导向”等教学范式；建立校内课业负担监测机制与教学质量考评机制，全面提升教学质量；师生使用信息技术工具能力逐步提升，在微课及信息技术竞赛方面频频获奖，构建的开放协同信息系统，包含生涯测评手册、选课走班系统、学情分析等，为实施精准施教及差异化学习打下坚实基础。

深化落实五育融合。百年历史的贵阳一中是一所有文化、有书香、有诗意、有念想的学校，其始终注重学生管理与“全面发展、健康成长”理念相结合，坚决做到以生为本、和谐发展。以“贵阳一中学生十大修养”浸润学生成长，实施“五美共培”育人方式。充分整合校内外资源，完善心理健康教育和科技教育分层多元模式特色发展，不断丰富该校特色建设内涵，高效指导学生全面且有个性地成长成才。该校以团委、学生会、广播站、各类学生社团、各运动队为阵地，开展了丰富多彩的综合活动，其中“社团之夜”“爱心义卖”“戏剧大赛”“毅行励志之旅”“全球运动——毅勇体育节”已

成为学校特色品牌学生活动，有效激发了学生的爱国热情、劳动热情和担当意识。同时，该校学生在全省各类学科竞赛中成绩突出，在各类综合素质、体育文艺比赛中展现风采，其道德素养、行为习惯、心理品质和个性特长等都得到很大提升。

创新升级培养方式。进一步明晰了“贵州拔尖人才培养”的定位，新开设“强基竞赛班”、初高中一体化培养的“英才计划班”，新增基础学科强基课程、竞赛学科拔尖课程、科技创新提升课程等，着力加强基础研究和科技创新拔尖人才培养。近年来，该校对专业学科特别拔尖的学生进行辅导，物理、化学、生物、数学、信息技术五大学科比赛成绩斐然，2022 年，1 人荣获“第十三届中国青少年科技创新奖”，多人荣获全国奥赛奖牌。该校有完善的扶弱补差等制度支持学生发展，面向全体学生，关注个体学生需求。该校学生形成了终身发展的意识，具有社会责任担当，每个学生都在原有基础上得到更好发展。该校制定和实施品牌建设，承办了全国普通高中“双新”实施国家级示范校“聚焦核心素养　促进学习力生长”经验交流现场会等活动，引领区域共同发展。

构建“教育联盟”，辐射引领共谋区域发展

“县域高中是基础教育的龙头，是连接城乡教育的枢纽，寄托着广大城镇、农村学生接受更好教育的美好愿望。”贵阳一中相关负责人说：“全国县域普通高中占比超过 50%，县中学生占比近 60%，我省占比更高。在县域发展中，振兴县域普通高中的重要性不容忽视。”

该校在历年帮扶省内学校的基础上成立“贵阳一中教育发展联盟”，推进辐射示范工作。在县域高中振兴战略实施中创新、丰富帮扶形式，树立典型案例，形成经验推广，推动县域高中振兴和贵州省教育高质量发展。

畅通帮扶渠道。在县域高中振兴战略实施中，贵阳一中长期坚持对贵州省内部分教育教学薄弱校进行对口帮扶。根据各校办学特色及具体情况，创新多样化的帮扶形式，

树立典型的帮扶案例，形成模式并进行经验推广。致力于构建和谐的区域教育发展生态，逐渐形成区域教育发展品牌，推动联盟学校实现可持续发展，培育联盟学校师生的社会责任担当意识，让他们成为当地教育扶贫的“火种”，以点带面，形成“星星之火”，“燎原之势”，真正成为整体提升当地教育质量和发展水平的内生力量。其中，通过对贵阳市三所县域高中的教育扶持，带动贵阳市区域教育协同，缩小区域内教育差距。通过对贵州省各地州的教育帮扶，促进省内教育协同，推动教育均衡发展。

探索联盟路径。该校在教育发展联盟工作中积极探索、勤于实践，在“校际对口帮扶”基础上创新“2+4”教育帮扶模式，以学校为中心点，勇于突破传统的“参观式”帮扶等低效模式，开辟“立体式”“常态化”教育联盟，通过常驻和互派管理团队、教师团队相结合的方式实现“高频互动式”帮扶，全方位深入学校管理核心领域，由输血转向造血，实现学校可持续发展。辐射带动省内 20 余所县域高中，促进省内薄弱地区学校及区域教育发展，不断提升其管理水平和教学质量，全面助力贵州基础教育乃至社会经济高质量发展。

多元发展　绽放生命
——关岭布依族苗族自治县民族高级中学高质量发展观察

教育的本质就是促进人的全面发展，使人成为真正的“人”。教育的过程就是引领一个个鲜活生命的成长历程。生命是多元的、多彩的，让每个生命更有价值，是安顺市关岭布依族苗族自治县民族高级中学（以下简称“关岭民中”）的不懈追求。

关岭民中始建于1942年，现坐落于关岭布依族苗族自治县顶云新城区。该校全面贯彻党的教育方针，秉承“教育让生命更有价值”的办学思想，推行“一体四翼，五情共生”的民族特色教育实践，培养具有家国情怀和社会担当，德才兼备、身心健康的时代新人。

“五育并举”让生命更有价值

人生路上，处处充满挑战，应乘风破浪、勇往直前。该校开拓创新，践行“五育并举”理念，构建适合学生发展的生命教育体系。

构建有生命的德育体系——丰富生命维度。立德树人，是教育的根本任务。关岭民中寓德于教，通过“思政教育、红色教育、艺术陶冶、拓展训练、仪式文化、经典诵读、社会实践、心灵呵护、同伴互助”九大模块，开展党史学习教育、道德大讲堂、索岭话史、红歌大合唱、红色影视展播、红色基地参观、千人诵读、清明扫墓等活动，让学生充分感悟生命的价值与精彩，真切感受生命的丰盈和美好。

构建有生命的智育提升体系——拓宽生命厚度。关岭民中以“面向全体，特长发展”为特征，构建“1+N”课程体系，“1”指高中国家课程中的必修课程；“N”指根据分层、学科及学生特长而设立的多样化选择课程。“学案导学”课堂教学模式，激发学生学习热情，促进师生和谐发展；“培优辅潜”课后提升模式，做好拔尖补差工作，让优生更优、差生不差。此外，还有“课堂定制”走班教学模式，学生根据自身兴趣爱好及能力，自由选择课程，真正做到学有所好、学有所成。

构建有生命的体育健康体系——延伸生命长度。少年强，则国强。关岭民中以体育智、体育心构建有生命的体育健康体系。一是开齐开足开好体育课，不断拓宽课程领域，逐步增加课时，丰富课程内容；二是加强体育课程和教材体系建设，发展学生运动专长，引导学生养成健康生活习惯，培育学生积极向上的健全人格；三是推广中华传统体育项目，将武术、低杠、舞龙、踩高跷等项目融入学校体育教学，展现勃勃生机和独特魅力。

构建有生命的美育体系——保持生命纯度。关岭民中以艺术课程为主体，不仅有音乐类、美术类、舞蹈类、科创类课程，更有别具一格的民族特色类课程，包括布依族刺绣、盘江小调、舞龙、苗族刺绣、芦笙等。该校构建地方课程体系，编写《索岭布依族刺绣》《索岭苗族刺绣》《安顺蜡染》等校本教材。同时，开展丰富多彩的课外活动，成立“维风书院”第二课堂，开设人文素养课程和兴趣活动小组，丰富学生的课余生活，让每一名学生都享有高质量的美育。

构建有生命的劳育体系——提升生命高度。人才的成长、成熟和成功，不只是教出来的，更是做出来、干出来、练出来的。该校大力弘扬劳动精神，开展“爱劳动”主题教育，积极创造条件，让学生深入工厂、农村、社会等劳动和社会生活一线，认真参加劳动和社会实践。同时有计划、有目的地组织学生参加志愿服务，让学生在劳动实践中体验、感悟、锤炼，真正懂得“劳动光荣、崇高、伟大、美丽”的道理。

能力提升让生命绽放光彩

教师是教育的实施者，决定了生命教育的效果。该校关注教师发展，搭平台、建机制，激发内生动力，打造生命教育团队。

加强研修培训，实现教师能力提升。本着让学生在体艺、科创活动中长见识、得乐趣、提水平、扬个性、展特长，实现全面发展的目的，该校努力提升全校特色教师的教学专业素养。一是“请进来”，特邀知名教授到校开展专题讲座和“书画名家进校园”活动；二是“走出去”，组织全校体育、美术、音乐、综合技术组骨干教师参加北京舞

蹈学院、中央美术学院、中央音乐学院等高校举办的高级研修班和骨干教师培训。

重视教科研，实施精细化管理。为打造高效特色课堂，关岭民中充分发挥校内特色体艺、民族、科创项目的教学示范和课堂导向作用，组织非考试科目教师进行课堂技能展示、专业技能测试等系列活动，以课题研究促进教师专业发展，成效显著。西部教育改革重点培育项目“学生工作坊：本土民族民间文化学习创生实践研究”获贵州省第四届中小学（幼儿园）教学成果奖二等奖，“传承文化的地方课程建设——索岭刺绣进校园的探索与实践”课题研究获安顺市美术教育教学成果奖一等奖。教师业务能力也随之提高，从新教师到教坛新秀、骨干教师、名师的梯级分布，使师资队伍结构合理、成长有序。

交流分享，拓宽教学视野。关岭民中组织教师参加教学技能比赛，充分利用现代教学技术手段，展示学校课堂教学改革的新理念、新思路和新方法。与安顺市教科所、黄果树民族中学、西秀区刘官初级中学合作的“传承文化的地方课程建设——安顺地戏、蜡染和刺绣进校园的探索与实践”项目被推荐参加第四届中国教育创新成果公益博览会；李胜江美术名师工作室协同民族文化创生中心以“索岭布依族刺绣”“索岭苗族刺绣”两项民间美术参加“中国－东盟少儿艺术教育成果展”，受到与会领导和国际友人的高度赞扬。

在全体师生的齐心协力下，该校从量变到质变，先后获得“全国首批中华优秀传统文化传承学校”项目学校、全国优秀传统文化进校园试点学校、全国青少年校园足球特色学校、“贵州省民族民间文化进校园、贵州省民族团结进步示范性单位、省安全文明校园”项目示范校等荣誉。

路在脚下，未来可期。在实现美好愿景的过程中，关岭民中紧紧抓住教育现代化、均衡化及县域高中提升发展的契机，提升办学品质，构建和谐校园，创建卓越学校，努力实现高质量发展，办好人民满意的教育。

贵州省探索创新“六双”路径推动职业教育高质量发展

（教育部简报〔2022〕第 37 期）

贵州省认真学习贯彻习近平总书记关于职业教育的重要指示精神和全国职业教育大会精神，积极探索职业教育“六双”发展路径，强化示范引领、借鉴先进经验、协同创新挖潜、激发双创动能、突出地方特色，以“技能贵州”行动为牵引，加快建设现代职业教育体系，努力培养更多高素质技术技能人才。

坚持“双高”引领，把职教改革的“龙头”舞起来。中共贵州省委、省人民政府出台《贵州省支持职业教育发展若干措施》，启动实施高职“双高”工程，集中优势资源支持高水平高职院校和专业群建设。累计投入建设经费 6.27 亿元，先后遴选 16 个省级高水平职业院校建设单位和 7 个省级高水平专业群建设单位予以重点支持，其中贵州交通职业技术学院入选国家“双高计划”高水平学校建设单位，铜仁职业技术学院、贵州轻工职业技术学院入选国家高水平专业群建设单位。2022 年，“双高计划”高职院校产出职业教育省级优秀教学成果奖 50 项，推动形成“双高”院校引领省内职业教育高质量发展的基本格局。

探索“双元”模式，把国际先进的“经验”用起来。以校企“双元”育人为着力点，积极探索“教室就是车间、教师就是师傅、学生就是学徒、教学就是生产、作业就是产品”的技术技能人才培养模式。加强与先进职业教育国家合作，按照“引进标准本土化、中德合作样板化、加强交流开放化、提升服务国际化”思路，实施“跨界协同五联发展行动”，推动职业教育与本土大型国有企业联盟、与区域行业发展联合、与当地园区发展联结、与省内主导产业联动、与城乡融合发展联袂，强化“引企入教”和“送教入企”协同育人。建设省级示范性职教集团（联盟）11 个，培育产教融合型品牌企业 21 个。支持校企共建二级产业学院，订单式人才培养规模达 7000 余人，4 所职业院校入选教育部中德先进职业教育合作项目试点院校。

统筹“双轮”联动，把协同发展的“潜力”挖起来。实施中高职“协同发展”行动计划，“双轮”推动整省扩容。坚持中职的基础性地位，巩固高职的主体地位，积极发展职业本科教育，加快改善职业教育办学条件。2015年以来，累计投入8.95亿元，建设中职“强基校”86所、省级示范校63所、省级优质中等职业学校暨乡村振兴示范校30所。推进40所高职院校与110余所中职学校开展“3+3”、5年一贯制培养模式改革，在招生就业、专业建设、师资队伍、社会服务、学校管理等方面加强协同合作。深化分类考试招生制度改革，进一步增强中职学校吸引力，全省3000人以上规模的中职学校达54所。建设贵阳康养职业大学，稳步发展职业本科教育，进一步完善现代职业教育体系。

强化“双创”改革，把创新创业的“热情”激起来。坚持把深化创新创业教育改革作为推进职业教育综合改革的突破口，完善职业学校科技成果处置和收益分配机制，支持专业教师以合作转化、作价入股、自主创业等形式，转化科技创新成果，鼓励带领学生创新创业。加大项目、资金、政策等方面支持力度，围绕“培养一批能够改进企业产品工艺、解决生产技术难题的骨干教师，一批具有绝技绝艺的技术技能大师，一批技精立业的创新创业青年学生”的“三个一批”目标，先后立项建设50个“黔匠工坊”、25个省级协同创新中心、100个高水平产教融合实训基地，以及一批职业院校创新创业

贵州职业技术学院实训教学

孵化基地和双创导师团队。把创新创业教育融入人才培养体系，丰富课程、创新教法、强化师资、加大帮扶，推进教学、科研、实践紧密结合，不断增强学生的创新精神、创业意识和创新创业能力。2015 年以来，全省职业院校师生累计获得全国职业院校技能大赛一等奖 33 次；贵州交通职业技术学院“月乡苗伊——月亮山下加勉苗绣与牙周陶的古艺新生”项目获第七届中国国际“互联网 +”大学生创新创业大赛职教赛道金奖。

创新“双进”机制，把忠诚卫士的“技能”强起来。深入贯彻落实党中央、国务院、中央军委关于新时代退役军人工作的决策部署，将面向退役士兵的高职扩招工作与退役士兵职业教育工作统筹考虑，形成全面推进退役士兵接受职业教育的合力，发挥清镇职教城作为退役军人职业教育基地作用，完善退役军人就业创业产教融合联盟机制，推动深化“职业教育走进军营、退役军人走进职校”的“双进”行动。探索退役士兵免试就读中等职业学校，采取自愿报名、单列计划、单独录取的办法，鼓励符合条件的退役士兵报考高职院校，支持高职（专科）学历的退役士兵报考就读普通本科高校。采取学分制管理、多元化教学，实行弹性学习时间，提高退役士兵学生教学与管理的灵活性、针对性、有效性。坚持“宽进严出”原则，严格培养质量，严把考试考核关口，严肃作风纪律要求，使退役士兵学有所获、学有所成。实施“订单、定岗、定向”教育培训，促进退役士兵充分就业，努力把党和人民的忠诚卫士培养为高素质技术技能人才。2022 年，全省共有 1.7 万余名退役军人进入高职院校学习。

深化“双融”发展，把地方特色的“黔匠”育起来。坚持把“产教融合、产城融进”作为推进全省职业教育扩容提质的重要路径。优化职业教育空间布局，形成以黔中经济区清镇职教城为核心，以黔北经济协作区和遵义、铜仁职教园，毕水兴能源资源富集区和毕节、黔西南职教园为两翼，多所县级职业学校为节点的“一体两翼多节点”布局，努力提升服务经济社会发展的能力和水平。统筹专业调控，在“一体两翼多节点”空间布局体系下，优化全省职业教育专业布局，明确高职院校专业设置不超过 5 个专业群 25 个专业，中职学校专业设置不超过 3 个专业群 15 个专业。统筹推动 81 所职业院校主动与贵州特色农业等 32 个产业链深化产教融合，打造“贵州康养”“云上贵州”“智慧黔城”等职业教育特色品牌。推进实施技能学历“双提升”工程，探索构建人才供需研究与发布机制，科学引导技能学习，促进技术技能培养与产业人才需求精准对接，努力培养更多高素质技术技能人才、能工巧匠、大国工匠。

插上翅膀　放飞梦想
——遵义市职业教育奏响“梦想三部曲”

何为教育的力量？是呵护，是唤醒，是助力，是让经历风雨的职教生，迎着雨后彩虹振翅飞翔。

筑梦奠基：落实教育决策，激发办学活力

近年来，遵义市坚持把职业教育摆在教育事业、人才培养和经济社会发展的突出位置，纳入经济社会和产业发展予以优先保障。按照国家、贵州省文件要求，不断深化办学体制和育人机制改革，基本形成办学效果明显、类型特色突出的职业教育新格局。

遵义职业技术学院加强国防教育

越来越“香”的职业教育并不是一蹴而就的，而是经过多年沉淀得来的。该市积极响应国家大力发展职业教育的号召，按照职业教育发展经费只增不减的要求，落实专项经费，新扩建 15 所县级中职学校，努力改善办学条件，提高办学水平。该市中等职业学校校园占地面积 3542920.64 平方米，生均占地面积 64.65 平方米，校舍建筑面积 1771017.54 平方米，生均校舍建筑面积 32.31 平方米。高职院校教学科研实习仪器设备资产达 342973.06 万元，为推动职业教育高质量发展奠定坚实基础。

逐梦奋发：坚持内涵发展，提升教育质量

质量是教育的生命线，是永恒的主题。

遵义市按照“一县一业”“一校一专”专业（群）设置及职业教育服务“四新”“四化”要求，邀请上海市、成都市、珠海市职教专家对全市中职学校 13 个大类 183 个专业点人才培养方案进行修订，很多教师变成人才培养方案的专家，2022 年，该市共获得“技能贵州”项目“省级示范性人才培养方案”16 个。

为提升办学质量水平，该市深入开展专业评估工作。通过购买第三方服务，开展示范专业复评和升级传统专业、数字经济催生的新兴专业申报评估，提高该市中职学校专业设置与地方产业对接度。同时，实施了市级内涵项目，开展了校风学风专项行动，举办了多个教师大赛及多次教研活动。

为了提高学校的内生动力，形成良好的竞争局面，促进人才培养质量的提升，从 2020 年开始，该市全面实施全市质量监测工作。监测工作不仅要了解学生的考试成绩，更要了解各校人才培养、实训室建设、课程开设等情况，对学校的专业进行全面诊断，同时提出整改意见，让学校办学更加规范，育人质量得到有效提升。

圆梦未来：加大改革创新，实现人人出彩

当老师告知汪小康、刘欢欢、周彬彬，他们被大赛系统抽中，将以团体方式参加市级大赛时，班级里传来阵阵笑声，让三人面面相觑。汪小康可是学校的“红人”，经常旷课、迟到、捣乱；刘欢欢性格内向，不善表达，成绩较差；周彬彬也差不多，他们都是班里的“隐形人”。第二年，同样是“小透明”的王余杰也被大赛系统拍中，在他们眼里，只有最优秀的学生才有机会和“全市技能精英”一决高下，但他们没有退缩，反而迎难而上，紧紧抓住这次难得的表现机会，认真训练，参加实训，为大赛做准备。一个个灯火通明的晚上，他们的耳边响起奋斗的战歌，最终，三人团获得市赛三等奖，而王余杰则披荆斩棘进入了国赛。他们的付出得到回报，他们的努力受到认可。

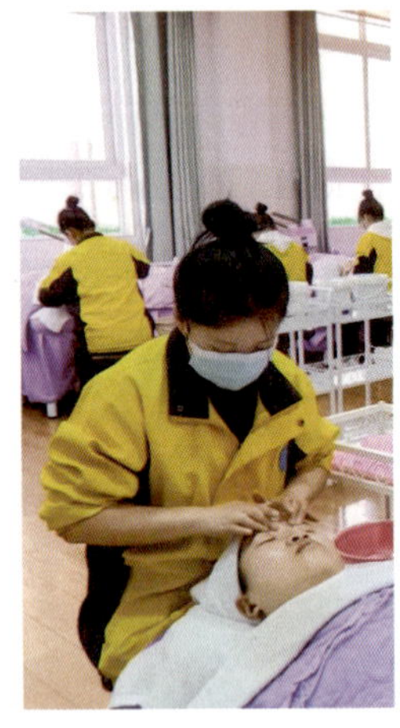

他们能参加大赛，得益于遵义市技能大赛的改革，从 2021 年起，遵义市启用了市级技能大赛新系统，从大赛报名、成绩汇总到参赛证导出，全部在系统上完成。同时，采取“学校指定 + 市级抽选”的方式确定参赛选手，明确规定各院校开展初赛后方可进入市赛，真正达到“校校有比赛、层层有选拔、人人都参赛”的良好局面。大赛大大提高了参与率，让普通学生也有机会参加，每一个平凡的孩子都能有人生出彩的机会，从而帮助学校、教师、学生转变大赛观念，真正达到以赛促学的目的。

技能大赛中涌出了很多优秀的学生，也改变了很多学生的命运，如遵义市职业技术学校 2018 级计算机平面设计专业的朱斗松，他曾两次获省赛第一名，两次代表贵州省参加国赛，获得过省级技术能手称号，得到免试上大学机会。大学期间，他成绩优秀，多次被聘请到各大、中专院校承担网络布线培训员和指导员，大学毕业后，经河南省技能人才引进，现就职于河南经济贸易技师学院！

没有最好的教育模式，只有更适合的发展方向，职业教育从育人内核出发，将每个学生培养成适应社会的技能型、应用型人才，成为行业内的匠人，给予那些历经“寒风冷雨”的孩子同样的机会和未来。

在遵义市这片红色土地上，职业教育的热血脉搏在奋斗中跳动，在所有职教人的努力下，越来越多的孩子梦想成真，青春的他们，正扬帆起航。

聚焦“五张名片”彰显轻工力量

——贵州轻工职业技术学院助力经济社会发展纪实

“刚到这所高职院校时，我感到前途一片迷茫，看不到希望、找不到目标……”2015年6月，高考发挥欠佳的王冠乔带着迷茫的心态，踏进位于贵安新区花溪大学城的贵州轻工职业技术学院（以下简称“贵州轻工职院”）。而今，王冠乔说：“在学校被大数据技术与应用专业的学术带头人邓建萍老师‘唤醒’后，想改变命运的我，通过多次参加国赛获奖，不但圆了大学本科梦，还在就读本科期间创办了企业，本科毕业后受邀回母校任外聘教师。”

“这是我校近年来积极主动对接我省明确的酒、烟、茶、药、食品‘五张名片’，通过‘校政行企’助力‘产教科创’可抓可控，助推‘双一流’高职院校建设和办‘全国双创50强’示范性职院的一个缩影。”该校党委书记樊铁钢介绍说。

校地企共建共治“双创平台”
助推“产教科创”共赢发展持续走深

2015年6月，贵州轻工职院所在的贵安新区出台《关于扶持花溪大学城清镇职教城大学生在贵安新区创业落户三年行动计划（2015—2017年）》。“这对职业院校来说，无疑是一大利好消息。”该校校企合作处处长、招生就业办负责人吴玫说，该校于2016年11月与贵安新区花溪大学城管委会签订“双创”园运维管理协议，设立使用面积达4.4万平方米的大学城双创园（含花溪大学城管委会政务服务办公场地）、创客联盟基地。

该校与花溪大学城管委会约定，双方在双创园、创客联盟基地共同举办文化艺术月、创客创业大会、大学城创业就业论坛；花溪大学城管委会为该校相关科研成果转化、大学生创业就业提供政策、市场、资金、场地等支持。花溪大学城管委会利用双创园及优惠政策等招引与该校专业相关联的企业，鼓励企业与学校共建实训室或解决一定

贵州轻工职院教学实训

数量学生的实习、实训；该校则依托引进来的企业开设或共建相关专业，企业配合学校搞好人才培训。“政校企共建、共管双创园，对于政校行企都是一个共赢的结果。”中软国际大数据产业学院中软国际教育科技股份有限公司相关负责人如是说。

为更好搭建“产教科创”平台，校企双方还引入最新行业标准和企业最新技术制定人才培养方案，做到一年一次小迭代、一届一次大更新；从学生入学起就面对面进行人才测评，为其建立人才“画像”档案，每学期实时更新，在教学模式、课程内容、项目实训、过程管理、知识回顾和考查、团队活动和实习就业上完全实行“企业化”教学。“大专毕业后敢办企业，与我在中软国际大数据产业学院的顶岗实习实训经历密不可分。”王冠乔说。

该校以“一校双园”为载体，不但搭建起众创空间、孵化器、创业孵化基地等促进科技成果转化的平台，还探索出现代学徒制、订单培养、“1+X”证书试点、技能大赛和双创培训等与“产教科创”相关的职业教育人才培养模式，形成众创、众包、众扶、众筹“四众”政校行企合作新机制，“创业苗圃 + 孵化器 + 加速器”孵化体系作用得到有力彰显。截至目前，双创园累计注册企业 317 家，入驻办公企业 71 家，与近 10 家行业协会开展合作，“产教科创”共赢发展之路越走越宽阔。

该校的《特色引领新发展，产教融合育英才——校企协同培养大数据蓝领人才》《聚集团合力育人才，服务酿酒产业发展》两个案例皆入选中国教育发展战略学会产教融合专业委员会 2022 年 3 月公布的产教融合校企合作典型。

“三融合”助力“产教科创”服务地方经济社会高质量发展

“通过与‘黔粹行’合作，学生作品被选送参加中国（贵州）国际民族民间文化旅游产品博览会；学生作品作为礼品在中国－东盟教育交流周活动上馈赠外宾；校企‘产教科创’协同育人人才培养模式获批贵州省人才培养质量提升工程省级现代学徒制试点项目立项。”谈起与贵州黔粹行民族文化发展有限公司的合作，贵州轻工职院艺术设计系党总支书记余太游如数家珍。

2017 年 8 月，该校艺术设计系与黔粹行在双创园共建“黔粹行民族文化创意中心”，探索校企双主体育人、双场所教学、双身份管理，运用“校内导师＋企业导师”培养艺术设计专业学生。经贵州省工艺美术协会协调，黔粹行指派培训部经理张丽丽、培训部首席培训师罗文梅大师以及传承人杨世小、袁仁芝、张雯、吴秀芬到该校承担教学任务，并成立人才培养试点工作专家指导委员会。“技术专家和技术骨干时常聚在一起，或研讨制定专业发展规划，或论证人才培养方案，很快就把产业与教育、学校与企业、专业与创业三者之间的融合做实了。”余太游如是说。

2018 年，该校联合贵州省食品工业协会、省酿酒工业协会及省内外 22 家知名酒企、高校组建贵州酿酒产业职业教育集团，酿酒技术专业在酿酒相关协会、企业建立校外实训基地 19 个。目前，该职教集团已集专业调研、教师实践、技术研发、技能培训、学生实习、就业创业、对外合作等功能为一体，以技能大赛、技术攻关、成果转化等项目带动人才培养。2020 年 12 月，该职教集团获批成为贵州省级示范性职教集团，有力助推了酿酒专业“产学研用”协同发展。

“专业围绕产业办，课程依托岗位转，教室按着车间建，学生跟着师傅干，这就是酿酒技术专业人才培养的生动写照。”贵州轻工职院轻工化工系主任王珂佳说，依托贵

州酿酒产业示范性职教集团，在省食品工业协会和酿酒工业协会的支持下，该校引进行业、企业专家和技术骨干给学生传授酿酒技术、技艺；该校教师多次受邀到习酒、国台酒等企业与职工、管理者分享白酒酿造的理论知识。双方还共建酿酒技术专业建设指导委员会，将产业人才需求转化为人才培养目标、生产标准转变为课程标准、工作任务转变为教学任务，实现行业发展与专业建设的同频共振。

“大数据 +”促“产学研用”资源共享
“产教科创”集聚化优势初现峥嵘

大数据是中共贵州省委、省人民政府近年来下大力气抓的一个支柱产业。“办好这个‘轻’专业后，我们系乃至整个学院在全省经济社会建设发展过程中的分量就更‘重’了。”贵州轻工职院信息工程系副主任邓建萍如是说。

信息工程系在2015年以前为计算机应用技术专业。2013年，中共贵州省委、省人民政府深入分析移动互联时代技术演进发展趋势，结合自身优势选择发展大数据产业，该校抢抓发展大数据产业的先机。现在，包括云计算、大数据物联网、软件技术等在内的8个专业方向共有学生2383人，是该校学生人数最多的二级院（系）之一。为了让学生深切感知此专业的“重”，信息工程系对教学及其实习实训实行双导师制，在现有42位专业教师中，外聘教师达25位。

“要想学好大数据专业就必须在企业进行实战锻炼。”信息工程系2019级大数据专业学生胡勇到合作企业贵州国台酒业集团有限公司工学交替实习期间，从事大数据分析工作，为企业决策提供了可靠的数据支撑，受到公司管理层肯定。2019级软件技术专业学生王云在2019年11月创办了贵州云一科技有限公司，并开展高端移动APP的应用与研究，目前营收达120余万元，产品“Hi校园”APP打造了一个全生态校园综合服务平台，全国用户量突破15万人，增值功能营收26.2万元，在2021年第七届中国“互联网 +”大学生创新创业大赛贵州省选拔赛中获金奖。

“在学校里学习，很难分清哪一段时间是学、哪一段时间是研、哪一段时间是用。当我们把自己感兴趣的创意或设计落地以后，一款新产品就诞生了。”接受记者采访时，胡勇、王云不由自主地感慨道，“非常感谢学校给我们搭建了可以去实现人生梦想的舞台。”

办好轻工专业，也可堪重任。“未来，我校将把通过‘政校行企’搭建起的‘产教科创’职业教育协同育人体系各环节的成色锻造得更加精湛漂亮，助推办学再上新台阶。”贵州轻工职院党委副书记、院长武斌儒信心十足。

聚焦学生就业　推动职院发展

——贵州工商职业学院唱响就业服务“好声音”

就业是职业院校发展的“火车头”，特别是每年面对5400余名毕业生，且贫困生占比36%的贵州工商职业学院。就业备受瞩目，“如何培养好学生？让学生好就业，就好业？”自然成为全校师生的焦点话题。

厘清人才培养，解决岗位适配“痛点”；摸清供需对接，打通精准就业“堵点”；学校党政送岗入户，扫清就业“盲点”等一系列举措初显成效。2021年提报的《构建“四个一”重点群体就业保障体系　助力黔山贵水脱贫攻坚》案例荣获教育部评选的全国100强就业典型案例；2022年12月获贵州省高校毕业生就业工作先进单位。近年来，该校就业落实率98%以上，学生就业竞放异彩。

把握主基调：产教融合搭建技术技能平台

该校积极响应国家发展战略，抓“黄金十年”重大发展机遇，紧跟社会需求，聚焦职业教育提质培优、关注高技能人才培养、深化产教融合、校企合作等多个方面，对标市场需求，练好产教融合“内功”，跑出人才培养“加速度”。携手企业在开展学生订单培养过程中以教促产、以产助教、产教融合、产学合作，与华为、京东、阿里等两百余家头部企业、三甲医院及地方单位开展深度合作，设立293个校内外实训场所和实习

就业基地，培养了一批同市场需求相适应、同产业结构相匹配，精操作、懂工艺、会管理、善协作、能创新的高素质技术技能人才。

毕业于贵州工商职业学院“吉利订单班”的潘国徽便是其中一员。在录取到“汽车检测与维修”专业，进入“吉利订单班”学习期间，他接受了校企双向培养，入学即与吉利集团签订实习、就业协议。潘国徽进入杭州吉利汽车有限公司实习后，将熟练掌握的专业技能充分运用到前沿一线实操，2022 年，在入职吉利短短一年的时间内，从职场“小白”成长为杭州吉利汽车有限公司现场管理助理，月薪从 3500 元升至 8500 元，年薪达到 10W+，完成从一线员工到管理岗的晋升并改变了自己和家庭的命运。

该校建筑信息模型班毕业生参与北京大兴机场建设的有王婷婷、卢雪、将邦军、俞先引等；参与雄安新区建设的有刘小军、曹禺、陈伟、王权俊、刘健、敖华飞、朱品旭等；参与地铁、高铁、城铁等国家重点项目的有金蓄、张兴宏、王孝武等；参与北京冬奥会张家口赛区项目建设的有张川、曾椅会等。

“守专长、韧性好、敬业、学习能力强”，是京东集团前辈对徐辉的评价。在同期开展实习的学生当中，该校 2022 届多位毕业学子也收到了来自唯品会、吉利集团、喜来登酒店等各行业头部企业的高度评价，“基础扎实、上手快”是该校毕业生收到的最多的评价。

贵州工商职业学院执行校长尹艺霏表示：“我校围绕高质量发展强化内涵建设，持续深化产教融合，以共建产业学院、专业共建、赋能就业等多种形式与产业合作伙伴开展紧密合作，为推动职业教育转型升级提供智慧方案，助力学子高品质就业。”

唱响主旋律：技能大赛锻造就业能力本位

职业教育以能力为本位，注重和培养学生实践能力、解决和分析问题的能力。在当前就业市场竞争激烈的情况下，高技能人才备受企业青睐。贵州工商职业学院积极组织学生参加技能大赛，展示学生技能水平和实际操作能力、创新能力和团队合作精神。同时以企业的技术需求为导向，引导学生根据企业实际需要，将学习成果转化成实践技能，提高学生的就业水平和竞争力。

该校通过技能大赛，培养扎实知识和技术技能，锻炼学生就业能力。近三年来，该校参与各项技能大赛的学生人数占学籍人数的 52%，在教育部认可的 56 项学科竞赛及由省级教育部门主办的比赛中获奖 395 项，其中国家级 32 项、省级 366 项；教师比赛获奖 67 项、学生获奖 328 项；创新创业类奖项有国家级 7 项、省级 49 项。

近日，该校参赛团队在贵州省职业院校师生技能大赛市场营销赛项中以 90.35 的分数斩获全省第一名，成功实现该赛项省赛“三连冠”，获得代表贵州省出征全国职业院校技能大赛资格。2021 级工商企业管理专业负责数字营销模块的罗涛涛，热泪盈眶：“我相信勤奋好学的力量！选拔赛备战 10 个月，我日夜苦练，从小白到技能娴熟工，很感谢我的坚持，很感谢技能大赛的平台，我相信自己的未来有无限可能！”

该校 2018 级优秀毕业生杨光珍，现任贵州三珍牧业有限公司董事长，还是麻江县第十届政协委员，她探索引进职教人才服务于新型生态农业的创办、管理、技术、运营全过程，逐渐实现全维农业经济模式，公司年成品猪出栏头数从 100 头发展至 1000 头，实现内部 20 余人稳定就业，带动周边农户 40 余人生产创收。她曾先后获第五届“闪亮的日子”全国大学生就业创业典型人物、2022 年“全国高校毕业生基层就业卓越奖”、第八届“互联网 +”创新创业大赛省赛金奖、国赛铜奖等。她表示：“这些成就一定是源于技能、始于热爱、终于前程，即便是平凡之路，也会陌上花开。”

协奏交响曲：党建引领共同筑牢就业平台

贵州工商职业学院坚持“一把手”工程，把就业工作作为落实立德树人根本任务的重要环节，该校党委书记杨元华、执行校长尹艺霏主抓、指导毕业生就业工作，就业服务中心牵头落实落细，筑牢“双组长”制的就业工作专项领导保障。制定《贵州工商职业学院全员就业工作机制》，明确工作职能与分工，抓实各部门主体责任，建立“学校统筹、学院主抓、部门配合、全员参与”的工作机制，形成了分管校长靠前指挥，二级学院院长、就业指导师、毕业班辅导员全力以赴联动配合的良好局面，确保该校毕业生就业创业工作顺利开展。

2022 年 5 月 20 日，中共贵州省委常委、贵阳市委书记胡忠雄带队开展访企拓岗促就业工作并主持召开座谈会，该校执行校长尹艺霏、常务副校长潘毅、就业服务中心主任雷雪参加活动。当天，他们走访了贵州嘉盈科技有限公司、贵州中铝铝业有限公司，13 家用人单位参加了随后的座谈会。胡忠雄同志指出：要把就业作为民生之本，要把创业作为创新之源，要把专业作为育人之要，要把企业作为市场之机，深入贯彻落实习近平总书记关于高校毕业生就业工作的重要指示和视察贵州的重要讲话精神，把解决高校毕业生就业问题放在更加突出的位置，强化就业、创业、专业、企业“四业”联动，为高校毕业生留筑创造良好环境，全力夯实“强省会”的人才支撑和智力支持。

该校坚持以实地走访为主，“走出去”和“请进来”相结合，广泛开拓就业渠道和就业岗位。2022 年 12 月先后选派 181 名二级学院院长、系主任和骨干教师组成专业调研小组，“组团式”走访 246 家，开拓 1500 余个岗位。同时积极对接政府部门，与贵阳市观山湖区就业局、白云区人民政府、清镇市人民政府、乌当区人社局等政府部门建立联系，签订了政校合作协议，借助政校战略合作的机遇，形成一批成果、打造一批品牌、形成一些示范，切实推动政校战略合作真正开花结果。

该校举办“万企进校园”招聘活动，主动邀请用人单位进校招聘，吸引用人单位参与招聘，增加优质就业岗位供给，畅通毕业生就业渠道。日益深化线上、线下相结合的就业服务，不断提高相关就业服务平台的专业化、智能化、便利化水平，进一步提升人岗匹配的精准度和实效性，实现招聘与应聘的共赢。

该校就业中心主任周林介绍：“对于2022届毕业生，我校共开展12场线下、30余场线上招聘会，其中有8场大型线下招聘会，11场专场招聘会，参加企业1000余家，提供相匹配的岗位近22000个。利用24365平台、智联招聘、学校就业服务中心微信公众号、数字贵工商等服务平台，推送442家企业，14028个岗位。开展求职技能提升培训32场，包含简历制作、面试技巧、职场礼仪、求职心理疏导等方面。”

该校充分发挥党支部战斗堡垒作用，开展教师党员一对一帮扶未就业学生，建立就业困难毕业生数据库，优先为困难毕业生推荐优质岗位。建立“一生一档”的就业指导和跟踪服务，持续为困难毕业生开展“送岗位、送政策、送服务、送温暖”四送专项行动。

该校坚持以就业为牵引，提升育人质量，把就业作为一切工作的“牛鼻子”，以内涵驱动发展，牵引专业设置、教学改革、职业竞争力，以高质量就业为标准检验教育教学成果。

强高教 助“黔”行

扎根贵州大地办大学风生水起

高等教育总体发展水平实现跃升。近10年，我省高等教育取得巨大进步，本科、硕士、博士三级学位授权体系逐步完善，其中硕士学位授予单位增加2个，博士学位授予单位增加4个，硕士点增加80个、博士点增加27个。“双一流”建设能力不断跃升，先后实现“世界一流建设学科”和A层次学科“零”的突破。全省高校相继在国家重点实验室、国家工程技术研究中心、教育部国际联合实验室等重大平台上实现“零”的突破。培育了一批重点研究领域学术学科带头人、学术创新团队和高水平研究成果，新增中国工程院院士1人，新增“长江学者奖励计划”入选者15人。2022年，全省高校招生规模较10年前扩大了1.21倍，达到29.27万人。

谱写“大地论文”的高层次人才纷纷涌现。我省涌现出“潘核桃”潘学军、“蔬菜女神”张万萍、“蘑菇教授”顾昌华等一批扎根贵州一线，将论文写在贵州大地上的科技工作者，在绿色农药、山地高效特色农业、喀斯特石漠化治理、大数据、病理学、中医中药等领域作出巨大贡献。五年来，贵州大学和贵州师范大学多人被教育部评为“长江学者奖励计划”特聘教授，还实现了全省人文社科类长江学者零的突破；遴选“国家特支计划”“百千万工程”领军人才40余名，“百千万人才工程”国家级人才40余名；加强“十百千”创新人才队伍建设，遴选“十层次”人才50余名，“百层次”人才80余名，“千层次”人才189名。

培养千千万万本领强、能吃苦的高校毕业生。近五年，我省普通高等学校共有毕业生1032470人，其中本科生414107人，平均初次就业率82.80%；研究生31366人，平均初次就业率78.71%。本科生留黔就业人数占就业人数平均比74.90%，研究生留黔就业人数占就业人数平均比56.15%。这样一支毕业生队伍，熟悉省情、民情，有知识有技能，是一支下得去、留得住、能吃苦、干得好、有作为的队伍，他们在不同岗位上为助力我省脱贫攻坚、助推乡村振兴、促进我省经济社会发展作出了积极贡献。

高校积极服务国家重点领域和省重大战略。全省高校紧紧围绕国家重点领域急需和贵州省重大战略部署及民生需求，不断优化学科专业布局，为国家重点领域和省重大战略作出积极贡献。比如贵州大学紧扣大数据战略，建成并获批省部共建公共大数据国家重点实验室，重点建设大数据科学与技术学科群，开展多源数据融合与集成、大数据安全与隐私保护、块数据与区域治理等基础和应用研究，取得明显成效；贵州师范大学围绕“中国天眼”（FAST）重点建设基于“中国天眼”（FAST）的数据驱动与计算科学学科群，建设天文学学科并成功获批硕士学位授权点，为“中国天眼”（FAST）等国家大科学装置提供积极支持。全省各省属高校多数成立了大数据学院，共开设大数据相关专业 29 个，在校生共计 2.7 万余人，与大数据产业相关的硕士点 20 个、博士点 4 个、一流学科 5 个、学科群 4 个。

“产业导师”创新研究生培养模式。全省围绕“四新”主攻“四化”，先后选聘 500 名产业导师，组建助推“四化”发展产业导师总团 3 个，累计下达产业导师引导性经费 1000 余万元。推行校企协同育人，构建以贵州省十二个农业特色优势产业、十大工业产业、服务业创新发展十大工程等领域战略需求为导向的人才培养模式。选聘的 300 名产业导师为贵州省农业产业、工业产业等作出积极贡献，其中十二个农业特色优势产业类产业导师 86 人，十大工业产业类产业导师 106 人，服务业创新发展十大工程类产业导师 108 人。《贵州省创新高校“产业导师制”助力产教融合发展》入选《贵州改革情况交流》2022 年第 139 期，产业导师工作连续两年入选贵州省十件民生工程实事，为助推我省“四化”高质量发展提供了强有力的人才支撑和科技供给。

科技创新成为“最大增量”

从“中国天眼”（FAST）捕捉到的信号中，天文科技工作者至今已发现 660 多颗脉冲星，进入成果爆发期。贵州本土天文科研力量在逐渐成长，贵州师范大学物理与电

子科学学院院长、贵州省射电天文数据处理重点实验室主任支启军团队就是其中之一。围绕“中国天眼”（FAST）建设运行和科研目标，支启军带领团队发展了脉冲星辐射模型，发现了具有多重辐射性质的脉冲星，推动天文大数据和天体物理研究取得重大突破。

“坚持面向世界科技前沿，立足‘中国天眼’这个‘国之重器’，积极开展天体物理和天文大数据研究，提升原始创新能力。”支启军说，团队将大力弘扬南仁东精神，抓好“南仁东班”各项工作，为贵州省天文事业发展提供人才支撑。

科技工作者不仅关注着光年外的宏大宇宙，也倾力深耕脚下的桑梓热土。帮助毕节市威宁彝族回族苗族自治县中海村、草海村和幺站村引进蔬菜新品种 1064 种；建立核心示范基地 2000 亩，建成“威宁资源昆虫转化尾菜技术示范基地”……这是 2022 年贵州省“最美科技工作者”获得者、贵州大学农学院副院长张万萍教授躬耕田野的部分成果。

张万萍是山区群众纷纷点赞的“蔬菜女神”。“作为一名高校农科教师，我将秉持初心，以强农兴农为己任，为社会培养更多知农爱农的人才，为农民增收致富提供更多实用技术，为产业高质量发展创新更多关键技术，努力带动和感染更多的年轻教师奔赴一线。”张万萍说。

围绕一条主线。围绕“四新”主攻“四化”主战略和“四区一高地”主定位，以持续提升高校科技创新体系高质量发展为主线。

加快两个转变。一个转变是科研项目由数量取胜向以数量、质量和创新协同发展转变，另一个转变是从科研项目的“单兵”作战向“团队”合作转变。

做到三个支撑。支撑学科建设优化，优化科技创新管理模式，从人、财、物等方面形成合力；支撑教学质量提升，引导高校将科研平台等优质资源融入人才培养中，构建协同培养模式；支撑经济社会发展，重点围绕深入实施工业倍增行动等重大技术问题，

强化基础理论研究和科技攻关能力。

抓好四个重点。重点抓好学术领军人才的培引和高水平科研创新团队的建设，实施“高校学术领军人才培养计划”，遴选一批优秀科研创新团队给予支持；重点抓好高层次科研创新平台的建设，培育和建设一批国家和省部级重点实验室、工程研究中心、协同创新中心，在贵州省经济社会发展优势领域培育前沿科学中心；重点抓好标志性科研成果的培育，结合贵州实际和战略需求，培育出一批高水平、有影响力的标志性科研成果；重点抓好有组织科研，组织全省高校科技力量围绕磷煤化工、绿色金融等方面，与贵州磷化集团等省内重点企业合作，助力我省“四新”“四化”发展。

创优人才环境“生态圈”

贵州大学有一个“贵州省公共大数据安全与隐私保护科技创新人才团队”，他们专注于密码学、数据安全和隐私计算科研工作，在贵州大学学科建设和全国唯一的公共大数据国家重点实验室的申建中发挥了重要作用。

“党的二十大报告将教育、科技和人才作为三位一体单独形成一个部分，成为科教界关注的热点。”该团队领衔者、贵州大学二级教授、贵州省大数据产业发展应用研究院常务副院长彭长根说，创新是科技自立自强的根本，教育和人才是创新的源泉，而教育是培养创新型人才的基础，建立有利于创新人才培养的教育体系至关重要。

彭长根团队是贵州大学计算机学科和数学学科多年交叉融合所形成的，通过不懈努力，目前已形成以国家级和省部级人才领衔、教授和博士为学术骨干、中青年优秀人才为主体的百余人的科研创新团队，其学术成果在国内外具有较大影响力。

喀斯特生态治理需要人才支撑。“中国科学院地球化学研究所依托现有的相关国家重点实验室，加快建设全球喀斯特人才聚集中心和创新高地。”中国科学院地球化学研究所环境地球化学国家重点实验室副主任张华说，要着力形成喀斯特环境与区域可持续发展人才国际竞争的比较优势，为云、贵、滇、川喀斯特区域实现生态文明建设、乡村振兴和美丽中国和健康中国战略做好科技和人才支撑。

贵州省把人才资源开发放在最优先位置，深入实施新时代人才强省战略，努力建设全国最有吸引力、凝聚力的人才高地之一，真心实意创优人才环境“生态圈”，积极主动为人才提供“保姆式”服务，让一流人才获得一流待遇，聚天下英才而用之。

农业植“芯片”　种子穿“新衣”
——贵州大学“植物保护”学科再次入选国家“双一流”学科建设名单

2022 年 2 月 14 日，国家公布新一轮“双一流”学科建设名单，贵州大学“植物保护”学科再次入选。

近年来，在中共贵州省委、省人民政府的亲切关怀下，在省教育厅的倾力指导下，贵州大学“植物保护”世界一流学科聚焦我国农药行业和山地高效特色农业绿色发展的科技需求，将科学研究真正应用到农业生产和社会发展中，在脱贫攻坚和乡村振兴战略中发挥了积极重要的作用。

无论是该学科领军人，中国工程院院士，贵州大学党委副书记、校长宋宝安，还是刚刚摘获第一届全国博士后创新创业大赛“创新赛其他赛道”“创业赛现代农业与食品

中国工程院院士，贵州大学党委副书记、校长宋宝安指导学生实训

赛道”双银奖与“创业赛－现代农业与食品赛道”优胜奖的赵锋、李振华与隋常玲三个博士后团队，还是作为该学科中坚力量的每一位科研工作者，他们身上都有一个共性：不仅是我国绿色农药与病虫害防控领域的理论探索者，还是学科“一脉相承”下服务贵州省山地农业的实践者。

学科壮大　厚实根基培人才

贵州大学东校区有一栋一万多平方米的实验大楼，这是贵州大学绿色农药与农业生物工程国家重点实验室培育基地（教育部重点实验室）所在地，是贵州绿色农药和病虫害绿色防控领域的探索者们科研的“发端”与科创成果的“摇篮”。而该领域“创新沃土”的诞生与其学科带头人宋宝安密不可分。

1986 年，研究生毕业的宋宝安回到母校贵州大学，从此扎根农药创制领域搞科研，一路走来 30 余载，宋宝安带领团队填补了国内多项技术与产品的空白，自主创制出毒氟磷、香草硫缩病醚、氟苄硫缩诱醚等新品种、新剂型 30 余个，建立了水稻、茶、蔬菜等农作物病虫草害绿色防控新模式，有效推动了农药减量控害，解决了系列重大粮经作物病虫草害的防治难题……

不胜枚举的重大成果为宋宝安及其团队带来众多荣誉。其荣获何梁何利基金科技创新奖、国家杰出专业人才、贵州省最高科技贡献奖和贵州省首届杰出人才奖；作为第一获奖人，获 1998 年度国家科学技术进步三等奖，2007 年度国家科学技术进步二等奖，2014 年度国家科学技术进步二等奖，2019 年度国家科学技术进步二等奖；还获贵州省科技进步奖四次（2004、2008、2018、2021）、二等奖三次（1992、1996、1997）、三等奖三次（1998、1999、2003）；2020—2021 年研究生教育植物保护学科排名全国第三，2020 年全国博士后流动站评估为优秀，2022 年入选全国黄大年式教师团队……众多荣誉激励着这帮绿色农药创新者屡创新绩，以绿色农药和病虫害绿色防控领域创新为引，加快新的生物技术、生物信息技术应用科研步伐，推进多学科交叉跨界融合，逐渐占领我国农药领域“科技高地”。如今，该学科已成为“植物保护”世界一流建设学科和“农药学”国家重点学科，也是绿色农药与农业生物工程国家重点实验室培育基地和教育部重点实验室。

人才强则学科强，可以称为学科建设中的“铁律”。宋宝安深知人才培养的重要性，着力培养农药学领域的人才，努力为贵州高质量发展提供更加坚实的科技支撑、人才保障和智力支持。目前，该实验室已有中国工程院院士 1 人、长江学者特聘教授 2 人、国家杰出青年科学基金获得者 1 人、国家“万人计划”科技创新领军人才 5 人、青年长江学者5人、国家海外优秀青年基金获得者1人、国家中青年科技创新领军人才5人、国家“万人计划”青年拔尖人才1人、国家现代农业产业体系岗位科学家2人……

近年来，该学科先后承担了国家“973”计划项目、国家“863”计划项目、国家“十一五”科技支撑计划项目、国家自然科学基金项目、国家公益性农业行业专项、科技部国际科技合作项目、国家高技术研究发展计划、贵州省重大专项等国家和省部级科研项目百余项，科研经费达亿元。

科研攻关 灭除杂草解民忧

杂草是粮食种植过程中的“顽疾”之一。我国每年因杂草造成的粮食损失多达200亿公斤，足以养活约0.4亿人口。

“使用除草剂是杂草防除最经济、最有效的防控手段，其中灭生性除草剂是常用的种类，它是除草剂用量最大的一个类别，广泛应用于非耕地、免耕地、农作物田等。”贵州大学植物保护流动站的博士后赵锋说，目前全球灭生性除草剂的种类有草甘膦、草铵膦等，但其研发技术全部被国外大公司垄断，加上国内灭生性除草剂研发起步晚，产品缺乏。因此，创制具有自主知识产权的新型灭生性除草剂已成为非常迫切的工作。

解决灭生性除草剂的“卡脖子”问题刻不容缓。2018年，在宋宝安的带领下，由博士生连磊领衔，含有国家级人才、博士后等组成的新型除草剂创制团队正式成立，并依托贵州大学“植物保护”世界一流学科开展“新型除草剂——氟氯氨草酯的创制和应用”项目研究。

“合作导师宋宝安院士提出科学问题，博士生连磊进行项目设计，创制品种并组建清源农冠公司进行产品生产与产业化，我负责风险评估，蒋标标等团队成员负责工艺优化、先导活性化合物的设计和合成、田间应用技术等工作，大家同心协力，项目研究终于取得了新的突破。”赵锋说，团队成功研究出的高活性的新型灭生性除草剂，在同等

用量下防效明显优于草甘膦、草铵膦等其他灭生性除草剂。

目前，该项目被全国农药标准化技术委员会正式命名为“氟氯氨草酯”，已获国家授权专利 4 项。下一步，将启动农药登记相关程序。同时，产品将与清源农冠公司深度合作进行产业化，该学科郝格非教授主持的“十四五”国家重点研发计划也正在开启。

以种为“芯”　外层附加破瓶颈

我国有 18 亿亩耕地，小粒种子面积 2.42 亿亩，除农业外，林业、草业中也包含大量小粒种子物种。小粒种子的粒径极其微小，正因如此，小粒种子播种期长、播种难、耗种量大，在作物苗期更是需要增加人工间苗这一步骤，大大增加了劳动力成本。由于播种量大，多个种子共同竞争水肥，导致种苗“内卷”，好种未必得好苗。农民为了保苗，又不得不增加药肥投入，增加成本的同时又对环境造成额外破坏。

农业现代化，种子是基础。针对小粒种子“播种难”这一共性产业难题，经过 10 多年的研究和实践，贵州大学植物保护流动站博士后李振华团队以“种子丸化技术”破题，以种为芯，外层附加农药和微肥，相当于给种子穿了一层衣服。“穿衣后的种子，至少有以下三个优点。一是变大，变成大的规则的种子；二是变强，更抗病、更抗虫、更抗寒等；三是主要成分填充剂可以重复使用，对我国的土壤改良也有益处。”李振华说。

同时，李振华团队深知当下国内市场种子丸化成本高、技术难、人才缺等问题，在合作导师宋宝安和李卫国的指导下，依托贵州大学“植物保护”世界一流学科人才资源，提出了种子丸化市场“2+2”战略（即 2 个“硬科技产品”，2 项技术产权）。2 个“硬科技产品”即通过“一类一方”种子丸化技术以及 PLC 丸化数控机，做到根据不同种子和耕地的情况，做出独家对应的丸化配方并根据配方运用数控机实现种子加工傻瓜化、操作便捷化，不再因为加工技术水平阻碍产业发展。

两项技术产权是为了应对将来的市场竞争，该团队对项目储备的纳米粒子包衣丸化种子及技术、绿色和有机丸化种子两项技术进行了知识产权保护，并与贵州大学植物保护博士后工作站建设单位，广西田园生化股份有限公司等企业合作进行产业化。

据李振华介绍，后续将坚持研究与市场化道路，让我国的小粒种子穿上绿色创新发展的“外衣”，在祖国的广袤大地上生根发芽，从种植业源头助力国家乡村振兴战略。

“贵师大”星横空出世的背后
——贵州师范大学天文教育方兴未艾

小行星命名是一项国际性的、永久性的崇高荣誉。2022 年 10 月 4 日，国际天文学联合会向世界宣布，由中国国家天文台 1998 年 8 月 22 日发现的、贵州师范大学申请的国际天文学联合会（IAU）永久编号 58941 的小行星正式以“贵师大”星（58941=1998QK29）命名，名字为“Guishida”。

“科学研究不仅要能吃苦耐劳，还要敢于挑战。”贵州师范大学物理与电子科学学院院长、贵州省射电天文数据处理重点实验室主任支启军和他的团队正是凭着这种精神，有力推动着贵州省天文学科和天文科技事业的快速发展。

作为贵州本土培养的天文科技人才，支启军的本科和硕士都在贵州师范大学就读，于南京大学物理系博士毕业后，他返回母校任教，又曾在德国 TU 理论物理中心做博士后。如今，深耕贵州天文学科研沃土，支启军很有信心：“在把贵州建设成为世界射电天文研究中心和天文人才培养基地的征途中，贵师大人将矢志不渝、永不言弃。”

党的十八大以来，贵州师范大学紧紧把握时代脉搏，不断发展和完善学科体系，始终坚持以服务地方经济社会发展为己任，绘就学校高质量发展新画卷，也为助推贵州省经济社会高质量发展增添新动能。

2011 年，中国天眼（FAST）在贵州平塘开工建设；2014 年，贵州师范大学与国家

“中国天眼”助力贵州师范大学天文教育

天文台联合成立早期科学数据中心，为 FAST 海量数据管理、数据综合分析与应用提供了重要保障。在共建“FAST 早期科学数据中心”的基础上，贵州师范大学还与国家天文台联合建设了贵州省射电天文数据处理重点实验室、天文研究与教育中心。2021 年 4 月 9 日，贵州师范大学与国家天文台签署“中国天眼联合研究中心”合作协议，双方通过合作研究、联合培养学生、开展各类天文培训等，助推贵州地区天文学科和天文教育事业的发展。

在天文学平台的支撑下，贵州师范大学科研团队也取得累累硕果。由谢晓尧教授领衔的团队先后参与两项国家重大科技基础设施项目，为 FAST 海量数据管理、数据综合分析与应用提供了重要保障，开发了自主知识产权的分布式脉冲星搜索计算软件系统、脉冲星候选体筛选软件系统，协助国家天文台发现了 120 多个新的脉冲星，参与建设“国家未来网络”工程贵州主节点，为实时从贵阳向北京传输 FAST 数据提供了通信保障。

2019 年，贵州省射电天文数据处理重点实验室的支启军教授科研团队与国际科研团队共同对一颗编号为 J1926–0652 的脉冲星进行系统分析，首次发现这颗脉冲星几乎囊括了以往观测到的脉冲星的所有辐射现象。这一新发现，有助于人们进一步研究脉冲星的辐射机制和辐射过程，进而推动辐射模型和辐射理论的发展。基于“中国天眼”

（FAST）的观测，2022 年 5 月，该实验室科研团队和国内科研团队共同对“黑寡妇”脉冲星 B1957+20 的掩食现象进行深入研究，发现了“黑寡妇”脉冲星之前没有观察到的掩食新现象并揭示了其物理机制。

人才资源是推动行业发展的关键，贵州师范大学抢抓机遇，大力发展天文学教育事业。2018 年，贵州师范大学天文学本科专业开始招生，2019 年成功入选首批国家级一流本科专业建设点；2019 年 12 月 20 日，贵州师范大学与国家天文台联合成立贵州省高校首个天文系；2020 年 10 月 26 日，贵州师范大学与国家天文台共建的“南仁东班”开班，中国科学院院士汪景琇任第一届贵州师范大学“南仁东班”班主任，贵州师范大学和中国科学院共同组织专家授课，以国家天文台为实训基地，为学生提供接触天文前沿课题的机会；2020 年，获批天文学一级学科硕士点，2022 年，获批天文大数据与计算物理二级学科博士点。

支启军说，要抓住新国发 2 号文件提出的“科技入黔”等机会，努力在量子新型材料和量子信息等物理领域、人工智能和电子信息等数字领域、天文物理和空间技术领域引进及培养一批青年创新人才，为贵州省天文教育事业高质量发展奠定坚实的人才基础。

贵州师范大学承办“脉冲星论证会”

开辟医工交叉融合“新赛道”
——贵州医科大学生物与工程学院入选全国首批现代产业学院

2022 年 12 月 12 日，在教育部公示的首批现代产业学院名单中，贵州医科大学生物与工程学院入选，此次公示的首批现代产业学院名单中，共有来自 49 所高校的 50 所现代产业学院。贵州医科大学是贵州省唯一入选的高校。教育部、工业和信息化部将统筹各类资源，对现代产业学院建设予以政策支持和资源倾斜，并加大对毕业生的就业指导和服务力度，推动社会稳定发展。

2020 年，教育部办公厅、工业和信息化部办公厅印发了《现代产业学院建设指南

（试行）》，明确提出了七大建设任务。为展示国家现代产业学院在建设过程中形成的优秀成果、典型做法和成功经验，加大国家现代产业学院间的交流共享，提升其示范性与影响力，鼓励更多高校和企业深入探索产教融合新模式、新机制，拓展合作新领域。

贵州医科大学生物与工程学院作为贵州省首个，也是目前省内唯一一个国家级现代产业学院，坚持以“立德树人”为根本任务，以提高人才培养能力为核心，秉承“厚基础、宽口径、强能力、重实践”的办学定位，采用项目任务模块教学模式，突出医理工交叉创新发展，大力推进产教融合，着力打造产、学、研、转、创、用一体化，互补、互利、互动、多赢的实体性人才培养创新平台，把健康医药现代产业学院建设成为特色鲜明、国内一流的现代产业学院，服务贵州省健康医药十大千亿级工业产业。

生物与工程学院精准对接我省“乡村振兴”“大数据”“大生态”三大战略，学院以建强特色优势专业为主导，以促进新工科与新医科融合发展为特色，创新工作方法，打破学科专业和体制机制壁垒，跨 3 个教学学院，下设生物医学工程、生物技术、药学、数据科学与大数据技术、化学生物学、医学信息工程、智能影像工程和智能医学工程等 8 个专业，其中 3 个为国家级一流本科专业。专业建设面向生物制药产业、智能医疗产业和健康大数据产业，深入实施以设计为中心的学习（Design-Center Learning，DCL）教学方法，与企业共建课程，引进企业师资，促进课程内容与产业技术发展衔接，着力提升学生综合能力素质。

2022 年，贵州医科大学与国内数字产业领军企业签署战略合作协议，共建“贵州医科大学华为云学院”，并在生物与工程学院落地。此次合作将深度整合该校与行业企业优势资源，面向产业转型发展和区域经济社会需求，实现“引企入教”，大力推进新工科和新医科融合发展，着力打造产、学、研、转、创、用一体化人才培养创新平台。同时，依托双方优势资源，推动信息技术与高等教育深度融合，实施协同创新，围绕“四新”主攻“四化”，服务贵州乡村振兴、大数据、大生态战略行动。

该学院围绕“四新”主攻“四化”，牵头申报贵州省大数据人才实训基地，依托该校医理工

师生开展教学实验

在医药产业一线建立实习实训基地

交叉的特色和专业优势、强大的附属医院行业资源和大健康大数据研究平台，结合数据科学与大数据技术、医学信息工程、生物医学工程、生物技术、智能医学工程、智能影像工程等本科专业优势，进一步深化校企合作，聚焦高校人才培养与企业人才需求匹配度，开展医疗健康大数据等极具医、理、工交叉特色的人才实训，打通高校学生从理论学习到实践能力提升的“最后一公里”，培养“能听懂医生语言的”大数据创新人才，更好服务贵州省医疗健康大数据产业创新发展。

提高学生动手与实践能力，培养其发现问题、分析问题、解决问题的科学素养是该学院建设的核心。该学院积极、主动作为，已建成校企联合的实习实训基地 40 余个，获批建设国家一流专业实习实训中心 2 个，建设教育部产学合作协同育人项目 4 项，建设教育部供需对接就业育人项目 2 项，在企业选聘贵州省产业导师 22 名，并拥有超过 130 名行业企业教师参与教学，建成了一支校企融合的高水平教师队伍，打造了一批服务行业企业的高水平实训平台。

目前，该学院正在不断引进国内知名大健康大数据企业资源，建设服务贵州健康医药产业的人才实训平台，探索产、学、研深入融合的健康医药人才培养新模式，培养健康医药产业高质量发展所需要的高素质应用型、复合型、创新型人才，为提高产业竞争力和汇聚发展新动能提供人才支持和智力支撑。

点亮医学教育燎原之火
——遵义医科大学喜获2022年高等教育（本科）国家级教学成果奖一等奖

遵义医科大学毕业生李田书到贵州省凤冈县琊川镇卫生院工作后，当地的乡亲们发现，很多过去在乡镇治不了的病都能就近治疗了，再不用“折腾”到县医院、市医院甚至省医院，省了钱、减了痛、治了病。

李田书说：“城里医生多，不缺我一个；基层乡亲们的健康，需要我守护。”

老百姓说：“全科医生好呀，随喊随到。”

主流媒体报道：“遵义医科大学定向全科医学生‘素质过硬下得去、独当一面有干劲、心无旁骛留得住’……”

医学教育一肩担两义，一头担着教育强国，一头担着健康中国。办好人民满意的医学教育，是遵义医科大学建校76年以来一以贯之的历史使命和责任担当。2022年，该校作为牵头单位，联合右江民族医学院、西南医科大学，以“创建医教、校地、家校全科医学协同育人模式 培养扎根西部医学人才十年实践”为题，获得高等教育（本科）国家教学成果奖一等奖，既是该校历史性突破，也是我省高等教育（本科）国家级教学成果奖一等奖的历史性突破。

医教协同 下好全科医学人才培养“先手棋”

医教协同推进医学教育改革发展，对于加强医学人才队伍建设，更好保障人民群众健康具有重要意义。第三代医学教育改革以系统为基础，以胜任能力为导向，强调建立医教协同的卫生服务系统。该校从医教协同出发，从目标导向、模式改革、基地支撑、教师培养、资源共享五个方面入手，以“小病善治、大病善识、急病善转、慢病善管”为能力目标要求，着力打好定向全科医学人才培养的根基。

遵义医科大学学子放飞青春梦想

一是目标导向。本科阶段培养具备初步临床工作能力的合格医学毕业生，确立了“宽口径、厚基础、重人文、强临床、懂公卫、识中医”的全科医学人才培养目标，构建了“平台 + 模块”课程体系，主要包括“通识课程教育平台、专业基础教育平台、专业课程教育平台、实践创新教育平台”四大模块化课程平台和全科医学特色课程群，为实现定向全科医生培养目标提供了有力支撑。规培阶段进行规范化培养，着重提升定向全科医学生专业素养和临床能力，培养仁心仁术的全科医生和居民健康守护者。

二是模式改革。本科阶段创建“三养成、三融合、三联动”培养模式，即知识、能力、素质全面养成，理论、实践、人文有机融合，学校、医院、全科基地有效联动。实施过程中，坚持人文引领、课程优化、方法创新、全程实践、全面发展，搭建特色全科医学课程体系和教学体系。探索以学生为中心的多元化教学方法改革，如以问题为导向的教学（PBL）、临床病例为基础的教学（CBL）、小组合作（TBL）、床旁教学、体验式教学、“互联网 +”教学改革等。在规培阶段，强化组织规范、制度规范、基地规范、师资规范、培养规范“五个规范”，完善住培教学体系和质控体系，保障人才培养质量。同时，开展富有全科特色的实践教学改革活动。实施贯穿学生全部学习过程、全体学生参与的亲友健康档案管理，全体学生从入学至毕业，以亲友为对象，通过建立健康档案、拟定健康计划、开展健康教育指导等，对亲友进行持续的健康管理，既培养了学生的全科临床思维和实践能力，又增进了学生与亲友间的感情。推行临床实习互助学习活动，在临床实习阶段，成立由导生负责、5—7 人为单位的互助学习小组，开展病历书写及批改、病例讨论、临床模拟及读书报告等活动，该校组织专家进行评比及表彰。这些活动培养了学生团队合作精神与领导能力，提升了学生自主学习和临床实践能力。

三是基地支撑。该校成立全科医学院，组建党政机构、设立全科医学等8个教研室，成立全科医学科和全科医学病房。该校高度重视医学生服务基层医疗能力的培养，本科阶段建立融三甲医院、县级医院、乡镇卫生院（社区卫生服务中心）、疾病预防控制中心等为一体的“三级一中心”联动实习模式（三甲医院、县级医院、乡镇卫生院、疾控中心），培养学生初步临床能力、全科医疗基本技能和公共卫生服务能力。规培阶段建立全科住培四体联动模式（综合医院、社区卫生服务中心、乡镇卫生院、精神病院等）。推行“四统一、五大专项”活动，保障实习教学质量，“四统一”主要包括：基地制度标准、实习内容、实习过程、实习评价统一；“五大专项”主要包括：实施临床教学检查和巡回教学，开展教学基地骨干师资培训，组织临床教学基地每季度开展毕业实习临床综合理论考试，开展以赛促训、以赛促教的临床技能竞赛，实施教学基地远程教学活动。

四是教师培养。搭建学校组织、附属医院牵头、全科基地和社区基地参与的培养和交流机制。举办教学能力培训班，提高教学基地教师教学水平；召开专题工作会，解决定向全科人才培养工作存在的问题；开展教学督导，指导基地教学查房、教学管理和学科建设。同时强调全科医师和临床教师双重身份认同，出台职称晋升和教学奖惩措施等，组建校内外导师团队追踪学生发展，指导学生职业成长。

五是资源共享。该校图书馆馆藏资源和科研教学平台均向所有基地开放。该校和各基地共建共享病例库、考试题库，使用统一的学生实习管理平台系统，共建线上线下一流课程，提升协同育人效果。依托国家临床技能实验教学示范中心等多个国家、省级平台和各类项目为基地培养人才。

校地协同　对标社会对全科医学人才“需求点”

一是形成校地协同联动机制。该校形成了涵盖招生、培养、使用等关口的“学用一体”育人平台，与贵州省卫生健康部门、疾控中心和用人单位等共同遴选及建设全科医学基地，共同讨论、制定培养方案，定期召开学生座谈会、开展毕业生追踪调研等。

二是校地联合调研。该校发挥智库作用，多次承担贵州省组织部门、卫生健康部门的专项调研项目，开展贵州省定向全科医学生培养与使用调查研究，多次向政府部门提出建议，如《关于实施多部门协同联动机制，确保定向医学生留得住有发展的建议》《关于协同创新全科医学生使用机制，助力贵州脱贫攻坚的建议》《关于加大定向全科医学生培养力度，助力贵州乡村振兴的建议》等。在此过程中，该校根据学生“来自农村、服务家乡”的意愿，提出“县域招生、属地就业”办法，在我省率先实施，保障学生“下得去”。

三是校地联合制定激励办法。该校学生住培期间人均收入4000元以上，在基层服务期间，每人每月享有1500元生活补贴，可直接参加中级职称考试等，保障学生“留得住”。

四是校地联合搭建能力提升平台。该校实施黔医攀登计划，定向全科医学生可免费在职攻读同等学力研究生，相关单位提供进修学习机会，保障学生“有发展”。

家校协同　拓宽全科医学人才培养“新路子”

遵义医科大学以“感恩国家培育、扎根基层奉献”为重点，创设“红色育人、情怀培育、家校共育”三位一体的立德铸魂育才工程。一是红色育人，将红色文化融入人才培养。该校坚持立德树人根本任务，通过思政课程与课程思政改革，打造长征精神“十个一工程”活动，坚定学生理想信念，培育学生艰苦奋斗、甘于奉献的精神。二是情怀培育，实施家乡情怀培养计划。系统开展契约精神教育、感恩励志教育、优秀毕业生和最美乡村医生报告，开展知识竞赛等，激励学生服务家乡的信念。三是家校共育，建立双向沟通机制。将家校协同育人作为学校“三全育人”的重要组成部分，通过定期开展家庭经济困难学生家访和慰问，从家长角度了解学生思想动态、生活状况和身体状况。建立辅导员常态化联系家长制度，密切家校联系。同时，建立多元资助体系，解除定向生后顾之忧，通过同心特岗基金、奖助学金、学校全科医学圆梦成才基金等，解决学生实际困难。

中国－南亚卫生健康论坛第2届南亚东南亚医学教育与医疗卫生联盟大会现场

2022“中国－东盟教育交流周”首届高校助推区域经济社会高质量发展论坛

遵义医科大学珠海校区志愿者助力第十四届中国国际航展

该校实施全科医学生培养改革 13 年来，累计培养全科医学生 2189 人，毕业生在乡镇卫生院服务点覆盖了贵州省 86% 的县区市，为贵州地区基层医疗卫生体系建设提供了强有力的人才支撑、智力支持，助力贵州 2020 年实现每个乡镇卫生院平均有 3.7 名定向全科医学生，每万人有 2 名全科医生的目标，为贵州地区脱贫攻坚、建设健康乡村作出重要贡献。毕业生已经成长为乡镇卫生院的中坚力量，基层作用突出，人民群众满意度高。

该校定向全科医学生培养入选国家卫生健康部门全科医生培养与使用激励机制改革典型案例，入选国家健康扶贫典型案例，相关纪录片《脱贫，健康先行》在央视播出。《人民文学》刊发反映该校全科医学生培养“遵医模式”的报告文学。该校培养经验在昆明医科大学、潍坊医学院、吉林医药学院等院校推广应用，并在中国全科医生高峰论坛等全国性大会上作主旨报告 10 余次，培养成效被多家权威媒体广泛宣传，并产生强烈社会反响。

新时代、新使命、新征程，在党的二十大精神引领下，该校将继续深化和推广“医教、校地、家校”全科医学协同育人模式，积极探索谱写医防结合型定向全科医生培养的新篇章，面向农村基层，服务乡村振兴战略，培养更多“下得去、用得上、留得住、有发展”的高素质应用型全科医生，努力当好人民群众的健康守门人、健康守护者。

建老百姓身边大学　服务全民终身学习

办学 40 多年来，贵州开放大学扎根贵州，积极推进“1234”发展战略，为建设全民终身学习的学习型社会、学习型大国书写了“贵州答卷”，打造了“贵州样板”。

明大局，扩大规模勇担应负之责

贵州开放大学充分发挥投入少、效益高、覆盖广、容量大的办学优势，逐步形成了开放教育、职业教育、继续教育并举的办学格局，打造了“大学＋平台＋体系”的办学模式，持续打造覆盖全省 10 个市（州）和行业分校、67 个县级学习中心的开放大学办学体系，为我省输送本（专）科毕业生 50 余万名，非学历继续教育培训人数超过 150 万人次，探索了穷省办大教育的终身教育模式。

2022 年 12 月，贵州省政府办公厅印发了《贵州开放大学综合改革方案》，对办好贵州开放大学，加快构建贵州省全民终身学习体系提出了新要求。学校通过“四步走”

战略，实现全省办学体系全面重塑，在助力贵州省人均受教育年限和高等教育毛入学率“双达标”中贡献“开大力量”。一是以更名挂牌促聚合。以《贵州开放大学综合改革方案》为指导，推动各市（州）政府出台同级开放大学综改方案，加快分校更名挂牌进程，共同推进目标考核、职称评定、经费支持、绩效分配等落实落地。二是以资源整合促聚变。协同各市（州）分校，积极寻求当地党委政府和教育行政主管部门支持，将县级开放教育学院布点与当地中职学校整合，推动当地政府将开放教育、社区教育、老年开放教育办学职能进一步整合到县级开放教育学院，推动实现功能多元、效应倍增。三是以目标考核促聚焦。贵州省教育厅制定《贵州开放大学体系年度考核实施办法（试行）》，明确全省开放大学办学体系高质量年度考核由贵州开放大学具体实施，充分发挥高质量考核助推市（州）开放大学改革发展的“指挥棒”作用。四是以职称评聘促聚能。协调省人社厅、省教育厅等部门，将全省开放大学办学体系教师职称评审纳入省校自主评定，让职称评审发挥出引导体系教师素质能力“双提升”效应。

通过综合改革，全省开放大学系统办学属性更加明确，新型高等学校内涵更加清晰，办学体系更加完善，系统职工精神面貌为之一振。近三年来，全省开放教育年均招生保持在 2 万人以上，其中 2022 年突破 2.8 万人，目前全省开放大学体系拥有在籍生近 8 万人，接下来，学校将继续加大工作力度，确立了每年新增 1 万人的招生目标，力争在 2025 年达到 10 万人，继续为贵州省高等教育毛入学率的提升做出积极贡献。

谋大事，内涵建设展现应尽之能

贵州开放大学近年来逐年加大教学投入，持续加强教育教学改革，成为贵州省“三教”改革示范校立项建设单位。在 2022 年度国家开放大学网上教学检查中，学校五项关键网检数据指标均大幅超出全国平均值，位居全国开放大学系统前列。

一是推进教师改革。进一步完善教师收入分配制度，实施职称评聘积分制，激活一池春水。推荐优秀教师荣获全国开放大学系统一等奖 4 项，二、三等奖 10 余项，优秀奖、教学组织奖 10 余项；14 名教师分别获国家开放大学优秀教师、优秀学生工作者、优秀班主任称号。目前学校拥有“全国优秀教师”、全国五一劳动奖章获得者、黄炎培职业教育奖杰出教师奖获得者、省政府特殊津贴获得者、贵州省千层次人才等优秀教师。二是推进教材改革。成立教材建设委员会，制定教材管理办法，稳步推进教材建设。“十四五”期间，2 本教材入选国家“十四五”规划教材，4 本教材入选贵州省“十四五”规划教材，1 本教材获省级规划立项建设；主编的全省通用地方特色教材《贵州省情》，截至 2022 年 8 月共印刷 6 版次、发行 71 万余本。建有贵州终身教育资源库服务平台，共建成数字化资源16000余个，各类数字教学资源获得国家级和省级奖13项。三是推进教法改革。第一，建模式。构建“12334”人才培养新模式，打造“1434”质量保证体系，探索“三融四做双聚合”教学与管理运行新机制。第二，强统筹。出台《开放教育创优提质实施方案》，配套建设经费183.5万元，确立58个建设项目。第三，重科研。建成“贵州省高等学校人文社会科学研究基地”，与属地政府共建博士专家工作站，组建十大研究中心。第四，强实践。各办学单位与校外单位合作建设118个实践教学基地，其中与贵州民航集团合作投资2.18亿元共建的贵州民航产教融合开放实训基地，被列入贵州省重大工程和重点民生项目库，航空学院获批成为首批3个省级产业学院之一。近三年，学校获省级及以上教学成果奖3项；参加国家开放大学组织的教学比赛获各级奖项27项；获贵州省科技进步三等奖1项，省教育科学研究优秀成果奖4项，贵州高校人文社会科学研究优秀成果奖4项，7项智库建设成果获省政协立案及相关部门采纳。

顾大局，乡村振兴发挥应有之力

2004年以来，依托“一村一名大学生计划”，贵州开放大学开设涉农专业11个；为发挥“互联网+”及体系办学优势，2022年以来，贵州开放大学会同全省开放大学系统办学单位全面参与全省乡村干部学历能力提升工程，拟用3年时间对1.5万余名现任村党组织书记、村级后备力量等开展学历能力提升，助力建强农村基层组织带头人队伍。

除了人才培养之外，学校在近五年还累计投入资金1000余万元，打好党建、教育、产业、技艺、组织保障等组合拳。2019年、2020年连续两年在省直单位定点扶贫工作考核中获得“好”等次。2018年至今，4个集体和4名个人受到中共贵州省委、省人民政府表彰。

知大任，服务基层贡献应作之为

《高等教育法》中明确规定高等学校应以人才培养为中心，同时开展教学、科学研究和社会服务等多项活动。在社会服务方面，贵州开放大学以社区教育为抓手，不断满足易地搬迁人员、进城务工人员等群体的教育需求。

贵州有1800多万乡村人口，占比在全国居前列。据统计，“十三五”时期，贵州共实施易地扶贫搬迁192万人，是全国易地扶贫搬迁规模最大、人数最多的省份。2022年底，为了提升搬迁安置点教育质量和水平，省生态移民局会同相关单位在9个市（州）

“贵州老年开放大学学习平台”上线发布

分别选择了 9 个安置点，开展社区教育辅导试点工作。贵州开放大学作为贵州省社区教育指导中心设置单位，构筑起 9 个市（州）社区教育指导中心、35 家社区教育试点单位、58 个社区教育示范基地的“便民学习圈”，提高了易地扶贫搬迁人员的学历和技能，在促进易地扶贫搬迁人口稳定就业方面发挥了积极作用。接下来，贵州开放大学还将每年新增 50 个乡镇（社区）教学点，将“便民学习圈”越做越大。

贵州开放大学坚持“开放多元，有教无类”办学理念，率先成为全省“终身教育‘学分银行’建设”省级试点单位，用好覆盖全省的贵州省全民终身学习公共服务平台、“乐之学习网”平台以及与贵州广电传媒集团联合打造的老年教育电视专区，以各市（州）分校更名并加挂社区大学、老年开放大学为抓手，营造“人人皆学、处处能学、时时可学”的学习型社会氛围。

新时代承担新使命，新时代呼唤新担当，新时代需要新作为。贵州开放大学立足新发展阶段，贯彻新发展理念，构建新发展格局，将以提升人均受教育年限、提高高等教育普及水平为主攻方向，以提高教学育人质量、夯实办学基础为主要抓手，办好老百姓身边满意的大学，为建设全民终身学习的学习型社会、学习型大国作出新的更大贡献。

“强师工程”产生头雁效应 贵州教育高质量发展“加速跑”

近年来，贵州省大力推进“强师工程”，着力加强教学名师、名校长、名班主任和骨干教师的培养，充分发挥他们在学校管理、教育教学改革中的示范带动和辐射作用，通过“强师工程”产生头雁效应，促进更多教师成长，锻造了一支传承师道、坚守奉献，率先垂范、以身作则，严慈相济、因材施教的教师队伍。

2022 年，省属高校、厅属院校引进博士等人才 350 余人，19 名专家入选国家工业和信息化部专家评审库。积极推进少数民族高层次骨干人才培养工作。深入推进师资队伍建设保障提升工程。招聘特岗教师 7365 名充实到农村学校教师队伍。选派 1600 名骨干教师、500 名退休优秀教师到农村薄弱学校支教讲学。14 个县整县推进开展教师培训，培训中小学教师 14 万余人。组织全省 41 万中小学教师开展能力素质测试。加强名师名校长队伍建设，2 人入选国家高层次人才特色支持计划（“万人计划”）——全国教学名师，14 名乡村教师入选教育部“乡村优秀青年教师培养奖励计划”，5 名校长、5 名教师入选教育部“新时代中小学名师名校长培养计划”。

完善培养机制为教师成长成才护航

从脱产进修到参加在职教育提升学历，金沙县沙土镇官田初级中学教师张巧凭借严谨务实的学习态度和一丝不苟的工作作风，最终实现自身综合素质的提高，从一名小学“全科”教师蜕变为初中英语正高级教师，并获得了贵州省骨干教师、贵州省教学名师、贵州省五一劳动奖章、贵州省最美乡村教师等荣誉。

“只有充分把教学实践与课题研究有机结合起来，才能实现真正意义上的教师专业成长。”作为英语教研组组长，张巧始终把青年教师的成长放在教研工作的首位，通过结对帮扶、专业引领等方式，培养辅导教师 7 人，其中 4 人晋升副高级职称。

2016 年，“贵州省初中英语张巧乡村名师工作室”成立，张巧紧紧围绕农村初中英语教师专业发展这一主线，通过阅读、观摩课、示范课、专题讲座等形式，为教师的成长提供了更广阔的空间，促进了青年教师的快速成长。据悉，该工作室吸收培养学员百余人，培养县级骨干 15 名、市级骨干 10 名、省级骨干 1 人，15 人晋升副高级职称。

高素质教师是教育高质量发展的中坚力量。贵州省不断健全名师名校长遴选、培养、管理、使用一体化的培养体系和管理机制，搭建教师培训与学历教育衔接的“立交桥”，营造教育家脱颖而出的环境，为全面落实立德树人根本任务、推动教育高质量发展提供有力支撑。

教学相长，凸显辐射带动作用

“我觉得每一个孩子都是一粒种子，是种子就会发芽、会开花、会结果。”从教 10 多年来，赤水市第一小学（以下简称“赤水一小”）教师袁晓敏坚持用爱用心呵护每一个学生，被评为遵义市骨干教师、遵义市名班主任。“记得我刚进入赤水一小工作的那一年，新的环境、新的学生，让我有些手足无措，整整用了两个星期才把工作捋顺。”袁晓敏的成长离不开遵义市名班主任工作室主持人陈容的帮助与指导。

赤水一小教师陈容是贵州省中小学“黔灵名师”中的一员，她扎根教学一线 30 多年，具备丰富的教育教学经验。她多次执教市级、县级示范课，并与毗邻的习水县土城

镇中心小学开展对标活动，积极开展送教到校。该校的青年教师在她的耐心帮助下，业务能力有了较大提高。近年来，陈容依托名班主任工作室这一平台，围绕“打造一支一流的班主任团队”目标，积极探索新时代班级管理，培养了一大批年轻的优秀班主任，不少人已成长为省级、市级的教学名师、骨干教师等。

培育名师名校长，最终目的是通过充分发挥其“头雁领航”作用，带动和促进更多教师的专业成长。为搭建教师队伍人才成长平台，贵州省创建教学名师工作室，依托工作室建立进修、跟岗研修等工作制度，通过课题研究、团队合作、实践锻炼、人才交流、导师制度、定向培养等途径，培养、扶持了一批教学骨干和教学领军人才。

高效成长平台推动教育高质量发展

2021 年 8 月底，印江土家族苗族自治县启动全省首批“强师工程”试点县建设，并以此为契机，汇聚 12 名国家级优秀教师、省级骨干教师、名校长、名班主任、名教师等人才，组成“强师工程”专家指导组，建强领军团队，推动教师队伍建设。

“教育高质量发展，需要大批思想素质、业务素质较强的教师，我现在做的就是在优秀教师中，选出‘种子教师’，并按‘阶梯式’校级、县级、市级骨干教师培养，发挥其辐射作用……”该专家指导组成员、省级骨干教师、铜仁市名师工作室主持人谭恩婵说。

2022 年 8 月 9 日，在贵州师范学院助力贞丰县“强师工程”名优培育计划启动仪式上，13 名贵州省名师名校长代表受聘为贞丰县“强师工程”指导专家，并签订了名优计划培育结伴协议。

“名优培育计划是推进贞丰县名优教师校长队伍，助力贞丰县基础教育高质量发展一项举措。”贵州师范学院“贵州省名师名校长发展研究中心”主任、“名师名校长培养管理办公室”主任谢笠说，这一计划将充分发挥贵州师范学院资源优势和省级名师名校长资源优势，通过省级名师名校长工作室主持人与贞丰县名师名校长工作室主持人进行精准结对，形成“1+1+N”模式，助力贞丰县名师名校长队伍培养和学校教育提质增效，推进该县“强师工程”省级试点工作。

理论学习、专家引领、凝练思想、双导师指导、跟岗学习、返岗实践、改进提升……该中心通过一系列的培训学习，助力名师名校长的成长。

守师德初心　绽师风之美

——六盘水市以“八强”为抓手　力促师德师风建设

秋风送爽，丹桂飘香。阳光温柔而恬静，微风和煦而轻柔，白云飘逸而多情，田野金黄而飘香……凉都六盘水的初秋金风送爽，令人陶醉。巍巍乌蒙山下，潺潺流淌着六盘水市“三线人”的教育情怀。

“动人以言者，其感不深；动人以行者，其应必速。”师德师风建设质量，直接影响教师队伍整体素质，关乎培养什么人、怎样培养人、为谁培养人这个教育根本问题，关乎立德树人根本任务的落实，以及培养社会主义建设者和接班人的教育使命和职责。近些年来，六盘水市教育局以“愚公移山”精神正视问题，以“壮士断腕”的决心出实招，旗帜鲜明地在该市范围内开展师德师风专项教育，不断推进六盘水市教育教学水平迈上新台阶。

“强”学习，筑防线

荀子言“君子博学而日参醒乎己”，学习近平新时代中国特色社会主义理论、学马

六盘水市职业技术学校举行 2022 年教师师德师风考试

六枝特区岩脚镇开展师德师风警示教育大会

列专著，学《民法典》，学《教师法》，学有助于传道授业、修身养性的正确理论，内化于心、外化于行，做学生品行端正的导师，用教师的人格魅力感染学生。这是六盘水市教育局对该市六万余名教师一以贯之的殷切期待和严格要求，六盘水市各地各校狠抓理论学习，用理论指导教学实践，利用党委会、职工会议等定期学习和研究师德师风工作，公办民办学校每周利用教职工会议学习，每学期开学前一周和学期末最后一周组织集中学习和研讨，校外培训机构或其他机构每月定期开展集中学习。每学期培训不少于10个学时，做好学习简报、台账登记工作。

2022年，该市教育局领导班子高瞻远瞩，精准定位该市教育高质量发展，将师德师风建设放在首位，要求各地各校开展各项工作必须在师德师风的“聚光灯”下进行。“以铜为镜，可以正衣冠”，以师德师风为标杆可以指导教育教学更好、更快发展。

“强”调研，把准脉

没有调查就没有发言权，调查研究是谋事之基、成事之道，没有调查研究就没有决策权，只有“沉”得下去，情况才“摸”得上来。

六盘水市教育局严格要求各地各校组织相关人员开展“师德师风大调研”，深入基层一线，俯下身子接“地气”，与群众“亲密接触”，撤掉“过滤网”、打捞“干硬货”、撕去“外包装”、移开“摄像头”，切实了解学校师德师风建设情况、工作亮点及存在问题，听真话、找问题、做决策。同时，加大与同级纪检监察部门、公安部门、检察院、法院联动，摸查该区域内教师酒驾醉驾、赌博、校外兼课取酬及其他违反规定的行为，形成定期调研报告。

“强”查摆，找问题

聚焦“四风”、增强“四个意识”、坚定“四个自信”、衷心拥护“两个确立”、忠诚践行“两个维护”，是党的十八大以来坚持和加强党的全面领导的根本要求，是我们党不断成功的根本政治优势和根本政治保证。找问题，找差距，剖原因，出措施，列出时间表，找准路径和责任人，着力解决各地各校在师德师风建设中弱化、虚化、淡化等问题，顺势而为，真正推动师德师风全面性、系统性、整体性改变和跃升，为教育环境营造风清气正的美好生态。

“强”整治，抓源头

六盘水市教育局始终笃定办好“人民满意的教育”，坚决维护和打击师德师风失范行为，要求各地各校开展“大整治”活动，坚持对失德失范行为“零容忍”，依法、依规、依纪逐一核实处理，对于能够立即查处的，果断采取处置措施；对于需要一定周期分阶段查处的，要制定详细的工作计划和查处任务，对于涉嫌违纪违法的，及时移交纪检监察机关、司法机关或有关机构处理，在规定时间内处理完毕，形成常态化管理。

“强”宣传，树典型

“三人行，必有我师焉。择其善者而从之，其不善者而改之。”树立先进典型，激发广大教育工作者的教育热情；公示负面典型，时刻警醒教育者不能踩红线、越雷池。六盘水市教育局一方面要求各地各校积极开展先进典型宣传和警示教育活动，正向典型宣传立标杆；另一方面台账式做好负面典型宣传警示工作，要求各市（特区、区）教育局每个季度开展一次专项整治，每个学期开展一次警示教育活动，警醒教师，努力提升素质，做一名合格的人民教师。每月定期开展优秀教师宣传活动，通过选树典型，提升教师社会荣誉感、获得感。

“强”展示，造氛围

六盘水市一直有崇文重教的优良传统，清代道光年间建成的“岱山书院”，使“郎岱学者日盛，风俗为之一变”；同时期出现的“水城三美”（桂天相的字、单辅国的画、李天柱的诗），反映了当时的水城人文鼎盛。“三线”建设时期，名校师生一边搞教学、一边搞建设，在极为艰难的情况下，推动学校建设和人才培养齐头并进，对该市教育发展作出了卓越贡献。

该市教育局充分利用六盘水市特有的三线文化资源，重点依托三线博物馆、青少年实践活动基地、优质学校等建设 5 个市级师德教育示范基地和 18 个市级师德师风建设示范校，面向该市所有教师评选 34 个“凉都师德标兵”，开展先进事迹宣讲、师德师风专题演讲等活动，营造尊师重教氛围。

“强”机制，促发展

体制若不完善，民生必将遭受损失。完善的体制机制，关乎国家的兴衰荣辱。为此，该市教育局紧紧把师德师风建设工作关进制度的笼子，坚持把师德作为教师素质评价的第一标准，建立师德师风建设长效机制，将师德师风评价结果纳入教师个人业绩档案，在教师资格定期注册、职称评聘、岗位晋升、岗位续聘、推先评优、干部选拔等工作中坚持师德失范一票否决。不断健全监督管理机制，市、县、乡三级教育行政部门和各学校要在媒体、网站、学校公示栏公布师德师风投诉举报电话和信箱，主动接受社会监督；落实师德师风承诺制度，每学期开学前与教师签订师德师风承诺书，严格执行承诺事项；实施教师失德查处强制报告制度，各地各校查处的教师失德失范情况逐级上报，处理结束后 5 个工作日内以台账形式上报（含处理结果报告）。

“强”督查，回头看

制度的生命力在于执行。习近平总书记强调一种制度好不好，有没有优越性，不只是看它设计得是否完美，而是看它在推动发展、改善民生、维护秩序、促进和谐等方面发挥的作用如何。制度执行越有力，治理能力越有效，就越能彰显制度的优越性，发挥出制度的根本保障作用。

六盘水市教育局不断完善督查机制，将“回头看”形成常态化工作并落实到位，实行师德教育和监督检查机制，针对群众反映强烈、师德师风问题多发的地方，教育督导部门依据管理权限开展专项督导，对中小学在职教师有偿补课、在校外培训机构兼职兼薪、诱导学生到校外补课和其他违反师德师风等行为，以铁的师德师风“零容忍”纪律，坚决做到查实一起、通报一起、处理一起。

清代道光年间，四川游学士子陈琮在水城古镇观音阁举办义学近 30 年，豪迈地写下了“寒毡坐破春风暖，敢把煤乡作砚田”的壮丽诗句，道尽了艰苦条件下办学的坚守、乐观和豪情壮志。抚今追昔，六盘水市教育局不忘初心，砥砺前行，始终秉持教育报国守初心、立德树人担使命的情怀，为民办教育鼓足办好人民满意教育的斗志，把教育高质量发展的奋进之笔书写在凉都大地，续写新时代六盘水市教育改革发展新的壮丽篇章！

聚力“第一资源”　点亮教育品牌

——黔南布依族苗族自治州“强师工程”打造高素质专业化创新型教师队伍

教育是国之大计、党之大计，教师是立教之本、兴教之源。近年来，黔南布依族苗族自治州（以下简称“黔南州”）以“强师工程”为抓手，聚焦立德树人、专业发展、骨干培养、体系建设等方面，着力打造高素质专业化创新型中小学教师队伍，为黔南州教育高质量发展提供坚强人才支撑。

高位推动，健全教师发展新体系

中共黔南州委、州人民政府高度重视教育工作，把教育作为最大的民生实事来抓，2019 年以来，州委主要领导连续 5 年专门召开会议研究部署教育工作，州委常委会、州委深改会、州政府常务会等多次专题听取教育工作情况汇报，对教师队伍建设提出明确要求。2022 年 3 月，州委主要领导在州教育局专报件上批示，要将教师队伍建设作为主要领导挂帅出征的工作来推进落实。为推动“强师工程”落地见效，黔南州制定出台《关于实施“强师工程”打造高素质专业化创新型中小学教师队伍的工作方案》，成立以州委教育工委书记为组长，州政府分管副州长和州教育局局长为副组长，组织、编办、教育、人社、财政等单位负责同志为成员的“强师工程”领导小组，所辖 12 县（市）均成立以县（市）党委书记、县（市）长为双组长的领导小组，并制定具体实施方案，把“强师工程”作为“一把手工程”抓好落实。

师德为先，打造教育环境新风气

在扎实推进“强师工程”的过程中，黔南州坚持以师德为第一标准，把师德师风建设贯穿教师发展和管理全过程，突出党建引领，铸师魂、锻师风，在全州教育系统广泛开展筑牢“红色堡垒”、优塑“红烛先锋”、培育“红心少年”的“三红工程”，锻造师德好、师风正、师能强的教师队伍。2021 年以来，该自治州评选“红烛先锋”先进人物 61 名。扎实开展专项整治工作，印发《黔南州师德师风建设专项行动实施方案》《关于开展拒绝有偿补课公开承诺活动的通知》《黔南州教育系统酒驾醉驾问题专项整治工作方案》等系列文件，大力整治有偿补课、酒驾醉驾等师德师风突出问题，该自治州教师思想政治素质和职业道德水平得到有效提升。

进阶培养，构建教师成长新模式

为进一步加强骨干教师队伍建设，搭建教师成长平台，黔南州制定《黔南州中小学幼儿园教师发展进阶式激励评价办法》，构建起具有黔南特色的“教坛新秀—骨干教师—学科带头人—名师（名校长、名班主任）—特（高）级教师”五级进阶式教师培养体系，形成州、县、校分级负责，协同推进的中小学教师人才培养机制，形成可持续的教师专业发展支持体系。

校长是一个学校的灵魂。黔南州瞄准校长这个“关键少数”，在校长培养方面不断创新，积极作为，研究制定《黔南州关于进一步深化中小学校长选育管用改革的实施意见》，健全完善校长管理培养机制，切实提升校长办学治校能力。2020 年以来先后实施了 3 期初、高中和小学“领航校长”培养项目，通过系统化培养培训，培养了一批辐射带领黔南基础教育改革和教育品质提升的中坚力量。同时，连续 4 年先后在上海市、杭州市、成都市、重庆市、长沙市、深圳市等地举办中小学优秀校长高级研修培训，连续 4 年实施中学校长赴穗跟岗挂职交流项目，覆盖中小学校长 700 余人次，通过有针对性的培养培训，使校长成为懂业务的“高手”、推动发展的“能手”和干事创业的“好

都匀市“强师工程”幼儿园新教师教学基本功训后展示竞赛（绘画作品展）

黔南民族师范学院 U-G-S 协同育人实践教育基地授牌

手”，有力助推黔南州教育高质量发展。

全员培训，增强教师育人新本领

工欲善其事，必先利其器。为全面提升教师专业素养，黔南州切实加强教师培训整体规划与资源建设，优化教师培训体制机制，制定出台《黔南州“十四五”中小学幼儿园教师全员培训规划》，通过构建一个平台、两级中心、三级体系、四类模块、五级梯队的全员培训体系，推动该州教师培训工作形成整体规划、分级管理、分类实施、分层推进的格局。聚焦培训黄金时段，开展教师假期“大充电”，根据“原则上学校寒暑假要有一半以上时间用来开展教师学习培训”要求，督促指导各地各校扎实开展假期教师全员培训工作。2022 年以来，黔南州组织中小学幼儿园教师参加各级各类培训 23 万余人次，教师队伍能力素质得到有效提升。

教研是教学的生命线。黔南州高度重视教研工作，完善教科研体系，州级组建 2 个高中、1 个初中教科研服务中心，通过“揭榜挂帅”方式由县校自主申报 22 个学科组，聘任 110 名兼职教研员，县（市）组建初中、小学教科研服务中心，构建起上下联动、高效运行的教研工作机制。深入开展中小学“学思行悟”课堂教学改革，推动教师加强

黔南州“学思行悟”教学研修活动

课堂教学研究，提高课堂教学效益。积极搭建中小学教师研讨交流竞技平台，实施系统“大练兵”，树立“以赛促教、以赛促学、以赛促研”理念，提升教师专业素养。每两年举办一次中小学教师技能大赛，每年举办一次中高考命题大赛、一次职业院校师生技能大赛。2020 年以来，先后举办 2 届中小学教师技能大赛，基本覆盖中小学语文、数学等 37 个学科，参赛教师累计 10 万余人次；先后举办 3 届高中教师命题大赛和 2 届初中教师命题大赛，累计评选各学科优秀试题 1000 余套，通过教师命题大赛引导教师领会、贯彻新课标，加强课程实施质量评价研究，有效促进教师专业发展。

“源头活水”润杏坛

——都匀市做好“县管校聘”四篇文章

“县管校聘”的核心就是“促进教师流动，激活教师活力，推动学校均衡”。都匀市在认真梳理分析原有管理体系机制的基础上，以人为本、以问题为导向，探索推进中小学教师“县管校聘”管理改革，通过教育、人社、编办等多部门通力协作，努力破解教师流动的体制机制障碍，强化教师资源统筹，优化配置，为教育改革的顺利推进提供保障，为实现教育均衡发展奠定基础。

做好“改革”文章　破除编制“紧箍咒”

实行“县管校聘”改革和“一年一调整”编制动态管理，按照“编随事走、人随编走”，推动教师合理流动和均衡配置。人员编制动态管理改革实行市级实施的工作机制，教育、编制、人社、财政等有关部门协调联动，相互配合，统筹推进。

落实城乡统一的中小学教职工编制标准，在核定编制总量内，优化编制结构。简化教师交流调配人事手续，在不突破现有在编人员总量及岗位结构比例的前提下，市委机

都匀市“强师工程”启动会

构编制委员会办公室、市人力资源和社会保障局不再进行该市中小学校用编及在编教师的人事调动审批，由该市教育局根据教育事业发展规划、生源变化和学校布局等情况每年核定、调整1次教师编制，并负责组织实施教师交流调配工作。

2019年以来，该市共计规范调整教师1364人，破解了流动教师“不好管、管不好”的人事管理难题，真正实现“编随事走、人随编走”的编制动态管理。

做好“选人”文章　破除校长“终身制”

按照“先校长，后教师；先人后事，‘放管服’并重”思路，推行校长职级制改革，实行“四类职级”动态管理，破除校长“官衔制”和“终身制”。

组建校长选聘委员会，对拟选聘校长的专业水平、办学业绩、教师认可、同行评价等进行综合评定，通过推荐考察、竞争上岗等方式进行选聘，由该市教育行政部门聘任和管理，纪检、人社等部门对竞聘人员资格、专家评委组成、选聘程序公平性等进行全程监督，有效推动校长由传统的“委任制”向职业化、专业化“选聘制”转变。

赋予学校和校长更多自主办学权利，扩大校长用人权、办事权、理财权，充分激活校长的办学热情，努力培养一支政治过硬、品德高尚、业务精湛、治校有方的高素质、专业化校长队伍。

2016年，都匀市启动实施中小学人事制度改革工作，中共都匀市委、市人民政府高度重视，将深化全市中小学人事制度改革工作列入该市深化改革的重要内容，多次研究、协调改革工作中存在的问题。同年9月，全面实施了全市校长职级制选聘工作，通过个人申报、资格审查、竞聘演讲等工作程序，共择优选聘校（园）长43名。2020年10月，开展了9个职位的中小学校长、教学副校长全国公开选调工作，让一批具有先进办学思想和理念的专家型人才进入都匀市。2021年3月，实施第二轮校长职级制竞（续）聘工作，共选聘校（园）长70人，深入推进校长职级制，进一步加强中小学校长队伍建设。

做好“相适”文章　破除教师“铁饭碗”

探索全员聘任和末位轮岗制度，将教师由“单位人”转变为“集团人”和“系统人”，打通学校之间、学段之间教师流动的壁垒，推动教师人岗相适和正常流转。

根据教育发展规划、人口生源变化、学校布局和学校现有学生人数、班级数等情况，核定学校可聘任教职工数。各校按照开齐课程、开足课时的要求，在编制数限额内，合理设置岗位，拟写学校岗位设定方案，拟定岗位说明书，制定管理岗位人员职

都匀市中小学校长培训

都匀市语文名师工作室送教下乡

责、教学岗位人员职责、教学辅助岗位人员职责等，促使选岗、聘岗教职工熟知岗位，达到岗责统一。

同时，完善《都匀市中小学教师退出教学岗位暂行办法》，对不能竞聘上岗、考核不合格、不能坚持教学岗位工作或师德师风存在问题的教师，实施“召回”制度。2021年以来，共对57名教师开展“回炉再造”培训。

做好“激活”文章　化解考评“一刀切”

保障教师与公务员基础绩效奖同等待遇，保障义务教育教师平均工资高于公务员平均工资，实行教师奖励性绩效工资差别化和校长职级制津贴等级化考核，激发都匀市教育活力。

建立健全中小学教师工资随公务员待遇调整的联动机制，切实保障中小学教师平均工资收入水平不低于或高于本市公务员平均工资收入水平。经调查对比，都匀市2022年度义务教育教师年人均工资收入高于公务员年人均工资收入11177.12元。

用活奖励性绩效工资，出台《都匀市教育系统奖励性绩效工资考核方案》，建立党组织书记、副书记、校长（一肩挑）奖励性绩效工资，设立班主任津贴、团队干部津贴、学校其他领导干部等津贴。激发和调动该市教职工积极性，坚持多劳多得、优绩优酬的原则，充分体现年度综合考核的作用，整体提升义务教育学校水平。

实行校长职级津贴制度。实行校长职级制后，校长原工资津贴收入不变，新设与校长职级挂钩的职级津贴。设置特级、一级、二级、三级校长职级津贴分别为基础工资和基础性绩效工资总和的50%、40%、30%、20%，充分激发了校长干事创业、创先争优的热情。

下一步，都匀市将按照“组织引领、部门合力、政策支撑、经费支持、制度保障、督评推动”的工作思路，举全市之力持续推动“县管校聘”向纵深发展，筑牢全市教育水平整体提升的人才基础，努力写好教育高质量发展的奋进之章。

立师德　正师风　铸师魂　启新篇
——兴义市延安路小学师德师风建设见实效

“我是一名光荣的人民教师，我庄严宣誓：忠诚党的教育事业，贯彻党的教育方针，履行教师神圣职责……”这是兴义市延安路小学在全校教师开学典礼及作风集中整治反馈会上，教师们重温“教师誓词”的感人一幕。

近年来，兴义市延安路小学始终以办好人民满意的教育为宗旨，坚持“文化铸魂，书香致远”的教育理念，抓实抓好师德师风建设，以高尚的师风、良好的校风、积极的学风促进学校各项工作全面、健康、高质量发展，走出了一条颇有特色又独具魅力的发展之路，受到家长与学生的高度认可和社会各界的广泛赞誉。

学习提升　铸牢师德根基

为确保该校教师思想过硬、政治过硬、业务过硬、师德过硬，延安路小学以学习为抓手，以制度为保障，以提升师德修养为目标，多渠道、多形式组织开展政治业务学习，让每一位教师在“学习—反思—总结”的过程中不断实现自我挑战、自我超越、自我升华。

学习不拘于形式，职工例会、支部会议、教研组会议、年级组会议，都是学习的好时机。该校领导班子主动学、带头学、示范学，很多教师从最初的被动学习转变为后来的主动学习，大家在相互学习、彼此欣赏中学得实、悟得透。

“自从2015年调入延安路小学以来，我校行政引领示范，教师同事敬业奉献，我是亲历者，更是受益者。作为一名普通教师，我要向优秀看齐，向先进靠拢，钻研业务知识，提升道德素养，做到政治业务两过硬，以教育情怀培育人，以赤诚之心影响人，以高尚师德塑造人，培养更多明礼、诚信、自尊、自爱、自信的好学子，在成就学生的同时成就自我。”该校语文学科带头人、市级骨干教师吴永会如是说。

除了学习形式的多样性，学习内容的多元化也让教师们乐于接受。该校教师认真学习习近平总书记关于教育及教师的重要论述、讲话和指示精神，更加坚定“为国育才、为党育人”的使命；学习《新时期教师的师德情怀》《贵州省中小学教师违反职业道德行为处理办法实施细则（试行）》等国家政策及地方教育法规，提升师德修养，严守师德底线，强化廉洁自律，严守工作纪律，争做“四有、三者”好教师；学习最高人民检察院“一号检察建议”，规范教师执教行为，保护学生，保护自我。

扎实的学习让教师们受益匪浅，思想的升华汇成了奋斗动力的源泉。正如延安路小学党支部书记、校长吴爱萍所言：“作为新时代的人民教师，要时时刻刻不忘初心、牢记使命，做有理想信念、有道德情操、有扎实学识、有仁爱之心的好教师，做好学生的引路人，在奋斗与付出中实现人生价值，绽放最美的芳华。”

教育警示　守好师德底线

谈及师德师风，该校党支部副书记、副校长邓家英深有体会。她表示：“德为师之本，师以德为先，教师职业的特殊性，注定了教师在工作、学习、生活中要严格要求自己，时刻注意自己的言行，树立良好的教师形象。”

矩不正，不可为方；规不正，不可为圆。为让学校教师严守师德底线，规范从教行为，该校以《中小学教育惩戒规则（试行）》《新时代中小学教师职业行为十项准则》《新时代幼儿园教师职业行为十项准则》《教育部公开曝光第八批八起违反教师职业行为十项准则典型案例》为学习契机，通过制定《延安路小学教师师德负面清单》、签订《兴义市教育系统干部职工廉政勤政承诺书》、开展干部职工工作作风集中整治活动等形式，针对不良现象及时开展自查、自纠，深入剖析具体案例，发挥典型案例警示、震慑、教育作用，让教师们引以为戒，从中受警醒、知敬畏、明底线，时刻绷紧思想之弦，守好师德之线。

同时，为确保警示教育的真实性和有效性，该校还多次邀请正高级教师、课改专家、黄草中心校原校长任保平作专项培训，从思想、业务、道德、行为等方面阐述新时期“大先生”的标准和要求，让教师们深刻领悟教书必先育人的道理，努力做有信念、有学识、有道德、有仁爱的新时期“大先生”。

党建引领　弘扬师德新风

为强化师德师风建设，学校以党建工作为引领，准确把握新时代学校思想政治工作精神要求，用习近平新时代中国特色社会主义思想武装头脑，以社会主义核心价值观教育为根本，以“最美教师、优秀教师、优秀党员”等系列化评选为抓手，开展“加强师德师风，争做人民满意教师”主题活动和“不忘初心、牢记使命”主题教育，强师德、树形象，积极营造人人争做“四有”好老师的良好氛围，构建学生、家长、教师、学校和社会“五位一体”的师德建设监督网络，着力完善“教育+制度+监督”的师德师风建设长效机制。

该校始终坚持抓师德、正师风，营造了教师素质提升和专业成长的好环境，培养了一批批有学识、有能力、有品行的好老师。2022 年 5 月，在全省小学语文优质课评比活动中，该校年轻教师陈沙沙经过街道办级、实验区级、市级、州级的激烈角逐，最终走上了省级决赛，荣获综合成绩二等奖。无独有偶，在 6 月举行的全省“小学英语绘本”优质课竞赛中，该校周健敏老师凭借骄人的实力一路过关斩将，终于斩获一等奖。

德艺双馨的老师成了学生身心健康成长的引路人和护航者，德育之花开始在校园绽放。2022 年 1 月 13 日下午，该校六年级刘媛和同学杨诗涵放学后经过三月桥时捡到一个钱包，她们发现钱包中有很多现金及证件，两人便在原地等待失主，过了一段时间无人来寻，两人便将钱包送到向阳路派出所，民警接到钱包后立刻联系失主领回钱包。后来，失主带着一面写着“雷锋精神，代代相传”的锦旗及两支钢笔来到学校，对两位学生拾金不昧的精神表示赞扬。刘媛腼腆的说，自己和同学只是做了一件很小的事情，以后还会继续把这样的精神发扬下去。

兴义市延安路小学以高尚师风、良好校风、积极学风树立了教育好形象，赢得了好口碑，高素质师资让学校进入了高质量发展的快车道。2022 年以来，学校已先后荣获黄草街道办“教育质量提升单位”、贵州省“公办强校计划”培育学校、贵州省“全国规范化家长学校实践活动实验区”家长学校示范校等称号，沉甸甸的荣誉背后，是无数教师辛勤的付出，这是一份荣耀，也是一种激励，更是一种鞭策。

有了无私奉献的教育情怀，有了敬业奉献的师资队伍，如今的兴义市延安路小学正以昂扬向上的斗志、干事创业的激情、意气风发的姿态，强师德、正师风、铸师魂、守初心，不断提升教育教学质量，努力谱写新时代学校教育改革发展的新篇章。

“四点”切入职教“双提升”
——贵州职业教育促进居民增收助力乡村振兴

我省突出职业教育在乡村振兴战略中“启智、强技”的基础性、先导性作用，创新实施职业技能学历“双提升”工程，提高人均受教育年限、赋能脱贫人口增收、助力乡村振兴。

找准落点，围绕居民增收抓规划。贵州省职业教育紧紧围绕《贵州省整体提升教育水平攻坚行动计划（2021—2030 年）》《贵州省居民增收三年行动方案（2022—2024 年）》，制定《职业技能学历双提升工程实施方案》，按照“两个统筹、分段培养”，即由市、县统筹对象摸排，区域中等职业学校统筹开展培训并将培训对象统一录入全省中等职业教育非全日制招生系统实施动态管理，按照文化知识培训、职业技能培训和实习分段制定培养方案，根据学员生产经营实际和农时季节特点，创新教学形式，灵活组织教学，严格毕业结业程序，按照通识文化课程和专业技能课程学时不低于 360 学时，其中面授（线下）不低于 120 学时、自学（线上）不低于 240 学时，实习环节课时不低于 200 学时的要求，实施 2—3 年制培养，落实“1+X”证书（即非全日制中职毕业证 +X 项技能等级合格证）。确保在 2025 年参加职业技能学历“双提升”培训人员达到 87 万人，切实提升农村未上学劳动力的学历水平、职业技能和农业生产经营能力，促进居民增收。

立足高点，突出精准实施聚合力。中共贵州省委、省人民政府高位统筹，全面构建

省教育厅一级巡视员鞠洪赴黔南布依族苗族自治州调研职业教育

以职业院校为主体，各相关部门和行业企业协同联动的职业技能学历“双提升”教育培训体系。组织教育、公安、民政等部门，以乡镇（街道）为单位，按照“一县一特、一镇一品、一村一业、一户一技”，对辖区内15—59岁未上过学的劳动力人员开展信息比对、摸排走访。依托职业院校对不同层次和需求的学员量身定制培养方案，广泛动员中小学教师、农业、林业技术人员和政府工作人员，通过新时代农民讲习所、乡镇中心学校、乡村夜校等平台，对学员进行读、写、算和常用信息化设备操作等教育培训，提高其融入现代社会生活的能力。统筹人力资源社会保障、农业农村、商务、乡村振兴等部门职业技能培训项目，挂牌技能学历“双提升”培育实践基地500余个，根据劳动者培训就业意愿和当地产业发展需求，实施技能培训。同时，对接本地行业企业，开展相应比例的订单培养。2022年全省共计开班6505个，职业技能学历“双提升”工程入学34.4万人。

破解难点，靶向产业特色建专业。以“学得会、用得上、好就业”为准绳，结合产业分布及需求，创新“11+4”职业技能学历“双提升”培训专业设置模式，紧密结合农村产业发展和生产生活需要，设置了种植（含园林）、设施农业、养殖、纺织服装、家用电器实用技术、农村经营管理、餐饮、计算机及应用技术、电子商务、刺绣和银饰加工、家政、环卫等11个固定专业，每个市州结合自身产业特色设置4个自选专业。建立起专业动态调整、人员定点编班、落实就近培训、实现本地就业的适应性培训体系，保障规范化的同时，充分考虑学员就业意愿和当地产业发展需求，提升技能培训的适配性。目前，已有8437人通过技能鉴定，取得职业技能证书。

夯实支点，聚焦工作实效强机制。强化“四统一抓”确保培训效果，提升培养质量。统一课程资料选编，通识文化课程资料统一由省教育厅选编并严格把关，专业技能课程资料由市（州）教育局统筹，结合地区实际情况，按照不超过15个课程资料的要求，设置特色技能课教材，并向省教育厅报备。统一教学平台搭建，建设贵州省职业技能学历“双提升”线上教学平台，丰富教学资源库建设，一体规划线上教学任务和学时，确保学习成效。统筹师资力量，建立职业技能学历“双提升”专家库，线上线下接受学员咨询，对授课教师开展授课前的全员培训，对主动到乡镇参与“双提升”教学和担任班主任的教师，按相应规定认定基层服务经历和班主任工作经历。统筹资金保障，规划好省级职业教育专项资金、人社技能培训专项资金、“双提升”工程专项补助资金，做好耗材购买、学员补贴、课时保障、人员排查等工作经费保障。抓实考核监督，将职业技能学历双提升工程开展情况、任务完成情况纳入市（州）教育高质量发展工作考核。会同省人民政府教育督导室，定期开展工作督查，选取重点市州，组织召开现场推进会，总结经验、分析问题、改进工作，确保职业技能学历“双提升”工作取得实效。

学历技能同步 特色培训为民

——六盘水市水城区“三四五”拓宽职业教育“共富路”

磅礴乌蒙之巅，秀美凉都腹地，六盘水市水城区职业教育“共富路”越走越宽。

2022 年全省职业技能学历“双提升”攻坚号角吹响之后，有着独特人文底蕴的水城教育人，着眼政治品格锤炼、立足履职奉献情怀、落脚担当作为，认真答好“人人提升、个个就业、家家致富”的职教答卷，“技能学历同步、特色培训为民、职业教育强区”的美丽画卷正徐徐展开。

立足“三个统一”，铺展技能学历同步“新画卷”

“各乡（镇、街道）党（工）委、政府是职业技能学历‘双提升’攻坚工程的责任主体，要营造好氛围，着力抓好‘为何教’的宣传工作，同时要着力解决‘谁来教、哪里教、教什么、怎么教’的问题。”2022 年 8 月 23 日，水城区职业技能学历“双提升”

学历技能“双提升”惠及基层群众

启动会议上，该区区委组织部部长、区委教育工委书记刘兴华的发言掷地有声。

科学谋“篇”布“局”，确保思想认识统一。根据启动会议精神，该区区委、区政府印发《六盘水市水城区现代职业教育扩容提质攻坚工程实施方案（2021—2030）》《六盘水市水城区职业技能学历双提升攻坚工程实施方案》，相继研究出台“双提升”工作联席机制、量化考核实施方案、学员成绩成效考核方案、“双提升”工作调度机制等制度方案，确保“双提升”工作上下同频、统一组织实施。

合理行“文”走“笔”，确保推进模式统一。分别成立区级、乡镇级工作专班，与各乡（镇、街道）签订年度目标责任书，明确工作职责和年度任务数。区级、乡镇级分别按照启动会议精神，按照“先易后难、突出重点、分类指导、整体推进”的原则，分段攻坚、稳扎稳打推进职业技能学历“双提升”攻坚工程。

规范遣“词”造“句”，确保工作标准统一。依据省级考核评估细则，该区“双提升”专班制定符合实际的辅导清单，指导各乡（镇、街道）、各教学点规范化开展工作，标准化收集过程性资料。同时，研究出台《六盘水市水城区职业技能学历“双提升”量化考核方案（试行）》，重点对“双提升”工作人员、各成员单位实施过程管理和科学评价，有效保障职业技能学历“双提升”工程标准统一、推进有序。

下足“四类功夫”，奏响特色培训为民“新乐章”

“李老师真是太有耐心了，他一遍又一遍地教我们读书，我已经认识一百多个字了。”

“你只会读书认字吗？我们黄老师，她还手把手地教我学会了写字。”

“在我们新业社区上课的张老师，她不光教这些，她还教我们使用智能手机。现在，我已经能在手机上学习服装生产技术了。”

…………

映着灿烂的晚霞，五六个中年妇女在新桥街道新桥社区广场上高兴地聊天。这样的场景，在水城区的村村寨寨，数不胜数……

该区杨梅乡卢军、新桥街道李国顺、陡箐镇肖梅等培训教师穿农衣、说乡音、交农友，从基本的识字教学开始，结合政策宣传和技能讲授，通过教与学、看与做、传与帮，与生为友、化邻为亲，拉近了干部与群众的距离。

下足高瞻远瞩功夫，处理好主观努力与客观实际的关系。针对培训对象“惰性思维突出、进取意识不强、培训意愿不清”等问题，水城区用好、用活辖区内学校、村委会的 LED 屏，滚动播放宣传标语，利用校园广播、“村村响”反复播放“双提升”培训政策，同时利用微信公众号、QQ 群、微信群、朋友圈等平台，大力宣传“双提升”攻坚工程的时代背景、目标要求、主要措施、方法步骤，做好开班前的氛围营造；组织乡镇职工、村居干部、教职员工带上“双提升”招生简章和《水城区职业技能学历双提升学员培训意向表》，“千名教师大走访、干部万次入农家”，打开了培训对象的“迷茫心结”，摸清培训对象的“培训意愿”，为“双提升”攻坚工程的有序开展奠定了坚实基础。

下足融会贯通功夫，处理好短期目标与长远发展的关系。针对培训对象文化水平偏低、专业技能掌握不足的现状，重点围绕乡村振兴战略，依据“双提升”专业设置调研报告，合理设置符合群众就业创业需求的“双提升”专业，制定人才培养方案，并结合特色产业布局和产业发展动态实际，高标准打造实习实训基地 48 个。因部分“双提升”学员接受新事物、适应新环境的能力较弱，各乡（镇、街道）及时派驻蹲点干部，组建帮学助学团队，与参训学员建好“连心桥”，打好“感情牌”，确保线上教学取得实效。这些举措既有效破解就业增收的燃眉之急，又在助力建设“幸福凉都·康养水城”中造福人民、惠及子孙。

下足倾情服务功夫，处理好局部试点与全面推进的关系。紧紧围绕“学员学历水平上再提高、意识观念上再转变、技能技术上再提升”，水城区结合 4 个年度培训目标，始终坚持先谋后动，始终坚持重心下沉，始终坚持试点先行，从培训意向摸排、教学点规划设置、课程计划制定、学员订单培养，到常规培训开展、送学送教、实训实习等方面，抓好试点探索和典型培育，恰当处理专项攻坚和全面推进的关系，持续巩固培训成果。该区发耳镇、化乐镇、野钟乡、龙场乡、顺场乡等双提升教育教学服务团队采取“送教 + 送培 + 榜样交流”“村组 + 农户 + 田间地头”“讲座 + 操作 + 流动授课”“文化 + 技术 + 政策法规”等措施，真正办好群众的急事、难事、关键事，筑牢师生共同提高的“鱼水情”，成为群众的贴心人，稳步推进“双提升”培训全覆盖。

下足刮骨疗毒功夫，处理好粗枝大叶与刨根问底的关系。结合省市专班的专项督查，自2022年10月起，水城区相继下发《关于开展职业技能学历双提升攻坚工程检查的通知》《关于做好迎接全省职业技能学历“双提升”攻坚贯彻交叉督查相关工作的通知》《关于开展职业技能学历“双提升”攻坚工程2023推进情况季度检查的通知》等文件，统筹该区农业农村局、公安局等成员单位组成检查组，对“双提升”攻坚工程推进情况进行专项检查。针对反馈意见，该区教育局始终牵头召开专题会议，坚持问题导向、举一反三深挖细查，原则问题坚决不放过，枝节问题不过多纠缠，从严、从细、从实整改落实。通过组织区级专项检查，下发限期整改通知书，配合省、市级督查和观摩汇报，约谈中心校长及“双提升”专干，组织调整“双提升”专干和培训教师等举措，突出“防微杜渐、布局谋篇”效益最大化，确保了“双提升”培训走深、走实。

破解“五类难题”，答好职业教育强区“新答卷”

“为了高起点、高质量推进‘双提升’工作，欢迎大家随时致电咨询，让我们真诚沟通、融洽交流，在完成工作任务的同时，增进友谊。”

“向野钟、都格、龙场等乡镇学习！为什么他们的培训进度快？为什么他们的培训质量高？为什么他们晒出来的亮点多？是因为他们急事稳中求快，难事方中求圆，杂事粗中有细。所以务必向他们学习，务必赶上他们的步伐。”

“用好‘一以贯之、急事急办、立说立行’的工作作风，发扬‘统筹兼顾、资源共享、攻坚克难’的优良传统，把我们特色培训的事办好！”

水城区“双提升”专班负责人王智常常打电话讲清楚、微信上及时提醒、线下当面指导，集个性化指导和全方位服务为一体，有效解决“双提升”攻坚工程中存在的各种难题与困惑。

动车模式，破解培训融合度好不好的难题。该区区政府、相关部门、属地村居、辖区学校和职业学校“五级联动”，相互主动沟通，用好、用活一切资源，设法扫清学员路程“往返难”、线上学习培训“流程多”等各类障碍，最大限度让学员在学习培训中直奔学习目标“大本营”，把文化知识和技能要领运用于田间地头，在生产生活中不断增收致富。比如杨梅乡、发耳镇推行的乡镇干部和培训教师“双线服务制度”，乡镇干部定期宣传政策，培训教师定期开班培训，村居干部和实训基地融合开展实习实训订单培养，多渠道提升学员综合素养。

守土尽责，破解培训动力足不足的难题。该区专班在率先学深悟透方针政策的基础上，始终保持“早汇报、早谋划、早部署、提前抓”的劲头，指导各乡（镇、街道）、各教学点以“五比五看”为“总抓手”，不断创新工作新模式、探索推进新路子，精心设计培训环节，满足学员多样需求。该区野钟乡常明教学点、新桥街道建业教学点、杨梅乡慕尼克教学点等许多教学点，既注重文化课程“传统讲授”，更兼顾技能培训“示范实操”，既强调培训任务的标准化推进，更侧重于满足各层次学员的个性化需求。灵活机动的教学模式、饱含深情的互动服务，有效保证了参训学员最大可能学有所得、学有所获。

比学赶超，破解培训氛围浓不浓的难题。各乡（镇、街道）、各教学点团结协作、互学互鉴、多点开花，在学典型、做典型的过程中比学赶超，实现资源共享、同步提升。如都格镇、龙场乡、营盘乡、顺场乡等乡镇街道在“五比五看”过程中，大力推行“清单工作法”，推行目标化管理、清单化落实。该区上下通过发简报简讯、制作美篇等形式，晒工作过程、晒工作特色、晒工作成果，努力营造良好的宣传氛围。

开拓创新，破解推进速度快不快的难题。自“双提升”启动会召开以来，该区“双提升”专班牵头，围绕“双提升”教育培训过程性管理，严格执行和落实“一月一调度、一季度一总结”制度，全力破解部门协作配合“待提高”、疫情形势“变化快”等诸多方面的热点、难点问题，将“双提升”攻坚工程不断推向纵深。如老鹰山镇、杨梅乡、龙场乡等乡镇边推进边总结，所提炼的“三个体系”“四个迅速”“五个靠前”“五个丰收”等老典型全面铺开，新亮点层出不穷，“双提升”学员就业创业能力和致富增收能力得到较大提升。

就业增收，破解学员满意度高不高的难题。根据“双提升·五比五看”实施方案，水城区以培训片区为“大单位”、以班级管理教师、课程培训教师为“小单位”，前期比氛围营造，看谁的宣传动员更到位；中期比推动进度，看谁的落实措施更管用；过程比管理规范，看谁的台账资料更系统；结果比培训成效，看谁的学员就业率更高；民生比服务质量，看谁的片区满意度更高。自2022年以来，20177名学员参加了通识课、技能课培训，4673名学员参加了职业技能培训，68名学员获得了技能等级证书，1195名学员获得了技能培训合格证书；15121名学员参加实习实训，9376名学员通过“工学结合＋订单培养”“理论实践＋师傅学员＋实习生产”形式获得就业岗位。“五比五看”的有序开展，聚焦培训学员的知晓率和满意度，掀起了双提升“水城攻坚”的新高潮。

追求幸福生活激发创业热情，上下同心凝聚振兴力量。水城区这个曾经的农业大县、深度贫困县，完成了从“资源大县”到“现代工业强县”的蝶变。

新时代新征程，水城区干部、教师、群众应势而动、顺势而为、乘势而上，攻下了一个个桎梏经济发展的“堡垒”，捷报频传，大美水城的锦绣画卷已徐徐展开。

乡村振兴　教育先行
——都匀市职业技能学历“双提升”工程现成效

九溪归一，青山耸翠，这是一座以河为伴、山水交融的城市，大大小小、随处可见的桥梁100余座，走在桥上看着放学归来的孩童，感受他们溢于言表的快乐和幸福，感悟都匀市近年来的发展变迁，让人倍感欣慰。

在都匀，花园式易地扶贫搬迁安置小区与商住小区皆位于城市中心，读书、就业、医疗同步同城化。清早都匀郊区的村民采摘的新鲜蔬菜，通过高铁外销，晚上即可摆上粤港澳大湾区市民的餐桌……

近年来，都匀市紧紧围绕全省教育高质量发展的要求，聚焦“提升人均受教育年限”这一核心任务和省、州下达的总目标数，紧扣“责任、课程、评价”三要素，着力构建新时代创新技能人才“三强三促”培育体系，全面实施职业技能学历“双提升”工程，有力推进巩固拓展脱贫攻坚胜利成果同乡村振兴有效衔接，逐步实现乡村教育振兴、乡村群众致富，书写都匀美丽乡村建设的精彩华章。

高位部署强统筹，构筑责任体系促落实

“必须坚持党的全面领导，党政统筹，构筑‘党政主抓＋部门落实＋村校联动’责任体系，抓好责任落实，齐头并进推动工作落地。”都匀市教育局明确“双提升”工程的工作思路和方向。

在统筹部署上，都匀市把人才视为发展的第一要素，紧扣“双提升”目标，由党委、政府主要负责人担任“双提升”工作领导小组组长，下设工作专班、配足专门力量，确保层层压实责任促落实。

在推进过程中，该市围绕“人员摸底、课程设置、培训内容”等关键要素，抓紧抓实各项工作、各个环节，2022年以来，都匀市共召开专题会、联席会、调度会28次，研究解决问题147个，对全市10个镇（街）15—59岁有提升学历需求和意向的群众开

展“地毯式”摸排32轮，完成5895人信息台账制定，以“不漏一人、不落一人”的标准确定培训人员，做到“应培尽培、应训尽训”。

在抓落实上，都匀市制定作战图，定时间、定人员、定任务、定职责，将“双提升”工作列入部门工作清单，建立定期调度机制、培训管理机制、督办通报机制，抓实学员信息收集、资金拨付、学习管理、队伍建设等重要环节。

“近两年共投入经费187.67万元，调配教师317人，外聘特色技能人才36名，有效保障了‘双提升’工程向纵深推进，我们有信心按时高质量完成目标任务。”都匀市教育局计划财务科负责人杨艳满怀信心地介绍。

据统计，都匀市2022年完成培训2568人，完成率达到120.56%；2023年实际摸排上报学籍完成2977人，完成率107.98%。如按照目前的力度推进工作，预计到2023年底将累计培训5325人，提前1年完成总目标任务。

聚焦质量强谋划，优化课程体系促提升

“一定要结合地域特色和乡村发展实情开展工作，脱离实际的培训只会给乡村群众增加负担，耽误群众农忙，我们的工作也会徒劳无功。”都匀市教育局主抓职业技能学历“双提升”工作的副局长在调度工作时强调。为此，都匀市组织工作专班，下沉各乡镇村寨入户走访调查，听取群众意见反馈，根据群众需求科学设置培训课程，优化人员管理，精准实施培训。

首先，通过问卷、座谈等形式调研收集学员培训意向，结合学员家庭实际和学习需求，围绕“干什么学什么、缺什么补什么”思路，采取“线下＋线上”灵活方式，合理编排课程、合理安排时间，全面开展固定课堂、流动课堂、田间课堂和网络课堂教学和集中技能培训。

都匀市根据群众需求实行菜单式管理，让学员在处理好基本农忙后，有时间学习文化基础课程，参加技能实践培训，做到农忙和培训两不误，确保学员招得来、留得住、学得会。据了解，2022年以来都匀市共开展集中技能培训856场，覆盖学员3933人次。

其次，坚持“因地制宜、注重实效、点面结合、灵活高效”原则，围绕“四新”主攻“四化”，构建覆盖农业生产技术、农村种养殖技术、工业生产技艺、社会服务工作等专业课程体系，开设高效农作物种植、畜禽养殖、家政服务、工艺生产、中餐烹饪等专业。

最后，结合地域经济产业发展实际和学员需求，以理论学习为依托、以集中实践为抓手，与当地毛尖茶产业集团、匀酒公司等龙头企业开展合作，根据企业需求实施订单

式培训，确保人人能学习、个个得提高，学有所获、学以致用。

“今年春茶采茶期间，我们一家都去采茶，一天能挣到六七百，因为我在上个那个技能培训班，所以就把采摘技术教给家人。”该市 2022 年第 6 期毛尖镇培训班学员陆光群笑语连连。

“我们先后开设了十多个专业课程，截至目前共开班 138 个，培训毛尖茶种植及制作、高粱种植生产等专业技能人才 1200 余人，切实帮助部分学员实现‘技能成才、技能就业、技能致富。’”都匀市“双提升”工作专班工作人员曹成荣进一步介绍。

赋能增效强创新，完善评价体系促发展

“工作不能流水账式地完成，要有一套完整的评价体系，做好评价管理才能真正落实这项民生工作，真正做到惠及广大乡村群众。”都匀市教育局职成科负责人接到这项工作时表示。在推进过程中，她严格要求工作人员，强调要严把“双提升”培训导向关、考核关、就业关，切实让群众受惠获利。

为了激发学员参训意愿，该工作专班连夜印发宣传资料、召开院坝会、用好村级广播和村（寨）微信群、入户走访等，先后发放宣传资料 12500 余册，走访城乡家庭 11000 余户，制作发放明白卡 5325 册，组织 2568 名学员实地观摩操作，通过电视台拍摄宣传报道 3 期，共选树优秀学员典型 22 人，并从优秀学员中培养农村工作人才 10 名，推动学员从“要我学”变为“我要学”。

“我以前是抱着试试的态度来学习的，后来学到了技术，现在在街上修电器，收入不错，养家糊口不成问题，而且我还是优秀学员。不过吃水不忘挖井人，空闲之余我也会帮助老师们宣传，希望让更多群众参与学习。”该市小围寨街道 2022 年第 8 期优秀学员肖文飞说。

为了全面考察学员学习成效，该工作专班根据学员的文化知识程度和认知水平，统一选编制作图文并茂、通俗易懂的学员文化课作业，针对性设计考试试卷 8 套，同时对学员采取访谈、实操等无纸化考查，文化课作业设计及试卷设计这一做法被省州相关主管部门充分肯定，在全省全面推广使用。

为激发相关参与部门和工作人员的工作热情，都匀市还针对参与部门以及管理人员、主讲教师实行评价考核，将受训人员就业、创业和个人发展等培训成效作为评价部门、镇（街）、讲师业绩的主要指标，有效推动学员就业 1826 人。

“在入户动员时，经常有村民问我学习这个能做什么？能有什么好处，一开始我是保守回答的，因为我不确定这项工作能不能带来改变。”

“双提升”工程惠及茶乡群众

“不过今天，我可以掷地有声地告诉大家，你们看，那三五成群走进螺蛳壳茶山的茶农，墨冲镇试验田大棚里忙得满头大汗的种植户，奉合村街上吆喝优惠的理发店店员，都是我们的学员。”

“还有金恒星易地搬迁安置小区的群众也跳起了广场舞，住有所居，学有所教，病有所医，到处都是一片繁荣祥和的景象，这不就是最好的答案吗？”都匀市职业技能学历“双提升”采茶专业讲师孟应淼滔滔不绝。

春种一粒粟，秋收万颗子。经过两年的努力，都匀市职业技能学历“双提升”工作取得了显著成效，正一步步向“人人职教、个个就业、家家富裕”目标靠近。相信在都匀教育人的不断攻坚下，这一目标在不久的将来定会实现。

乡村振兴，产业先行。在海拔 1600 多米的都匀毛尖核心产区螺蛳壳茶山上，一缕晨光泻下，未等晨曦的露水褪尽，苍翠碧绿的螺蛳壳茶山已到处是采茶人忙碌的身影。茶香四溢，乡村兴起，都匀市走出了专属于自己的乡村振兴之路。

第三篇 偕行

“引进来”“走出去”，携手开创全省教育事业高质量发展的无限“黔”景！

2022 年，我省依托东西协作，与东部省市百所学校互派教师交流学习；通过“校校结对”，对县城、乡镇中学进行送教帮扶……合作不间断，赓续山海情，持续推动优质教育资源共享，逐步缩小城乡学校差距，不断促进教育公平。

我省借助中国－东盟教育交流周高端平台，与东盟各国携手努力、并肩前行，聚焦教育愿景相交点、构建教育发展共同体，不断助力“一带一路”高质量发展，不断为中国与东盟各国实现共同繁荣、互利共赢作出新的贡献。

我省充分发挥教育系统优势，积极探索实践“校旅结合”“校工结合”“校农结合”行动，带着投身乡村的“热度”和智力支持的“温度”，发挥乡村振兴“尖兵”作用，从“独立团”到“集团军”作战，不遗余力解决群众的“急难愁盼”问题，坚持把论文“写”在黔中大地的田野上，围绕“四新”服务贵州“四化”发展。

东西部协作　贵州教育高质量发展的“硬核”动力

2022年贵州省国家乡村振兴重点县教育人才“组团式”帮扶广东省选派校长见面会

走进毕节市威宁彝族回族苗族自治县草海镇保家中学，一块刻着“番禺区组团式帮扶学校”的牌子引人注目。在该校师生心中，这是广州市番禺区帮扶威宁教育事业发展的一个缩影，更是黔粤互助、山海情深的明证。

2020年，借助东西部协作机遇，威宁彝族回族苗族自治县（以下简称“威宁县”）草海镇保家中学成为广州市番禺区教育局的重点帮扶学校。从此，广州市番禺区大石富丽中学与保家中学结成帮扶对子，以“互联网+”以及线下跟岗学习的教科研模式推动东西部教育资源共享。同时，广州市番禺区教育局还组织当地优秀教师前往威宁县开展支教活动。这一切都得益于东西部扶贫协作教育组团式帮扶。实施教育组团式帮扶，是我省抢抓国家大力实施东西部扶贫协作，支持服务薄弱学校质量提升，推进贫困地区教育发展的一项具体行动，也是实现人才流动、推动人力资源开放共享的重要途径。近十年来，东西部教育组团式帮扶取得明显成效，促进了先进理念植入、先进管理经验落地、先进教育教学制度生根，有力推动了我省教育高质量发展和“内涵式”特色发展。

促进教育均衡发展

2013年5月，为全面贯彻落实《国务院关于进一步促进贵州经济社会又好又快发展的若干意见》（国发〔2012〕2号）、《国务院办公厅关于开展对口帮扶贵州工作的指导意见》（国办发〔2013〕11号）和《教育部办公厅关于贯彻落实〈国务院关于进一步促进贵州经济社会又好又快发展的若干意见〉支持贵州教育又好又快发展的通知》（教发厅函〔2012〕42号）精神，贵州省教育厅制定出台了《贵州省教育厅关于进一步做好教育对口帮扶工作的指导意见》（黔教民发〔2013〕192号）（以下简称《指导意见》），明确了全省教育对口帮扶工作的目标任务、重点工作和保障措施。该《指导意见》明确了全省教育对口帮扶工作的目标任务：通过对口帮扶，帮助全省建成政府主导、公办民办并举、城市农村共同推进、质量达标的学前教育；布局合理、硬件达标、管理规范、质量合格的义务教育；观念前沿、发展均衡、素质教育明显，教师素质普遍提高的高中教育；规模扩大、效益明显、特色鲜明的中等职业教育；具有较强办学实力、充满活力、质量较高的高等教育。

为做好东西部扶贫协作和对口支援工作，我省坚持一切从实际出发，紧紧围绕学前教育、义务教育、职业教育、高等教育发展需要，借助东部帮扶城市的优质资源，以更加明确的目标、更加对路的政策、更加有力的举措和更加扎实的行动，对症下药、靶向治疗，出实招、求实效，努力提升办学水平。

学前教育阶段通过学校结对、跟岗学习、挂职交流等方式，让孩子享受优质学前教育；义务教育阶段大力推动帮扶城市选派优秀校长、学科领军人、支教团队，“组团式”帮助提高义务教育水平；职业教育阶段瞄准建档立卡贫困人口精准发力，积极构建职业教育联盟，在联合办学、专业设置、师资培训、毕业生就业等方面给予指导和帮助；高等教育阶段强化资源整合、统筹推进，积极开展师资培训、学科建设、产学研结合等合作交流，提高高校办学水平和服务经济社会发展的能力。

2022年，我省1379所学校与广东省1138所学校实现结对帮扶，广东省向我省选派教师868人，我省选派到广东省挂职跟岗学习教师848人。通过线上线下送培送教、学术交流、教学研讨、各级各类学科类讲座培训等活动，开展教师培训844期，培训教师136065人次。

借力改善办学条件

高考本科上线率从10%提升到80%左右，黔东南苗族侗族自治州台江县民族中学花了五年时间。这个“点石成金”之变，得益于杭州对口帮扶两任校长陈立群、蔡毛的倾力付出，更得益于东西部扶贫协作教育组团式帮扶。在陈立群、蔡毛两任校长的帮扶接力下，2022 年高考，台江县民族中学考出了历史最好成绩，不仅相当一批学生被浙江大学、武汉大学等重点大学录取，还出现了第一个考上清华大学的学生。通过选一个好校长、搭一套好班子、办一所好学校，组团实施“重塑性”“植入式”帮扶的模式，来自东部地区各“组团式”帮扶团队的队员，针对我省各地学生特点潜心教研，积极创新教学方法，充分发挥示范引领作用，采取送教下乡、同课异构、推门听课、集体备课、专题辅导报告等方式，向帮扶校教师“传经送宝”，留下了一支“带不走”的教师团队。

与此同时，各教育对口帮扶城市通过财政拨款、发动社会筹集资金等方式，为我省 8 个市（州）捐建（扩建）了一批学校和幼儿园，改善了全省中小学、幼儿园入学入园条件，明显缓解了这些地方长期存在的学校布点不足、校舍破旧、适龄儿童入学难等问题。

提升自我“造血”能力

2020 年 10 月 29 日，上海市奉贤区教育局与遵义市务川仡佬族苗族自治县教育局、凤冈县教育局和余庆县教育局签署协议，成立“一区三县”教育联盟。教育联盟成立后，上海市奉贤区教育局每年选派优秀骨干教师或学校管理干部赴该联盟三县支教，将发达地区教育改革发展的经验成果向联盟成员辐射。

基础设施建设、学生资助、教师交流支教、教育教学科研……在对口帮扶过程中，上海市奉贤区给予三县大力支持和帮助，助推三地教育教学工作持续向好发展。该教育联盟成立后，推动了沪遵教育对口帮扶协作纵深化、常态化、长效化发展。积力之所举，则无不胜也，在推进东西部教育扶贫协作工作中，贵州省坚持一切从实际出发，以更加明确的目标、更加对路的政策、更加有力的举措和更加扎实的行动对症下药、靶向治疗，出实招、求实效，有力、有序推进东西部教育扶贫协作各项工作。贵州省将着力点放在加强贫困地区教育“自我造血”能力上，聚焦整体提升，立足实际科学规划、坚持标准明确需求、突出重点辐射带动，有效解决区域性教育水平不高的问题。

为充分用好、用足教育组团式帮扶资源，贵州省通过“四配套”“四植入”，切实提高农村中小学办学水平和教育教学质量，即在中共贵州省委、省人民政府的统筹协调下，实现对口教育帮扶中的支援团队配套、帮扶资金配套、制度建设配套和人才培养配套，并通过优秀支教团队的精神引领、文化植入、管理输入、示范培训等，突出体制机制创新植入、管理模式整体植入、理念观念传播植入、利益共同体构建植入。

2019 年 4 月，贵州省教育厅制定的《教育组团式帮扶实施方案》提出，要在 2020

年底前实现全省全面推广教育“组团式”帮扶模式取得明显成效，先进理念植入、先进管理经验落地、先进教育教学制度生根，推动贫困地区中小学办学品质提升，实现内涵式高质量发展。2021 年 9 月，广东省教育厅、贵州省教育厅共同签署《粤黔教育共建 100 所协作帮扶示范学校协作协议》，按照“十四五”期间实现 100 所示范学校“开局年结对签署协议、前三年帮扶蜕变达标、后两年巩固提升示范”的目标，深入推进粤黔共建 100 所示范校建设。

东部协作帮扶城市优质学校在学校管理、师资培养、课程教学等方面深入开展帮扶工作，我省薄弱学校办学水平稳步提高，涌现出了一大批先进好老师。来自辽宁省大连市信息高级中学的潘永久、屈宁夫妻齐上阵，帮扶六盘水市第八中学；来自广东省广州市白云区教育研究院的袁闽湘、熊燕夫妻深耕黔南布依族苗族自治州荔波高级中学……他们用爱滋润着每一个学生，用实际行动践行着“学高为师，身正为范”的教育情怀。

据统计，东部各教育对口帮扶单位先后选派 1300 多名优秀教师到贵州省 8 个市（州）农村学校开展支教，一批特级教师、名校长和名教师来贵州省开展讲学和培训。同时，贵州省组织受援学校骨干教师，赴东部城市帮扶学校跟岗学习、锻炼，推进了先进理念植入、先进管理经验落地、先进教育教学制度生根。

深化省内校际帮扶

2018 年 3 月 14 日，贵州教育脱贫“春风行动”扶智荔波启动仪式在贵阳举行，北京师范大学贵阳附属中学、贵阳市实验一中、贵阳市省府路小学等省内 19 所学校定点扶智荔波县 19 所学校，以此促进校际优势互补、资源共享，提高薄弱学校办学水平和教育教学质量，推动教育均衡、健康发展。

2018 年 3 月，贵州省教育厅制定下发《关于推广“组团式”帮扶模式提升贫困地区教育质量的指导意见》，提出在用好用足东部帮扶资源的同时，大力推动省内城市学校与农村学校、优质学校与薄弱学校的教育“组团式”帮扶工作。

为继续扩大帮扶面，贵州省大力推动省内城市学校与农村学校、优质学校与薄弱学校的教育“组团式”帮扶工作，同时引导县域内乡镇中心校以上学校与乡村小规模小学或薄弱初中学校建立紧密型结对学校，建立乡村同步课堂开展视频直播互动教学，让乡村学校学生也能同步享受城镇优质的教学资源。

2020 年 12 月 15 日，教育部办公厅公布第一批 100 所乡村温馨校园建设典型案例学校名单，黔东南苗族侗族自治州从江县大歹小学名列其中。累累荣誉背后，饱含着贵阳市南明区南明小学对大歹小学的倾力帮扶。

改善教学环境、教师驻点帮扶、开展交流培训……2019 年南明小学对大歹小学实施为期三年的“组团式”结对教育帮扶，按照“先改善办学条件，重抓实教师培养，强推进教学提质”的思路，南明小学派出 5 名骨干教师组成的帮扶团队长期驻点，确保实现“一年见成效，两年共成长，三年同发展”的帮扶目标，用教育阻断贫困代际传递方式，点燃了大歹村的希望之光。

如今，大歹小学告别了往日“麻雀校”的落后局面，除了最基础的教学楼，学生宿舍、教师宿舍、学生食堂、标准化运动场一应俱全，计算机房、图书室、学术报告厅、音乐舞蹈室、STEAM 科创实验室等各类功能室齐备，校园网、班班通实现全覆盖，教学环境大大改善，坐落在大山里的大歹小学成了从江县最好的村级小学。同时，帮扶团队坚持“请进来”与“走出去”的思路，邀请南明小学优秀教师送课到校，将先进的教育思想和理念带到学校，为学校注入新鲜“血液”；组织大歹小学教师到南明小学进行跟岗学习，拓宽教师教育视野，打造一支“靠得上、留得住、用得好”的师资队伍。在南明小学的爱心帮扶及大歹师生的共同努力下，2020 年，大歹小学获得从江县先进集体光荣称号，南明小学帮扶团队获得从江县组团式帮扶特殊贡献奖，南明小学帮扶团队成员均获得黔东南苗族侗族自治州及从江县“优秀支教工作者”荣誉称号。

为做好新形势下东西部教育协作工作，贵州省将进一步全面贯彻落实党中央、国务院关于开展东西部协作重大战略决策部署，按照中央组织部等 8 部委联合印发的《国家乡村振兴重点帮扶县教育人才“组团式”帮扶工作方案》要求，认真做好国家乡村振兴重点帮扶县教育人才“组团式”帮扶工作。积极落实贵州省推进东西部协作工作领导小组关于东西部协作工作要求，开展东西部协作粤黔教育帮扶工作，不断巩固拓展脱贫攻坚教育保障成果，助力全省教育高质量发展和特色教育强省建设。

组团帮扶　帮到位扶到点

——浙江杭州广东佛山与贵州黔东南的教育“协奏曲”

扶贫先扶智。近年来，黔东南苗族侗族自治州（以下简称“黔东南州”）各级教育行政部门和各级各类学校，以全面提高基础教育水平和推动职业教育高质量发展为目标，积极助推教育事业提质升级，在努力改善办学条件、提升教育质量、提振教育信心等方面成效显著，人才交流更加频繁，教育帮扶力度持续增强，本土教师队伍能力素质迅速提升，涌现出以“时代楷模”陈立群为代表的一批优秀帮扶模范，探索形成台江县教育“组团式”帮扶模式。同时，教育“组团式”帮扶向国家乡村振兴重点帮扶县纵深推进，为黔东南州脱贫攻坚提供强劲有力的智力支持和人才保障，使教育阻断贫困代际传递工作取得重要成果。

黔东南州教育顾问、台江县教育总顾问、台江县民族中学名誉校长陈立群迎接同学们返校

创新帮扶模式　持续提高教育质量

为全面总结和积极推广浙江省杭州市对台江县教育“组团式”帮扶的成功经验和做法，黔东南州全面整合全州东部地区教育资源和省内教育资源，积极构建“东部 + 贵州省 + 州县”教育组团帮扶格局，在教育帮扶上重点明确校长队伍建设、学科团队建设、班级管理建设、学校文化建设、安全保障建设、基础设施建设等六方面内容作为基本帮扶事项。同时，帮扶单位可以根据自身实际提供多项帮扶内容，在帮扶内容上形成“6+N”帮扶模式，通过采取“3+6”帮扶形式（即东部地区、贵州省、州县三个层面组成教育帮扶团队，通过校长挂职、教师支教、名师引领、学校结对、资源互通、资助学生等六个方面开展帮扶工作），实现教育组团帮扶全方位开展。

党中央调整广东省佛山市对口帮扶黔东南州后，两地及时签署了《佛山市教育局　黔东南州教育局“十四五”时期东西部教育协作框架协议》，佛山市汇聚众力、凝心聚力、群策群力帮扶黔东南州的教育，通过佛黔教育协作，黔东南州被帮扶的县和学校的教育教学质量实现跨越式提升。打赢脱贫攻坚战后，进入巩固拓展脱贫攻坚成果同乡村振兴有效衔接新阶段，佛山市接过帮扶接力棒，持续深入实施佛黔东西部协作教育“组团式”帮扶工作。

自开展教育对口帮扶以来，黔东南州教育质量持续提高，有效助推教育脱贫攻坚工作，不断提升教育对口帮扶工作的影响力，帮扶工作得到了党中央和贵州省、浙江省领导同志的充分肯定。

强化资源整合　提升帮扶工作成效

自 2017 年以来，浙江省杭州市协调东西部扶贫协作帮扶资金 3.772 亿元，为黔东南州 16 个县（市）共修建易地扶贫搬迁项目学校 32 所，解决搬迁户、群众 15000 名适龄子女的就学问题，为“搬得出，稳得住”提供坚实保障。另外还支持黔东南州民族高级中学 780 万元建设学生宿舍楼，解决 500 名家庭贫困学生住宿问题，切实减轻其家庭负担。同时，每年设立专项资金 100 万元用于开办黔东南州民族高级中学“杭黔高中扶智班”，招收建档立卡贫困户家庭初中应届毕业生 100 名，累计培养 400 人；浙江省杭州甘霖助学基金会资助设立的台江县“甘霖班”每年招生 50 人，累计培养 200 人。

依托杭州“智慧教育”优势，到 2018 年，黔东南州“宽带网络校校通”通网率达 84.67%，“优质资源班班通”班级覆盖率达 94.60%。2021、2022 年，佛山市落实支持黔东南教育帮扶资金 3676.7 万元，落实教育教学帮扶物资 26921 件。以上这些实打实的帮助，有力地促进了黔东南州各地各校办学硬件的持续改善。

杭州市、佛山市两地在组团对黔东南州帮财帮物的同时，还不遗余力地派出多名名校长赴黔东南州各县（市）的学校担任校领导，更好提升帮扶效果。据初步统计，截至目前，杭州市共派出全国百强名校长、原杭州学军中学校长陈立群等 6 名在职或退休的学校领导担任台江县民族中学等 6 所中学（中职校）的校长；佛山市已派出南海区桂华中学白煌明老师等 8 名优秀校长或老师担任包括榕江县第三高级中学等 8 所中学（中职校）的校长。

此外，在教育"组团式"帮扶的有力带动下，黔东南州被帮扶学校还积极引入权力管理、制度管理和人格管理等一系列高效管理措施，推动学校较快步入高效运转正轨。

升学率的持续提高是教育"组团式"帮扶效果的最有力证明。台江县民族中学本科上线率从 2017 年的 29.82% 上升到 2018 年的 50.63%，户籍地学生高考每万人口本科上线率排名全州第一，突破了近十年来台江县没有 600 分的教育瓶颈。2019 年，台江县民族中学全校 885 名学生参加高考，有 561 人考取本科，本科成绩完成率达到 183%，其中，一本上线人数首次超过 100 人。台江县的中考录取分数线连年上涨，是该自治州近 4 年录取分数上升最快的县份，2019 年的中考录取分数超出 2016 年 141 分。

在第三届中华职业教育创新创业全国总决赛上，台江县中等职业学校的"点睛苗绣"项目获得铜奖——这是该校建校 33 年以来的第一个国赛奖项。

强化人才培育　打造优秀教师队伍

教育"组团式"帮扶带来一系列积极变化，及时改变了人民群众对地方教育的看法，优秀初中学生大量外出就学的现象得到遏制。比如：台江县教育长期在黔东南州处于挂末位置，每年初中优秀毕业生大都选择到外地就读，该县排名前 100 名的学生只有 20%—30% 选择留在本县读高中；引进以"时代楷模"陈立群校长为代表的杭州优秀教育管理人才，以及杭州市、浙江大学支教团常驻台江县的支教教师近 20 人，实施"组团式"教育帮扶后，本科上线率翻了两倍多，2018 年，该县中考排名前 100 名的学生有 95 名选择在台江本地就读，2019 年，这一数字上升到 99%。

在开展教育"组团式"帮扶期间，杭州市共选派 80 名校长、350 名教师到黔东南州开展送教、支教，黔东南州共选派 1200 批次专家学者到全州开展教育帮扶交流活动。贵州省教育厅批准成立"陈立群名校长领航工作室"，吸收省、州 20 名校长为工作室学员，推动校长专业化建设；陈立群校长受聘为校长专业化发展培训首席专家，在黔东南州 16 个县（市）开展巡训 60 多场次。截至目前，借助杭州市优质人才智力资源累计培训、培养该自治州教师3万余名。“我们的目的就是要留下一支带不走的高水平管理团队和优质教师队伍！”一名从杭州来黔东南州参加教育“组团式”帮扶的教师说。

在佛山市开展教育“组团式”帮扶期间，黔东南州为让学校的管理层尽快提升学校管理能力，让更多的一线教师提升教书育人的本领，选派75名中青年骨干教师到佛山市结对学校开展集中培训、跟岗学习，还定期组织管理人员到粤港澳大湾区结对学校进修和跟岗，推动帮扶学校加强师资队伍建设、提高教育教学质量。佛山市21个“三名工程”工作室与黔东南州23个“三名工程”工作室签订结对协议。积极争取佛山市教育专家或“三名人才”工作室主持人到黔东南州开展专题讲座、教育科研、课题研究等交流活动，指导黔东南州“三名人才”工作室建设。2022年3月，佛山市27名名校长（园长）、名师、名班主任赴黔东南州开展交流学习，组织线上线下培训27次，培训人员达1945人。

无论是“请进来”，还是“派出去”，其目的都是要让黔东南州各级各类学校的校（园）长和教师们的业务能力得到有效提升。“通过去佛山市结对学校跟岗学习，我对教育高质量发展有了新的认识！”黔东南州黄平县一名校长感慨道。

此外，杭州师范大学每年接收凯里学院30名优秀贫困本科生学习交流一年，黔东南州民族高级中学“杭黔高中扶智班”每年招生100人，浙江省杭州甘霖助学基金会资助设立的台江县“甘霖班”每年招生50人，杭州市萧山区在开办的“萧从励志班”招收140人，杭州市西湖区在开办的“西湖班”招收50人，这些面向优秀学子的帮扶政策，不但助力贫困学子顺利完成了学业，还极大地开阔了他们的视野，提升了他们的学业水平。

强化理念引领　激发师生内生动力

以“时代楷模”陈立群为代表的教育对口帮扶的专家、教学名师以及支教教师，在学术讲座、专题培训、日常教学中将先进的教育理念、精巧的教学设计、新颖的教学方法、娴熟的教学技艺、高效的教学业绩生动地展现在民族贫困地区学校教师面前，他们带来先进的教育理念和教学经验，引领课程教学改革风潮，助力民族地区教师队伍素质整体提升，切实发挥教育在打赢脱贫攻坚战中的重要作用。

“大批杭州市、佛山市的优秀教师来苗侗学校支教，他们克服困难扎根山区的奉献精神、高度负责热情投入的工作作风、一丝不苟精益求精的业绩意识获得了州广大师生及人民群众的充分认可！”中共黔东南州委教育工委副书记、州教育局党组书记、局长曹庆旭说，“‘组团式’帮扶有力地促进了全州各类学校教师和教育工作者产生积极的‘思想革命’‘思维转变’‘思路拓宽’‘观念更新’！”

黔东南州黄平县教科局党组成员、副局长龙小平说：“支教教师在教学中积极开展高效课堂模式示范，充分尊重学生的主体能动性，激发学生的创造性，时刻注重激活学生思维，帮助他们提升表达能力、表现欲望、创造精神。通过教学和学习，少数民族学生的思想观念迅速转变，汉语表达能力快速提高，学习主动性和积极性及问题解决能力也有了很大提升。”

教育帮扶专家还与贫困地区学校教师组成帮扶对子，共同研讨交流教育思想理念，通过指导备课、听课评课等形式帮助当地教师优化教育教学方法，开展集体备课、听评课、同课异构和课题研究等教研活动，共同探索符合当地实际及教师个人特点的教育教学提升策略，极大助推了当地教师专业成长与发展，增强了民族地区教师队伍的造血能力。

教育“组团式”帮扶激发了黔东南州各级各类学校的内生动力。凯里市一名教师说，通过专家讲座、主题研讨、专业指引及技能培训等方式对教师进行扶思想、扶观念、扶志向、扶知识、扶技术、扶思路，很多教师在不知不觉中增强了“自我造血”功能；通过长期开展感恩奋进、自信自强、“知识改变命运”、“勤劳光荣、懒惰可耻”等思想教育，不少受帮扶学生克服了“穷自在”“等靠要”思想，“我要通过读书来改变命运”“读书是为了自己的未来”被更多的青少学生信奉。

经过对帮扶经验的不断总结和锤炼，黔东南州探索出了由选派引进的优秀校长植入引领和汇聚各方力量，按需帮扶，协同用力，进而专门针对一个贫困县或者是一所薄弱学校实施管理的输入、示范引领和培训指导等“重塑性”“植入式”等教育帮扶模式。

“嵌入式”教研帮扶硕果满枝

——广州海珠与黔南瓮安共绘教育“同心圆”

立足课堂，促进学生全面发展；示范引领，提升全县教研水平；教学视导，落实课改深入开展；参与赛课，助力教师全面成长……近年来，广州市海珠区赴黔南布依族苗族自治州（以下简称“黔南州”）瓮安县的教育帮扶团队探索了四项“嵌入式”教研帮扶措施，谱写了粤黔教育帮扶协作新篇章。

“我来到瓮安县时，海珠、瓮安两地教育帮扶已形成一系列行之有效的措施，驻校帮扶、跟岗学习、实地送教、线上教研等活动比较成熟，但在教育教研方面具有一定的局限性，未能充分发挥团队辐射全县的作用。”2022 年 8 月，邓智斌来到瓮安县挂职教

瓮安县朵云学校又名广州海珠学校，由广州帮扶资金建成

育局副局长，带领教育帮扶团队开展工作，通过深入调研，他发现，该团队通常只停留在对口帮扶学校任教学科课程，较少参与县内其他学校的教研活动，缺乏对县内其他学校的教研工作的帮扶指导。

“如何立足新时代，运用新理念，实现新发展？如何使教育帮扶协作新出彩？”在邓智斌和他的团队的实践调研下，“粤黔协作‘嵌入式’教研帮扶工作措施”探索而出。

立足课堂，促进学生全面发展。教学工作是对口帮扶工作的基础，海珠教育帮扶团队成员立足课堂，认真完成在校日常教学，更大限度地促进学生全面发展。在课堂教学中，充分尊重学生的主体地位，顺应学生的个性特点，深入开展学情分析，激发各个层次学生的学习兴趣，灵活运用各种技术，提高教学实效，给予学生更高效的学习体验；在课堂调控方面，更重视学生在轻松愉快的学习氛围中习得知识，促使学生以更浓厚的学习兴趣投入到课堂中，给予学生更轻松的学习氛围；同时更重视在课堂教学中合理设置情境，合理设置问题链，启发和引导学生有效思考，在形式和本质上保证学生大脑处于积极的思维状态，给予学生更积极的思维方式。

示范引领，提升全县教研水平。该教育帮扶团队中的两位干部分别挂职对口帮扶学校副校长一职，主要分管教师成长板块的工作，结合海珠教研的已有经验和对口帮扶学校的实际情况，搭建行之有效的校本培训架构，有效提高教师的专业素养。海珠教育帮扶团队创造性开展“粤黔同心，携手共研”系列活动，与瓮安县教研室共同开展面向全县各学校、教师的教学视导、示范教学、专题讲座等多形式的教研活动。2021 年以来，海珠教育帮扶团队共开展县级示范课 5 节、校级示范课 9 节，县级专题讲座 4 次、校级专题讲座 7 次；联合瓮安县教研室参与县级以上教研活动 19 次。通过系列活动，逐步引导瓮安县教师学会运用现代教育教学理论指导教学实践，熟练掌握课堂教学技能，通过教学问题的专题研究提升教师教育科研能力。

教学视导，落实课改深入开展。根据帮扶所在地《黔南州中小学“学思行悟”课堂教学改革行动实施方案》有关要求，为全面掌握所在帮扶县中小学教学工作实际情况，贯彻新课程、新教材和新课标的理念，提高课堂教学效益，充分发挥教学视导重要作用，提升教育教学质量，培养学生核心素养，促进瓮安县中小学高质量发展，该帮扶团队作为巡回视导组全面参与各视导组工作，指导各视导组开展工作。通过听、看、查、问等形式，诊断学校教学工作中存在的问题，督促指导各校加强教学过程管理，抓好教学常规，深化教学改革，提升“研”的质量。帮扶期间，共联合教研室开展教学视导、调研活动 21 次，扎实推进帮扶地区课堂教学改革。

广州市海珠区－黔南州瓮安县“东西部扶贫协作”教育帮扶工作座谈会

参与赛课，助力教师全面成长。在教师教学技能赛事中，该帮扶团队成员贯彻“嵌入式”帮扶指导理念，积极承担高中数学、初中历史、美术、物理、体育、综合实践、生物、班主任等科目的指导任务，立足参赛队员基础，结合新课标的要求，从参赛立意、教学设计、磨课到课堂的每个细节，都给出了专业的指导意见，指引每个参赛老师精心准备，并主动联系海珠区的教学专家、教研员提出宝贵的意见，在 2022 年下半年黔南州“学思行悟”教师教学技能大赛中，瓮安县获得 18 个比赛项目一等奖 10 个，二等奖 14 个，三等奖 9 个，实现了历年来大赛成绩新的突破。同时，该帮扶团队成员参与瓮安县教育研究室的教学视导、优质课展示、专题讲座培训等教研活动，为瓮安县基础教育阶段教师提供先进的教学理念培训，促进县内教师更新教学理念、提升教学水平，为东西部协作教育帮扶工作提供了有益经验和重要参考。

海瓮两地心连心，教育相系总关情。从脱贫攻坚到乡村振兴，教育帮扶是其中重要一环，是推进乡村全面振兴的重要战略支撑。粤黔两地将扶智、扶志作为治本之策，两地精心组建教育帮扶团队，根据瓮安县的实际情况，采取“互联网 +”“师带徒”“校地共建”等方式，开展远程教育，实现资源共享，“嵌入式”教研帮扶出新彩，粤黔教育协作绘出新画卷。

浙黔文化交相辉映

——杭州市滨江实验小学与丹寨县羊甲小学的“山海深情”

“亲爱的苗族小朋友，你们的蜡染作品非常有民族特色，还被设计成我们学校的暑假作业封面！杭州的蓝印花布也很有意思，花纹非常丰富，你们知道蓝印花布与苗族蜡染有什么异同吗？期待你们来杭州一起揭开中国蜡染的秘密。”这是浙江省杭州市滨江实验小学学生写给贵州省丹寨县羊甲小学学生的一封信，两地教师依托非遗文化打造了一系列线上线下的综合实践课程，构建起两地“互学、比学、创学”的学习新样态。

空间＋文化，“云上非遗”丰溢家国情怀

非物质文化遗产是文明的足迹和烙印，保护、传承、利用非遗文化对于延续历史文脉、推动文化交流具有重要意义。丹寨县少数民族同胞占户籍人口的81.6%。该县每年都会举行上百个节庆盛会，民族风情浓郁，众多苗寨、侗寨演绎着精彩的非遗故事。“东南形胜，三吴都会，钱塘自古繁华”的杭州市，其西湖美景、文玩小吃，无不包含博大丰富的非遗内涵。2020年起，杭州市滨江实验小学与丹寨县羊甲小学结成“姊妹校

园”，以“非遗”为载体搭建内容丰富的线上线下学习空间，引导学生了解和学习家乡文化，也让两地学生依托“非遗”，跨越千里结成对子，互相了解彼此的家乡文化，探究苗侗“非遗”与“唐风宋韵”文化的异同。

该综合实践课程充分考虑“非遗”素材的本土性、丰富性、文化性，以及学生兴趣、接受水平等因素，选择贵州省的石桥古纸、苗族蜡染、民族服饰 3 项国家级非遗搭建 3 个学习空间，结合杭州学生耳熟能详的定胜糕、剪纸、木版年画、风筝等进行综合构建，创设浙里味道、民间童玩、木版年画、水墨丹青、心花剪纸 5 个学习空间。同时，该综合实践课程与省市非遗中心进行馆校共建，打通学生校内学习、网上探究、校外实践的学习路径。

该综合实践学习空间的组织原则如下：

本土性与文化性结合。学习内容就地取材又面向学生整个生活世界，关注非遗的文化内涵，让学生在真实广泛的文化情境中认识非遗文化。

实践性与开放性结合。强调项目化学习和开放性实践，帮助学生在发现、分析、解决问题的过程中发展实践创新能力。

整合性与趣味性结合。打破学科界限，选择综合性活动内容，鼓励学生跨领域、跨学科学习，强化非遗文化、综合艺术、道德实践等方面与学习空间的内在整合，不断培养学生的个性特长、实践能力、服务精神和社会责任感。

线上 + 线下，融合学习促进文化理解交融

“非遗”与文化密不可分，历史故事、传统小吃、民族节庆活动等都蕴含着丰富的“非遗”知识。在跨学科、跨文化、跨地域、跨时空的“线上 + 线下”学习空间里，该综合实践课程通过项目式、协作式等“融学习”方式，促进学生德、智、体、美、劳融合发展。

一是统筹浙江、贵州 20 多名优秀美术教师及专家学者组成非遗课程教师群，挖掘两地优秀“非遗”资源，开发“云上非遗”系列读本，形成 8 个学习空间、100 多节课的课程群，联合非遗中心、融媒体中心和教育局录制了 50 节非遗视频供学生学习。

二是建构“融内容、融方式、融场景”为一体的线上线下“融学”空间，整合学科资源、非遗资源、教育资源开发跨界融合的学习方式，将传统教学方式与现代教学方式有机结合，将显性教育与隐性教育综合运用，利用场景体验学习、文化理解学习、创意实践学习等创新育人的方式和途径，打造“课内 + 课外、校内 + 校外、线下 + 线上”的两地互动教学新样态。

场景体验学习。营造沉浸式学习环境，让学生在场景中学习非遗知识和技能，了解非遗文化的基本特征，提高学习和探究兴趣，将非遗传承人请进来的同时，让学生走进非遗传承人工作室，近距离感受非遗文化魅力。

文化理解学习。比较、体会文化特征差异，理解独特非遗文化的价值和意义，在两地对比学习、互动学习中理解民族文化的多元性和多样性，通过赏家乡非遗、话家乡文化、思非遗传承等单元学习和探究活动，培养学生的民族认同感、自豪感和文化自信。

创意实践学习。在传统技艺中增加新方法，让技艺更有趣；在作品中融入现代生活新元素，让作品更多元；在跨学科思路下进行创新实践，依托社会资源让传承更高效。融合不同的文化元素，结合现代艺术的元素等形式，进行创意设计和制作，发展创新非遗产品，让学生学以致用。

课程＋实践，活化“非遗”推动“五育融合”

两地学校创设沉浸式非遗学习空间，对学生感知非遗所蕴含的历史、人文、美学等内涵具有重要意义。

不断更新“非遗”文化认知。课堂是学习的主阵地，具有家庭和社会学习无法取代的功能。同一项非遗文化，家长和民间艺人的指导可能偏重技艺方面，而教师的指导更侧重于对其背后文化意义、美学价值、思维方式、情感态度的阐发，从而培养学生德、智、体、美、劳全面发展。

联通社会实践活动。两地学生走出校园，参与非遗社会综合实践活动，开展探究性学习与生活化应用，既是对学生学习成果的检验，又能对非遗文化进行宣传和推广。社会实践还能使学生在观察、交流、实践中主动获取非遗知识，形成艺术思维、工匠精神和社会责任意识。比如，学生将“民族服饰”的学习成果搬到社会“大课堂”之中，获得了非同寻常的体验：一方面，凝结着学生无数心血的作品走出校园，得以在更大的舞台上展示，增强了学生对民族文化的认同感和自豪感，提振了自信心，激发了创造力；另一方面，与其他非遗作品同场交流，开阔了学生的视野，使学生对非遗文化产生进一步共鸣，进而迸发出对非遗、对家乡、对祖国的热爱之情。

在技艺学习中推动“五育融合”。两地学生在探究非遗历史、学习非遗技艺、传承非遗文化过程中，获得了德、智、体、美、劳的全面熏陶和教育。以古法造纸学习为例，苗寨里的古法造纸学习有着非常丰富的“五育”内涵：德育体现在学生了解到家乡的皮纸被国家博物馆用来修复文物，对家乡的自豪感油然而生，进而深入了解造纸术对人类文明发展的贡献，增强对中华优秀传统文化的自信和认同；智育贯穿了学生校内校外联动、线上线下互通的综合性、探究性学习始终；体育体现在学习非遗技艺中的毅力和耐力；美育体现在学生花草纸制作、生肖纸制作、纸浆画创作等过程中感悟的肌理之美、线条之美、色彩之美、过程之美、匠心之美；劳育体现在学生在学习非遗技艺的过程中，培养了正确的劳动态度和习惯，不仅考虑到实用、美观，还考虑到人与环境的共生、和谐发展，思考到如何改善皮纸制作过程中的污染等问题。

两地学生通过共同探究家乡的非遗文化，在互学、比学、创学中了解到丰富的非遗文化内涵，同时增强了对中华优秀传统文化更深层次的认同，把民族团结互助的“金种子”根植在两地孩子们的心里。

王长涛：播撒教育“种子”　甘作黔粤“桥梁”

广东省东莞市南城阳光第二小学教师王长涛是广东省特级教师，同时也是东莞市教育家型教师培养对象、东莞市名师工作室主持人、东莞市小学语文学科带头人、广东省普通话水平测试员、广东第二师范学院教学实践导师，出版的著作有《小学生作文三十六计》《涛哥讲作文》等。2021 年 7 月，王长涛到贵州省铜仁市碧江区支教，挂职担任铜仁市第二十一小学副校长。

缘起：榜样的力量

王长涛说，他的支教梦源自 2004 年，那一年，他在电视上看到同乡徐本禹老师到贵州支教，并当选当年“感动中国”年度人物。他暗暗发誓：“我也要成为这样的老师！”

2021 年 7 月 1 日，“东莞·铜仁东西部协作”支教工作在他所在的学校动员教师报名。王长涛抓住机会并报名。他说：“我们教师不就是要给孩子们树立榜样吗？力量是可以传递的，包括榜样的力量。当年，徐本禹把力量传递给了我，我要把它传递给我的学生。”

支教以来，王长涛主要负责学校语文教学教研、教师培训及教学常规管理等工作。他积极深入课堂，进行课堂教学调研，听课、评课 200 余节；上示范课、做专题讲座 30 余次；先后负责学校课后服务小主持人班、国旗护卫队训练班、涛哥讲作文兴趣班等 3 个社团的教学；每周为 40 多名教师点评随笔写作。他的支教工作，用一个字来形容，就是“忙”。

追梦：感动的力量

王长涛来到铜仁市第二十一小学支教后，为该校师生带来了礼物——他的著作《小学生作文三十六计》《涛哥讲作文》，“他们都拿着书找我签名，那股热情劲儿，着实让我感动。”王长涛说。

开学后，忙碌的工作开始了。除了一些教学管理工作，王长涛每天都要深入课堂，听两到三节课，进行课堂教学调研，并针对老师们课堂教学的问题进行沟通交流。随后，他根据该校的教学现状，完成了语文课堂教学调研报告，并向全体教师作题为《教学常规管理的建议》的专题讲座。为了促进该校的教研工作，他还主动谋划制定了集体教研制度，使该校教研活动得以有效开展。

每到周末，王长涛都在该校教师阅读微信群里为老师们点评随笔写作。40 多位教师，40 多篇随笔，他都要逐一阅读、逐一点评。结合老师们的随笔写作情况，他为该校教师作了题为《教育写作与专业发展》的专题讲座，获得了老师们的高度评价。

为全面落实“双减”政策，学校组织开展课后延时服务工作，王长涛积极参与，负责小主持人班、国旗护卫队训练班和“涛哥讲作文”兴趣班的课后服务工作。针对该校经费困难、办公设备紧缺等问题，王长涛积极联系东莞市爱心企业和人士，使该校获捐爱心图书、教师办公电脑、体育器材等价值近 20 万元的物资，其中，他个人捐赠两万余元。

启示：精神的力量

支教以来，王长涛组织开展教师基本功系列培训，包括教材解读、常规管理、教育写作、写字、朗读、阅读教学、作文教学、课题研究。王长涛还跟学校几个青年教师

签订“青蓝工程·师徒结对协议”，在他的带领下，铜仁市第二十一小学的青年教师成长迅速。他指导刘利老师获得该学区小学语文群文阅读优质课评选第一名，指导刘利老师、顾琴老师分别获得碧江区第四届小学语文教师教学技能大赛一等奖、二等奖。

铜仁市第二十一小学校长李娟被他的工作热情打动，对他说：“一个人的精神可以改变很多人的一生，当我看到老师们听你上课和讲座时眼睛里闪烁的光，就知道你就是可以改变他们的那个人！”

王长涛说：“一年的支教工作，注定会在我生命的年轮中刻下深深的烙印。我相信，今后回首往事时，我一定会骄傲地说‘那一年，我曾积极奋斗；那一年，我曾努力拼搏；那一年，我无愧于学校的期许，无愧于人生的梦想’。”

开放·交流·互鉴　贵州教育对外开放方兴未艾

开放是现代教育的基本特征和内在要求。教育对外开放是世界教育发展的大趋势。教育对外开放在国家战略和教育发展战略中具有重要地位，是推动教育高质量发展和建设教育强国的重要举措，更深远的意义在于，教育对外开放有利于服务国际国内大局、促进文明交流互鉴、推动人类文明进步。

“交流周”服务贵州“四新”“四化”

贵州作为“不沿海、不沿江、不沿边”的中国西部内陆省份，要实现后发赶超，实现全方位对外开放，需要一个超常规的高端“平台”。

自2008年以来，由外交部、教育部、贵州省人民政府共同主办的“中国－东盟教育交流周”（以下简称“交流周”）秉持“平等互信、开放创新、互学互鉴、合作共赢”精神在贵州落地生根，进而枝繁叶茂。交流周十五载耕耘，春华秋实；从无到有、从小变大，由单一的教育合作平台拓展为以教育合作为主体的人文交流平台，由中国－东盟“10+1”合作发展为以中国－东盟合作为主线，辐射“一带一路”国家的“10+1+N（特邀伙伴国）”合作模式。交流周活动周期覆盖全年，由在开幕期集中举办活动扩展成为全年不同时段异地冠名举办。来自中国、东盟国家以及白俄罗斯、德国、哈萨克斯

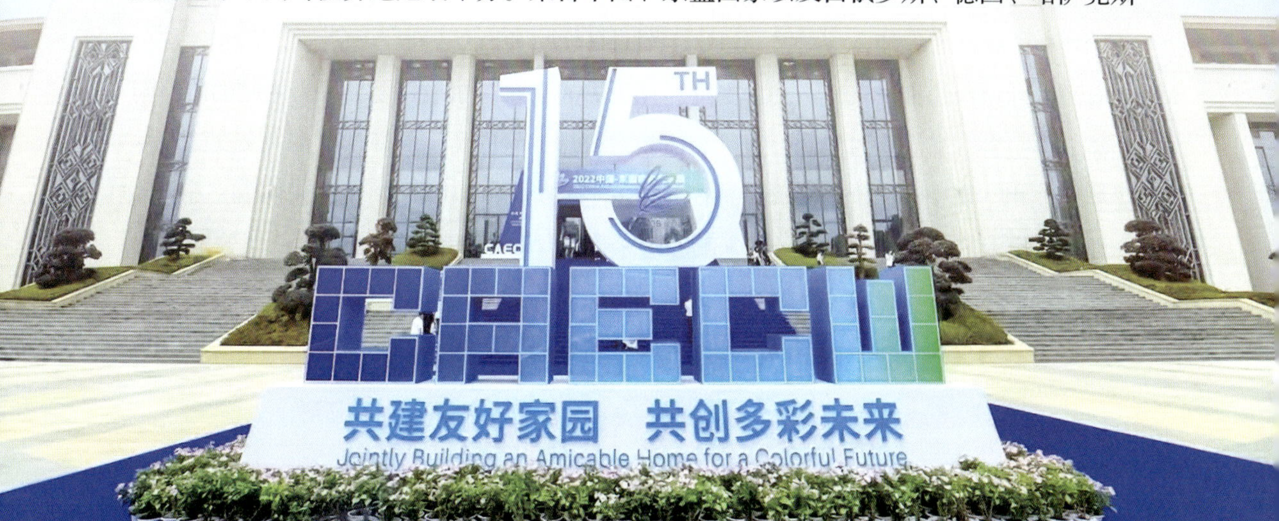

中共中央政治局委员、国务院副总理孙春兰在 2022 中国 – 东盟教育交流周开幕式上视频致辞

坦等特邀伙伴国及“一带一路”国家和地区超过 50 多个，累计参会嘉宾人数达 38600 余人次。双方的政府、学校、企业、社会机构等共签订各类合作协议或合作备忘录 1879 份，开展各类活动 484 项，百所高校开展双向合作办学项目 129 个，形成中国 – 东盟高等教育系列活动、中国 – 东盟职业教育系列活动、中国 – 东盟青少年交流系列活动、中国 – 东盟人文交流系列活动、“一带一路”教育合作六大品牌系列活动，打造了一批涵盖教育、科技、文化、卫生、体育、旅游等领域的内涵丰富、形式多样的特色项目，为中国与东盟开展以教育为主、涵盖人文诸多领域的合作奠定了坚实基础。由于交流周的举办和影响力，泰国、柬埔寨、老挝、印尼、菲律宾等东盟国家现任政要及省部级以上重要嘉宾频繁到访贵州或参与交流周，也让交流周成为贵州来访外宾层次最高、人数最多的活动之一。

如今，发展壮大的交流周以规格高、覆盖广、形式丰、内容实、创新多、效果显等鲜明特色汇聚各方宾朋，活动精彩纷呈、项目务实高效，受到了各国教育部等相关部门和有关国际组织的高度认同、大力支持。作为中国和东盟间唯一以教育为主题的政府间交流合作平台，交流周为推动中国 – 东盟教育合作、促进民间友好、夯实人文交流发挥了积极作用。其中《澜沧江 – 湄公河合作五年行动计划 (2018—2022)》中明确“中国 – 东盟教育交流周期间举办活动，加强澜湄国家合作”；《中国 – 东盟战略伙伴关系 2030 年愿景》强调“通过中国 – 东盟教育交流周等平台，加强教育创新和学术交流”：《国务院关于支持贵州在新时代西部大开发上闯新路的意见》明确要“不断提升中国 – 东盟教育交流周影响力”，打造对外开放创新服务平台。

中共贵州省委、省人民政府高度重视交流周带来的开放活力和发展潜力，举全省之力推动交流周创新发展，《贵州省推进教育现代化建设特色教育强省实施纲要（2018—2027）》指出要“积极扩大教育合作开放，倾力打造‘中国－东盟教育交流周’国家人文交流主要平台”。

目前，中国－东盟教育交流周已成为分享中国与东盟教育理念的交流平台、深化中国与东盟教育合作的开放平台、提升贵州教育对外开放高质量发展的驱动平台、服务贵州“四新”“四化”建设的创新平台。

“交流周”助推贵州建设特色教育强省

伴随交流周内涵建设的不断延伸，贵州省教育也紧跟开放潮流。《贵州省关于做好新时期教育对外开放工作的实施意见》等一系列有关教育开放的政策应运而生，《贵州省推进教育现代化建设特色教育强省实施纲要（2018—2027）》深入实施，贵州省教育国际化水平显著提高。通过倾力打造“中国－东盟教育交流周”平台，加强非通用语种人才培养，深化国别区域研究，积极推动贵州与东盟国家及“一带一路”共建国家教育模式、教育经验、教育制度互学互鉴，鼓励国（境）外一流高校来黔合作办学，探索建立具有国际化新机制的一流大学或二级学院，鼓励高等院校联合企业与国（境）外高水平院校开展合作办学，支持学校自主探索开展境外办学等计划的实施，支持开展高校间科研合作项目，推动贵州教育对外开放，有效赋能教育高质量发展和特色教育强省

东盟留学生成为贵州教育对外宣传的形象大使

建设。

在汇集资源推动战略合作方面，贵州省教育厅分别与教育部留学服务中心、广东省教育厅、江苏省教育厅签订合作协议，进一步探索教育“组团式”帮扶；与新加坡南洋理工大学等 QS 排名靠前的公立大学和具备优质教育资源的东盟国家开展合作，提升服务高校国际办学水平；联合北京大学等国内外知名高校举办高水平专业和学术论坛，提升国际科研合作水平。推动贵州与上海交通大学等国内 985 高校开展战略合作并签署协议。举办“技能贵州，服务四化”贵州职业教育高质量发展论坛、中国－东盟特色合作项目成果展等为贵州省职业院校国际化办学带来实惠。加强与中国职业技术教育学会开展战略框架合作，提升贵州国家级职业教育智库专业服务能力和职业教育教学改革能力。

在双轮驱动带动开放增长方面，通过参与交流周，推动贵州 55 所高校与国（境）外 260 余所高校、学术机构建立交流合作关系，其中贵州 48 所高校与东盟国家 90 余所高校及教育机构开展实质性合作。在“走出去”方面，推动贵州各级各类学校及教育机构专家学者、师生代表出国（境）交流学习 7200 余人次，其中赴东盟国家 2800 余人次。推动贵州两所高校在海外建立孔子学院 3 个，3 所高校赴柬埔寨、老挝建立海外分校、鲁班工坊和海外人才培训基地。在“引进来”方面，先后启动和增设“贵州省外国留学生奖学金”“贵州丝绸之路外国留学生奖学金”“黔老留学生奖学金”等激励机制，吸引国外优秀学生来黔留学。自交流周举办以来，来黔留学生人数累计 23100 余人次，其中东盟国家 16200 余人次；推动全省获国家西部创新子项目，两个批次 5 个项目派出高访人才 40 余人；积极引进国外优质教育资源开展合作办学 28 个。在“十三五”期间，贵州高校中外合作办学机构实现零突破。

在塑造品牌提升贵州影响力方面，贵州的一批品牌化项目持续形成。由贵州高校发起的中国－东盟大学校长论坛、中国－东盟职业院校技能大赛、中国－东盟青少年艺术教育成果展、中国－东盟中文演讲大赛、“知行贵州”青年交流计划等一系列交流周项目的持续举办，为双方分享高等教育、职业教育、基础教育的经验成果创造良好条件，为推动双方开展学术研讨、科研合作、联合办学搭建合作平台，贵州高校国际化办学影响力得到提升。

在智库建设赋能咨政决策方面，东盟研究院、东南亚研究中心等一批高校与区域研究机构围绕中国－东盟高校智库建设蓄力。中国－东盟教育交流周平台还专门开设面向东南亚的社科研究课题。越南、柬埔寨等国的高校和智库建立中国研究中心，形成中国与东南亚教育研究网络。智库研究与建设推动了贵州高校提升咨政服务、拓展国际视

野、开展社会研究、促进经济发展等。

“交流周”赋能数字战略新机遇

“十四五”期间，贵州省将围绕“四新”主攻“四化”主战略和“四区一高地”主定位，充分挖掘交流周平台开放创新带来的活力，服务农业现代化产业推介，通过举办“校农结合”“一带一路”生态特色食品展将全省生态特色食品和农产品产业发展推向东盟、引向世界；服务旅游产业化，围绕全省生态旅游产业设置文化考察路线，持续举办特色文化考察活动，用最直接的方式为国际友人和知名专家学者展示贵州丰富的文化旅游资源、传递贵州好声音；服务数字经济发展，针对性成立研究中心、举办论坛活动，提出“营商环境治理人才培养探索”等热点和前沿问题的解决方案，推动贵州与东盟深化交流合作，协同构建高质量的跨区域营商环境。

同时，贵州省积极响应教育部大力实施教育数字化战略行动和贵州省大数据战略应用需要，以数字化带动教育转型升级，将“中国－东盟多彩智慧学院”建设成为未来中国东盟教育交流合作的重要纽带和平台，为贵州省高校搭建优质课程资源整合平台，利用智慧教育的优势，补足贵州高校间课程体系建设和课程教学的短板，助力贵州教育均衡发展。

做强做优“留学民大”教育品牌

“中国－东盟教育交流周”举办15年来，为中国和东盟各国搭建了一个优质的教育交流平台。借助这个平台，贵州民族大学与东盟国家高校在校际互访、学术创新与合作、师生互派等方面建立了广泛的合作关系，“留学民大”的教育品牌也在这轮机遇中不断做大做强。

2013年，贵州民族大学开始成规模招收留学生，后又依托交流周平台，主动赴柬埔寨、菲律宾等东南亚国家进行海外招生。2014年，学校成功获批中国政府奖学金来华留学生培养高校。自2016年以来共招收来自老挝、越南、泰国、缅甸等国家的留学生近400人，培养层次涵盖本科、硕士、博士。

乔峰，老挝名SIBOUAKHAM MAIPHONE，贵州民族大学2020级社会学（社会政策）专业的博士研究生。他一直关注中国－东盟教育交流周，在贵州民族大学攻读研究生期间多次参加交流周活动。

“我认为贵州是中国最神奇、最美丽和最具民族特色的一个省份。”乔峰说，“贵州人好客、热情、善良。酸汤鱼和肠旺面是我的最爱。这里好山好水，景区很多，旅游者逐年增多，经济发展迅速。”

“在贵州举办中国－东盟教育交流周很有意义，贵州和东盟国家有很多相似点，在民族文化、饮食、气候、风俗习惯、民族服装、乐器等方面，都有共通之处。”乔峰说，“教育交流周越办越好，希望有更多东盟国家的师生、教育机构参加教育交流周活动，不断促进中国和东盟国家在教育领域的紧密联系。”

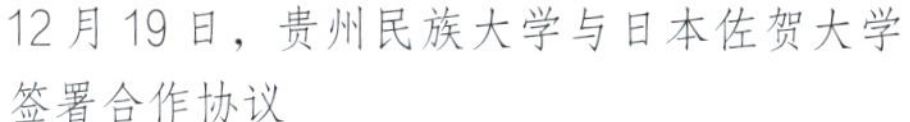
12 月 19 日，贵州民族大学与日本佐贺大学签署合作协议

贵州民族大学培养的各国留学生

贵州民族大学是贵州最早参与“中国－东盟教育交流周”的高校之一，主办了交流周的教育部长圆桌会议、学术研讨会、学生夏令营等活动，还连续多年承担交流周礼仪礼宾服务、重大演出等工作。

“以文化为纽带，中国与东盟在交流中不断深化教育合作。”时任贵州民族大学国际交流与合作处处长杨泰黔介绍，近年来，该校面向东盟及“一带一路”国家高校开展全方位、多层次和宽领域的交流合作，成功举办了“知行贵州”丝绸之路青年交流计划之“民族文化体验周”、社区工作坊、青年跨文化交际活动营、经典诵读会等活动，积极扩大与东盟国家的教育合作。

在第十一届中国－东盟教育交流周期间，贵州民族大学东盟人文学院正式成立，该学院是贵州省现有高校中唯一一个为培养服务东盟交流发展特需人才设立的学院。

“学院的成立正是教育交流周成果在贵州落地开花最直接的体现，对丰富贵州省教育内涵，人才培养等方面具有重大意义。”东盟人文学院院长代莉莉介绍，目前学院开设了泰语、老挝语、越南语 3 个专业，2022 年 9 月，学生人数将达到 230 人。

“交流周为贵州培养非通用语种人才，进行区域与国别研究提供了有效平台。”代莉莉表示，进一步做好扎根贵州的非通用语言人才储备，将有效服务国家和贵州在推进“一带一路”建设中对人才、文化交流等多方位的需求，服务贵州对外开放高质量发展需求。

数据显示，近 5 年来，贵州民族大学与缅甸雅达那崩大学、越南岘港大学等 40 所东盟国家高校及教育机构签署合作备忘录；2016 年以来，接待印度尼西亚雅加达国民大学、泰国清迈大学等东盟国家高校、政府机构、企业来访者逾 170 人次；通过贵州省学生海外留学计划，120 余名学生赴马来西亚、菲律宾等东盟国家高校交换学习、实习……

贵州财经大学研究生教育国际合作“蹚”新路

作为贵州省中外合作办学的先行者之一，贵州财经大学依托优势学科、师资团队、国际合作交流平台，积极引进国外优质教育资源，创新开放办学机制，在国际化办学方面取得了显著成绩。

在践行“构建人类命运共同体”理念、推进“一带一路”倡议、用好“中国 - 东盟教育交流周”平台的新阶段，贵州财经大学研究生国际教育更加主动适应国家重大战略和地方社会经济发展需要，主动回应高等教育国际化发展需求，蹚出一条具有“贵财特色”的高等教育国际合作新路。

湖南农业大学教授徐晓林表示，作为一所深度融入贵州地方经济社会发展的高校，贵州财经大学在助力地方营商环境建设等方面作出了极大贡献。贵州财经大学依托“中国 - 东盟教育交流周”平台，主办“‘一带一路’国家公共管理硕士（MPA）教育论坛暨数字治理案例分析大赛”，不仅是学校深度融入贵州地方经济社会发展的直接体现，更是学校主动融入“一带一路”合作倡议，抢抓高等教育国际合作战略机遇的最有力的诠释。

徐晓林说，贵州财经大学可充分利用好这一国际合作平台，在发挥“中国－东盟营商环境治理人才培养”国际合作项目优势和作用的基础上，充分整合学校优势学科，立足贵州大数据高地优势，面向“一带一路”国家开展数字经济战略、产业数字化、数字化产业、数字政府治理等方面的教育合作。围绕大数据相关主题领域在科学研究、人才培养、社会服务、人文交流等方面开展高层次、高质量的合作。“‘一带一路’国家公共管理硕士（MPA）教育论坛暨数字治理案例分析大赛”的成功举办，正是在这方面迈出了实质性的一大步。期待贵州财经大学能够围绕数字治理主题开展更加多样性的国际合作，联合培养出更多优秀的精通数字治理方面的国际化高端人才，在传播数字治理的贵州经验、中国智慧和中国方案方面做出更多的“贵财贡献”。

贵州财经大学党委书记刘雷介绍，近年来，贵州财经大学通过多种平台和项目对外交流合作，大力推进高等教育国际合作，取得了显著成绩。该校与非洲厄立特里亚高等教育与研究院于 2013 年合作建立厄立特里亚高等教育与研究院孔子学院（原高等教育委员会），这是厄立特里亚唯一的汉语教学机构。在开设汉语课程的同时，孔子学院还组织了一系列的中国文化交流活动，增强了厄立特里亚人民对中国的理解和认识，加深了中厄人民之间的友谊。

该校与国外多所大学联合举办中外合作办学本科教育项目。2012 年以来，先后与英国爱丁堡龙比亚大学、美国马歇尔大学合作举办金融学、电子商务等专业本科教育项目；2014 年开设由教育部国家留学基金管理委员会联合国外知名高校开展的会计学、国际商务、市场营销和工程管理 4 个国际本科学术互认课程（ISEC）项目。

与美国西密歇根大学合作举办的贵州财经大学西密歇根学院，是贵州省第一所集约化引入美国高校优质教育资源的本科层次、不具有法人的中外合作办学机构，下设会计学、财务管理、市场营销三个本科专业。贵州财经大学西密歇根学院遵循世界一流大学办学模式，以分享优质教学资源、体验全英语授课氛围、提升跨文化交流能力为办学宗旨，立足培养具有国际视野，能够参与国际事务和国际竞争的高端管理人才。

目前，贵州财经大学已构建起了以学历生为主、语言生兼备的国际学生招收培养体系。国际学生研究生培养已覆盖了硕士层次和博士层次，生源来自亚洲和非洲的十多个国家。有来自马达加斯加、尼日利亚、喀麦隆、泰国、老挝等国家的留学生在贵州财经大学攻读教育经济与管理、行政管理、社会医学与卫生事业管理、社会保障、汉语国际教育和人口、资源与环境经济学等专业。

该校积极组织申报国家留学基金委员会公派留学项目，为贵州省首个“国别区域研究人才培养项目”获批高校。项目的获批为学校青年教师到海外读博、学生到国（境）外高校学习研究提供了平台，为建设具有国际水平的师资队伍增添力量，为学生提高国际视野、具备国际交流能力、提升国际竞争力创造条件。

该校大力支持公共管理等学科，鼓励青年师生参与国际合作交流。作为推行国际合作办学的先行学院，贵州财经大学公共管理学院在学校大力支持下联合国外高校合作学院，先后举办了“社区参与领导艺术国际学术夏令营”“环境、社会和治理国际合作论坛”等国际交流项目；招收了来自“一带一路”国家多名国际学生攻读公共管理研究生；接收来自厄立特里亚高校访问学者来校研修；中国－东盟教育交流周期间承办“中国－东盟营商环境治理人才培养论坛”，成立“中国－东盟营商环境治理研究中心”……贵州财经大学“十四五”教育事业发展规划明确提出，要深化国际交流合作，不断提升“国际化”水平，持续增强核心竞争力。

“走出去 + 引进来”　贵州水利水电职业技术学院国际合作办学渐入佳境

合办柬埔寨马德望省亚龙丝路学院，贵州水利水电职业技术学院（以下简称“贵州水职院”）成为贵州省首家“走出去”办学的高职院校。随后，贵州水职院又在哥斯达黎加开办丝路学院，在巴基斯坦开办中巴丝路学院，入选“中国 – 东盟‘双百旗舰计划’”项目单位……

近年来，贵州水职院积极响应“一带一路”倡议，与美国、瑞士、柬埔寨、泰国、哥斯达黎加、韩国等国家院校和教育机构建立联系，先后开办了柬埔寨亚龙丝路学院、哥斯达黎加丝路学院和巴基斯坦中巴丝路学院，并引入德国海外商会（AHK）先进教学标准，与美国贝佛大学开展中外合作办学，成为贵州省既有“走出去”（境外办学项

贵州水职院——苏库尔省立技术学校 CCTE 现代化中巴双学历职业技术教育联合培养项目揭牌

目）、又有“引进来”（中外合作办学），且均已实际招生的高职院校，累计招收柬埔寨、哥斯达黎加、孟加拉国、老挝、巴基斯坦等 8 个国家近 180 名国际学生。

走出去——驶入国际合作办学“快车道”

国际化人才培养一直是贵州水职院教育国际化的重要目标之一，该院充分发挥自身优势，紧跟时代发展步伐，积极引入国外先进教育理念、管理体制机制和优质教育资源，大力推进国际化办学。

贵州水职院前身为 1956 年创建的贵州省水利电力学校，2016 年经贵州省人民政府批准、教育部正式备案，成立全日制公办普通高职院校，设有水利工程类、电力工程类、土木工程类、管理工程类、智能工程类五大专业集群，现有在校学生 1.2 万余人。建校 60 多年来，该院为社会培育了数以万计的高素质复合型技术技能人才，为贵州水利水电事业作出了积极贡献，赢得了良好的办学声誉。

2016 年 11 月，贵州水职院在取得招收留学生资格后，院长陈海梁就参加了省教育厅组织的职业教育校企合作团，赴瑞士学习借鉴该国现代“学徒制”模式和校区共建合作机制，以及制造业、软件业等相关专业建设与职业院校教育教学管理等先进经验。2017 年 3 月，该院成立对外交流合作处，统筹管理外事事务，先后与印尼、柬埔寨、泰国相关学校签订合作备忘录。2018 年 9 月，该院成立国际教育部，负责留学生管理及教学工作。

贵州水职院积极开展国际交流合作：2018 年至 2019 年底，该院累计派出 17 批教师出国（境）交流学习，接待柬埔寨马德望理工学院、哥斯达黎加国家技术研究中心等合

贵州水职院与巴基斯坦苏库尔省立技术学院等共建“中巴丝路学院”揭牌

作院校友好访问 8 批次 26 人；2020 年至 2023 年初，受疫情影响，通过“云外事”，该院与马德望理工学院、哥斯达黎加国家技术中心维持良好合作往来，与韩国南部大学、美国贝佛大学等建立校际合作关系，累计获批召开 15 次线上会议。

为提升师资力量，贵州水职院组织开展了“汉语 + 职业教育复合型师资培养”项目培训，拓宽汉语教师的跨学科职业汉语教学能力，并提升专业教师的“中文 + 职业技能”教学能力，培训人数超过 200 名，覆盖了该院大部分专业教师。2021 年，该院组织 30 名教师参加了由留学基金委员会主办、广东外语外贸大学承办的国家公派出国留学高级英语培训。2022 年，又通过遴选，推荐智能工程分院教师熊琦申报国家留学基金委员会“2022 年泰国亚洲理工学院研究生项目”，并成功获得公派留学资格，8 月赴泰国进行交流学习，实现了该院建校以来公派项目零的突破。

除了选派教职工到国（境）外参加教育展、培训、互访交流考察等国际教育活动外，该院还积极推荐学生参加贵州省“千人海外留学计划”。自 2017 年以来，累计派出 133 名学生参加省教育厅的“千人海外留学计划”，分别前往马来西亚英迪国际大学、泰国格乐大学等学校进行交流学习，极大丰富了学生的学习经历，开阔了学生眼界，提升了国际水平。

近年来，贵州水职院积极争取国家政策支持，设立专项资金，有序推进海外提升计划，不断加大对学院师生赴国（境）外开展科研合作、学术交流、管理培训的支持力度。积极推动在校学生的外出交流学习及实习实践活动，鼓励骨干教师赴海外高校进修、讲学或参加国际会议，走进国际学术界，了解国际前沿学术动态，不断提高教师的国际学术研究参与度，加快师资队伍国际化进程。

引进来——培养多国留学生

走进贵州水职院校园，教室、宿舍、运动场上都有多国留学生，他们逐渐融入贵州水职院的整体学习氛围，该院的办学国际化水平与日俱增。

贵州水职院实施双向互动，在“走出去”的同时，大力“引进来”。2018 年秋季，贵州水职院迎来了第一批共 19 名国际留学生，其中孟加拉国 11 名，泰国 8 名。

2019 年，“贵州水利水电职业技术学院亚龙丝路学院”在柬埔寨揭牌成立，几个月后，37 名柬埔寨学生赴贵州水职院学习。学习结束后，一些回到柬埔寨的学生成为汉语教师，另一些进入柬埔寨中资企业工作。

2020 年，“贵州水利水电职业技术学院哥斯达黎加丝路学院”在特殊时期举行首次师生线上见面会，再次开启该院境外办学创新性实践。经过一年的学习，18 名学生通过了汉语水平考试二级，具备基本的中文交流对话能力。

2022 年，贵州水职院与巴基斯坦苏库尔省立技术学院、巴基斯坦信德省职教局、北京唐风汉语教育科技有限公司共建“中巴丝路学院”，成为第一所与巴基斯坦在水利电力类专业方面合作的中国职业院校。

随着国际化办学的不断发展，贵州水职院培养的留学生已经顺利毕业，他们有的走上了讲台，有的成了技术员，还有的当上了管理者，但他们都有一个共同点——谈及自己在中国和贵州水职院的学习生活时，言语之间充满感激之情。

来自孟加拉国的 MD TWKIR OSMAN（中文名奥斯曼），于 2018 年 10 月来到贵州水职院学习。2021 年学成回国，现在他在迪拜中国化学工程第七建设有限公司中东公司担任现场工程师和劳动管理员。“感谢在学校学习的 4 年时光，让我有更多的机会看到这么美丽的世界，去经历这么精彩的人生。”奥斯曼说。

来自柬埔寨的惠月兰和书帕，毕业后分别在柬埔寨马德望湖南尔康制药股份有限公司（中资企业）、柬埔寨马德望海螺水泥有限公司（中资企业）工作，均成为企业的重点培养对象。“得益于在贵州水职院亚龙丝路学院的学习，我学会了汉语，掌握了技能，有了在中国公司工作的机会。”惠月兰对现在的工作和生活很满意。“亚龙丝路学院的老师们不仅教会了我汉语，还让我掌握了技能，让我获得这么好的工作机会。”书帕说。

贵州水职院对外交流合作处处长宋海静介绍，国外留学生进校首先要学习的是中文，除了汉语课，还要学文化课，让学生在学习中体验中国文化。在日常的生活学习中，该院还会组织留学生参加校园文化活动和志愿活动，同时在生活中对他们给予关心，让他们感受到即使离开故土，学院依然像他们的故乡一样，有家的温度。

在贵州省教育厅和省水利厅的大力支持下，贵州水职院依托国际性教育协会和机构，学院领导和相关部门负责人走出国门，采取参加留学生中国教育展等多种方式，寻求校际、校区合作，共建国际交流与合作机制。积极参与中国－东盟教育交流周，宣传贵州水职院办学特色和办学理念，借助贵州省政府来黔留学生奖学金项目以及该院自身的奖学金项目，拓宽留学生来源渠道。

目前，贵州水职院已与美国、瑞士、印度尼西亚、泰国等国的 25 所高校和教育机构建立联系，并与其中 16 所院校以及教育机构签署合作协议，让众多国际学生成功入校就读，稳步开展国际学生培养，学院知名度得到较大提升。

贵州水职院学生赴澳门城市大学参观学习

结硕果——合作办学亮点纷呈

“走出去”“引进来”，贵州水职院国际交流合作的每一步都走得坚实有力，在国际交流合作中取得显著成绩。

成功入选“‘中国－东盟双百职校强强合作旗舰计划’特色合作项目学校”；作为贵州省唯一参赛代表队，参加中国－东盟未来职业之星创新创业营，获得“双创惊喜团”称号；入选教育部中外人文交流中心“2020 年智能制造领域中外人文交流人才培养基地”筹建合作院校；入选教育部中外人文交流中心首批“经世国际学院”。

贵州水职院借助“中国－东盟教育交流周”平台，积极参与交流周活动，主办了“2022 中国－东盟教育交流周智能制造领域中外人文交流人才培养系列活动”——智能制造领域中外人文交流人才培养基地项目洽谈会、数智时代“中国－东盟”职业教育高质量发展论坛；承办 2022 年“知行贵州”丝绸之路青年交流计划——润泽文化青年研学活动；承办“2022 中国－东盟教育交流周”水利电力技能国际大赛暨水利电力研讨会。

同时，贵州水职院积极参与国（境）外校企职业教育国际化结对、联盟，成为中柬职业教育合作联盟中方副理事长单位、中国－东盟能源职业教育联盟副理事长单位、“鲁班工坊建设联盟”发起单位，并加入华南“一带一路”职业教育水利电力联盟、陆海新通道职业教育国际合作联盟。

在教学方面，该院国际汉语教师根据柬埔寨学生学习特点，创新教学方法，教师团队荣获 2020 年全国职业院校技能大赛教学能力比赛三等奖、贵州省教学能力比赛一等奖，申报的“HSK 标准课程”获得省级精品课程立项。2022 年，经教育部中外语言交流合作中心认定，该院成为清镇职教城唯一一家设立现代汉语水平考试（HSK）考点的高职院校。此考点的获批与设立，将进一步提升该院的国际中文教育水平，对该院国际中文教育发展具有重要推动作用。

在国际创新发明竞赛方面，2022 年，该院选拔了 3 支队伍参加第 13 届 IIIC 国际创新发明竞赛，并荣获 2 项金奖、1 项银奖，在参加的世界三大发明展之一的第 73 届德国纽伦堡国际发明展中，获 1 项金奖、2 项银奖。

在科研方面，2018 年，该院党委书记杨志宏主持申报的《“一带一路”背景下“贵州－东盟”高等教育合作机制创新研究》获准立项为贵州教育改革发展研究重大课题，并在 2020 年 9 月顺利结题。2021 年 7 月，该院对外交流合作处处长兼国际教育部主任宋海静主持的《“一带一路”背景下“贵州－东盟”高等教育合作实践现状研究》获贵州省第五届教育科学研究一等奖。

值得一提的是，该院还打造了“中德 AHK 双元制职业教育培训中心”，以德国 AHK 双元制职业教育合作项目为基础，引进德国职业教育模式，制定本土化人才培养方案，开发了专业核心课程及双元制课堂教学工作手册式教材。

“国际合作品牌链”精心打造、国际优质教育资源不断丰富及国际声誉明显提高，“国际化合作办学”成为贵州水职院办学治校的一张靓丽“名片”。

铜仁职业技术学院培养千名老挝留学生

二十载栉风沐雨，薪火相传，春华秋实；二十载弦歌不辍，积厚成势，行稳致远。迈入2022年，铜仁职业技术学院（以下简称“铜仁职院”）迎来了建院20周年暨办学85周年的喜庆日子。

位于巍巍武陵山腹地的铜仁职院，是国家民委与贵州省人民政府“省部共建”高校、国家骨干高职院校、国家优质高职院校、国家“双高计划”立项建设单位、全国乡村振兴人才培养优质校……

“铜仁职业技术学院老挝分校”揭牌

铜仁职院高度重视国际化办学，累计招收近千名老挝留学生，探索创建了“三能递进、四轮驱动、五位一体”的技术技能人才培养模式，着力打造老挝技术技能人才培养高地，走出了一条西部欠发达地区高职院校国际化教育教学改革的新路。

2011年以来，铜仁职院共招收国际学生1200余名，来自亚、欧、非、北美洲的45个国家，在校国际学生人数和生源国别数持续位居贵州省前列。黎明职业大学等国内外30多所兄弟院校来校学习考察，十多所院校借鉴采用国际学生人才培养模式，实践应用成效明显。

构建“三能递进”培养路径　增强培养针对性

该校根据国际学生实际实施分层、分类、分阶段培养，构建“汉语应用能力—专业技术能力—职业综合能力”逐级递进的职业能力提升路径。通过开展“情境式—模块化”教学，按层次分班，制定模块化、阶梯化课程内容，实现学生个性培养。“量身定制”专业人才培养方案，制定真实化项目教学任务，启发实践教学。在专业实践阶段，精准对接国外校企实践基地，培养工匠精神，强化职业综合素养能力。开设“老挝临床医学班”，灵活设置专业课程，增强育人精准度。

构建“四轮驱动”培养机制 提升核心竞争力

该校打破学科专业背景，组建不同学科和专业背景的“对外汉语＋专业”教学团队，促进汉语与专业结合；创设具备“研、训、服”功能的东盟职业教育研究中心、老挝海外职业技能培训基地、HSK考点等平台，推进语言教学、专业研究和实践融合发展；打通语言与专业衔接路径，构建以汉语课程为基础、专业课程为核心、特色课程为支撑的“中文＋职业技能”课程体系；开发“医学汉语”等职业汉语课程，促进专业学习；有效链接“校内＋校外、课上＋课下”，打造“两赛一节”品牌系列活动，激发学生学习动力。

构建“五位一体”文化育人体系 提高以文化人软实力

该校以中国优秀文化引导学生“知华、友华、亲华”，将中国优秀文化、黔东地域文化和职业文化内容贯穿于课程体系，采用“课堂教学＋课下体验”方式，激发学生兴趣，培育学生爱中国的情怀；以法治文化引导学生“遵规、守纪”，利用“外国人服务站”，采取形式多样、多方协同的教育，增强学生法治意识；以心理文化引导学生“健康、向上”。开展中外学生交流会，学生开拓文化心理视野，保持良好心态；以职业文化引导学生“敬业、求精”，加强职业文化教育，实践精益求精、力求完美的“工匠精神”，让学生树立正确的职业观；以道德养成引导学生“尊重、包容”，让学生通过课堂案例和文化活动，形成良好道德品质。

2022年11月21日，铜仁市与老挝沙耶武里县缔结友好城市交流活动暨2022年“中文＋现代农牧业”海外职业技能培训开班仪式在铜仁职院举行

“团结奋进、求实创新、卓越奉献、敢为人先”，是铜仁职院师生在长期的苦干实干中形成的新时代精神，激励该院不断攀向新的办学高峰。如今，铜仁职院继续朝着“世界水准、中国特色、铜仁标志”的目标迈进，将不断谱写地方职业院校高质量发展的壮丽诗篇。

“校农结合”　一仗多赢
绘就贵州教育人社会担当新华章

在 2022 年“中国－东盟教育交流周”上，“校农结合·一带一路”生态特色食品展备受关注。展会现场，有贵州大学引进的贞丰县永丰街道岩鱼布依古寨古法种植的“岩鱼香”大米、黔南民族师范学院研发的水培四季芽菜、贵州理工学院驻村书记打造的乡村振兴系列产品……丰富多样的生态特色食品，吸引了众多参会人员的关注。

从“菜园子”到“餐盘子”，从教育扶贫真担当到乡村振兴勇作为，“校农结合”贵州方案将学校和农民紧密连接起来，有效解决“产多销少”困境、破解产业发展难题。“通过生态特色食品展将贵州‘校农结合’模式及生态特色食品推向东盟各国及世

贵州特色农产品和生态特色美食备受关注

省委教育工委副书记，省教育厅党组书记、厅长邹联克参观校农结合乡村振兴农产品

界其他国家，探索“一带一路’国际农业科技产业创新之路，为世界减贫提供中国方案，为中国乡村振兴引才引智。”贵州省教育厅校农办负责人介绍说。

据统计，自2017年“校农结合”工作实施以来，贵州全省学校食堂采购脱贫地区农产品的费用突破300亿元，有效带动了省内近1万个种植养殖基地（合作社）的发展，推动调整产业结构300万亩，带动脱贫地区100万余人增收。“校农结合”描绘了贵州教育助力脱贫攻坚与乡村振兴有效衔接的最美画卷，“一仗多赢”绘就贵州教育扶贫担当新篇章！

牢记嘱托齐发力　担当作为勇探索

2015年，习近平总书记视察贵州，强调“五个一批”工程助力脱贫攻坚，其中最重要、最持续、最困难的是产业发展。贵州教育系统牢记习近平总书记的嘱托，全力投入脱贫攻坚战。全省各级各类学校食堂近1.8万个，每天就餐学生有620万人，每月对农产品的需求量高达10万吨，价值约10亿元。如果将学校食堂这个稳定而庞大的消费市场优先对接贫困地区、贫困户，将可辐射带动全省百万群众增收。为破解产业发展难题，贵州省教育系统发挥教育人群多、消费稳的作用和特点，探索提出“校农结合”助力脱贫攻坚的模式。

一边是偏远贫困地区销售不畅的各类农产品，一边是服务620万人的近1.8万个的学校食堂。两者之间如何关联？购买贫困地区农产品，是实现“校农结合”的第一步。

黔南民族师范学院的率先示范给了贵州省教育厅推动全省各级各类学校开展“校农结合”的信心。黔南民族师范学院在定点帮扶黔南布依族苗族自治州平塘县卡蒲毛南族乡新关、摆卡两个一类贫困村的过程中，创造性提出“定点采购、产业培扶、基地建设、示范引领”的“校农结合”新模式，一年多时间就让新关、摆卡两个村率先脱贫，创造了脱贫攻坚的“神话”故事。

为推动“校农结合”工作更好助力脱贫攻坚，贵州省政府要求分别在省教育厅、省农业农村厅、省商务厅成立“校农结合”专班、蔬菜专班、家禽专班和促销专班，合力统筹推进全省“校农结合”工作，全省各市（州）、各高校也相继成立相应工作专班。

贵州省教育厅号召全省教育系统上下齐心“动”起来，各学校先将农产品需求订单交给当地政府，当地政府再组织群众发展产业，扶持群众特别是贫困户发展生产、增收致富。“校农结合”逐步在全省各级各类学校推广实施，贫困地区生产的绿色天然农产品，通过“校农结合”这个绿色通道，从田间地头直达学校食堂。

在推进“校农结合”过程中，贵州鼓励各地各校结合实际积极探索与实践，涌现出一批先进经验与做法，先后形成了贵州大学“学校+合作社+农户+购销平台”模式、贵州师范大学“食堂+政府扶贫平台（扶贫企业/合作社）+贫困户+订单”模式、贵州民族大学“菜园子直通菜篮子”模式、黔西南布依族苗族自治州“贫困户+合作社+配送中心+学校”模式等。

激活产销大市场　拓展扶贫新领域

“校农结合”的第二步是激活产销大市场，将产业帮扶与智力帮扶相结合，拓展扶贫新领域。以学校食堂的农产品需求为导向，有效引导贫困地区农民主动调整农产品生产计划与结构，实现产销精准对接、校农互利共赢。

各地各校发挥“一头连着基地、一头连着学校”的纽带作用，建立“公司+学校+农户”的利益联结机制，实现“农民多赚一点、学校少出一点、企业积累一点”的工作目标。遵义市食材配送企业指导汇川区14个500亩以上的坝区根据学校订单需求，集中力量打造城区近郊蔬菜保供基地，农户农产品销售较以往增长10%—15%，学校食堂购买农产品价格较市场平均价格节约10%—15%，公司盈利5%—10%。

“今天卖了1000多斤土豆，每斤1块3，得了1500元。”大田村村民龙银才笑呵呵地说。六盘水师范学院自从与水城县玉舍镇大田村结成帮扶对子后，通过“校农结合”产销机制打通了农产品供需链条，村民们种植的蔬菜通过学校到农户家门口采购的方式，直接供应到学校食堂，有效解决了贫困户卖菜难的后顾之忧，增强了农户发展产业的信心和决心。

据统计，仅2020年疫情期间，贵州师范大学就向签订有“校农合作”协议的石阡县、从江县、惠水县、安顺市等地采购扶贫农产品18.4万斤，采购金额达70余万元。“新冠疫情暴发，近4.2万师生不能按时返校，全校9个食堂暂停营业，我们积极调整‘校农结合’采购思路，大量采购大米、调味品、食用油等保质期长的农产品进行储备，千方百计地帮助贫困地区的群众解决农产品滞销问题，努力让群众不因疫返贫。”贵州师范大学后勤服务集团总经理罗洪刚说。

贵州民族大学积极探索“校农结合”的消费扶贫新模式，2020年9月在大学城校区采取“以购代捐”“以买代帮”等方式举行第四次“校农结合”农特产品展销会，来自镇远县、榕江县、紫云苗族布依族自治县的30余家农产品企业带着100多种优质农特产品走进校园，该校师生踊跃购买，助力拓宽农产品的销售渠道，当天累计购买的农产品价值达30余万元。

“‘校农结合’有效解决了脱贫地区农产品规模小、销售难的问题，让脱贫地区农产品基本实现‘尽产尽销’，既购买了农产品、帮扶了产业，也服务了教育。”省委教育工委副书记、省教育厅党组成员杨未总结说。

贵州师范大学的“校农结合”超市

贵州师范学院学生选购“校农结合”农产品

贵州理工学院师生在“校农结合”采购点选购绿色食品

立足生态大环境　书写产业大文章

“张老师，你的莲花白、萝卜、白菜想你了！”2020 年初，张万萍接到了威宁彝族回族苗族自治县群众的电话。被当地百姓称为“蔬菜女神”的张万萍，是贵州大学农学院副院长、教授，贵州省蔬菜专班副班长。她坚持科研工作“顶天立地”，积极进行技术转化，坚持从“菜篮子”里面找致富路，助力“黔菜出山”。她带领团队长期扎根威宁，指导威宁通过发展 40 万亩蔬菜带动贫困户脱贫，组织技术咨询 5000 余人（次），建立规范化的核心示范基地 5000 亩，平均年亩产值突破 1 万元、总产值突破 5000 万元，将其中利润的 55% 返给贫困户，带动了该县 7 万亩蔬菜绿色发展，基地的蔬菜产品农残检测合格率达到 99.5%。

“一棵苗在你们眼里就是几分钱，在农民眼里就是‘发财树’，种一棵就必须活一棵！”“我们种的不仅是菜，也是致富的希望，群众通过种菜学到技术、学到生存之道。”张万萍说。

在贵州，像张万萍一样依托地方生态环境投身脱贫攻坚和产业发展的“蔬菜女神”不胜枚举。其中，贵州中医药大学张丽艳带领团队在贵州推广种植头花蓼近 4 万亩，产量 1.14 万吨，销售收入近 1.4 亿元，培训农户 1400 余人次，带动种植户 5000 余户，带动 4 万余人脱贫。

“荒石荒坡无效益，岩石旮旯长金银。”遵义医科大学教授石京山带领团队在革命老区赤水市的石头缝里开辟出了脱贫致富路。他们带领群众发展金钗石斛仿野生种植基地 37755 亩，总产值 2.26 亿元，实现销售 1.77 亿元，直接带动贫困群众就业 222 人，带动农民增收 18821 户，助推赤水市成为全国第一批、我省第一个脱贫的县市。

“校农结合”把满足学校食堂需求与农业产业调整结合起来，把发挥教育优势与提高农业效益结合起来，开拓了脱贫攻坚新路径，形成了新的产业扶贫模式，这条具有贵州特色的脱贫攻坚绿色通道，让贫困户对种什么、怎么种、卖到哪了然于胸，各级各类学校也找到了脱贫攻坚的有力抓手：购买农产品是基础、产业培扶是根本、基地建设是关键、农户学校双赢是目标。

服务振兴新要求　巩固拓展新战果

“脱贫摘帽不是终点，而是新生活、新奋斗的起点。”面对新要求、新目标、新期待，2022 年 3 月 15 日，贵州省教育厅印发《贵州省“校农结合”助推乡村振兴开新局实施意见》，深入拓展教育服务乡村振兴举措，积极探索富有贵州教育特点的乡村振

省教育厅副厅长级督学何秀黔检查校农结合工作

兴道路，全力实施“校农结合”党建引领、消费帮扶、人才培养、品牌建设、产教融合“五大行动”，为未来 5 年“校农结合”工作指明了方向。

在贵州省 2021 年立项的 23 个红色美丽村庄建设试点村中，贵州大学依托“三寻三做”学党史主题活动，开展了遵义市播州区苟坝村、汇川区娄山关村、赤水市桂圆林村、余庆县红渡村、习水县青杠坡村共 5 个村的规划设计工作。“改善了村民宜居条件，拓展与培育了文化产业，探索出红色文化遗产保护利用与城乡融合发展的规划建设路径，有效解决了五级书记抓党建中基层党支部薄弱问题。”贵州大学建筑与城市规划学院党委书记余压芳介绍说。

2022 年 5 月 31 日，贵州省教育系统举办“乡村振兴战略及实践案例融入思政课教学研讨会暨集体备课会”，将“校农结合”助力乡村振兴实践案例融入思政课教学，将“三全育人”大思政课开到乡村的田间地头，开创了特色鲜明的“三全育人”大思政新局面。

2022 年 7 月 4 日至 6 日，贵州省教育厅组织举办全省普通本科高校“校农结合”助推乡村振兴开新局专题培训班，参训学员纷纷表示：此次培训是一场难得的“及时雨”，不仅开阔了视野，收获了经验，启发了思路，也为下一步深入推进“校农结合”工作提供了指引。

省教育厅二级巡视员解燕出席2022年全省食品安全宣传周新闻发布会

2022年7月18日至22日，在中央组织部、中央党校联合举办的“省部级干部新时代教育高质量发展专题研讨班”的研讨中。省委教育工委副书记，省教育厅党组书记、厅长邹联克以“产教融合育新人，‘校农结合’助振兴——贵州教育乡村振兴工作法”为题进行交流发言。贵州“校农结合”助力脱贫攻坚和乡村振兴的典型经验获得到好评。

2022年“中国－东盟教育交流周”期间，“教育振兴乡村：‘一带一路’背景下高校‘校农结合’的‘研’与‘为’论坛和‘校农结合’”生态特色食品展成功举办。“此次食品展和论坛，以发展现代农业、推进乡村振兴为目标，在‘一带一路’背景下探索高校‘校农结合’的‘研’与‘为’，将‘校农结合’产品推广到东盟国家，探讨我省‘五大行动’”如何更有效度、打造‘校农结合’升级版。”贵州省特色食品产业促进会会长王华对食品展给予肯定。

中共贵州省委副书记、省长李炳军在参观中国－东盟教育交流周“校农结合”生态特色食品展时，作出探索“校工结合”助推新型工业化发展的重要指示后，黔南民族师范学院决定开展“校工结合”新实践探索，打造“校农结合”姊妹篇。

“要发挥高校各种优势资源。整合社会各方面力量，围绕省内主导产业，推进产业链与人才培养链精准对接，同步与企业开展难题攻关、成果转化、平台载体、科技创新、文化建设、团队管理服务。”黔南民族师范学院党委书记郭文介绍说。

从最初的关注农产品购买转移到关注农业产业结构调整，再到关注农村兴旺实现乡村振兴，从最初的购买农产品激发贫困群众脱贫致富的内生动力，到引导群众通过需求来推动农业供给侧结构性调整，引领实现农业产业结构调整和转型升级，实践证明，“校农结合”是扶贫扶智好思路、培扶产业好模式、乡村振兴好做法，是一项可复制、可推广、可借鉴的教育助推乡村振兴工作法，是创新性工作，更是系统性工程，有利于拧紧学生舌尖的健康安全阀，有利于增强人才培养与未来农业发展的契合度，有利于加快推动教育高质量发展，有利于助推乡村全面振兴。

教育接“地气”　服务贴“乡土”
——黔南民族师范学院探索“校工结合”发展新路径

2022 年，黔南民族师范学院（以下简称“黔南师院”）借鉴“校农结合”成功做法，抓住新能源电池及材料等“风口”产业，发挥“亚洲磷都”的“家门口大学”的就近优势，依托化学化工学院 6 个省级平台和工程中心，与福泉市、瓮安县新能源电池及材料骨干企业合作，“校政企”共建共管共享“新能源材料现代产业学院”，引企入教、引教入企，以高质量发展为目标，以构建“利益共同体”为目的，以产业链与人才链精准对接培养为重心，以共建平台为载体、以科技创新为动力、以组团服务为方式、以难题攻关为突破、以成果转化为推动、以党建引领为保障，积极探索“校工结合”助

“校农结合”发源地

“校工结合”共建共享新能源材料现代产业学院签约

黔南师院向贵州芭田生态公司转让科研成果签约

推产业集群高质量发展“新路子”。

创建现代产业学院，“订单”式培养产业高端人才

“校工结合”借助省“一核两区”产业布局，从新能源电池及材料“风口”产业入手，发挥学校在瓮福“亚洲磷都”中“家门口大学”优势，与地方政府、骨干企业“校政企”合作共建共管共享“新能源电池材料现代产业学院”，打破传统建制，运用“逆向思维”，从生产实践需要反向调整学科专业的设置、招生和培养方案的改革，聘请3位欧洲和俄罗斯外籍院士作为特聘教授，新增30多名“双师型”教师，重塑产业教师、学生评价体系，组建跨学科、跨专业、交叉融合的综合育人模式，全面实行“订单培养、菜单教学”模式，已为瓮福产业园区10多家骨干企业输送210余名本科优秀毕业生，深受企业欢迎，以企业命名的“卓越班”“精英班”“工匠班”启动招生并培养。根据教学需要，将“校工结合”案例融入大思政课教学内容。企业群订单需求，与其他兄弟院校“校校”合作，分“长中短”“研管技”（研究型、管理型、技术型）一体化人才培养模式，围绕省内主导产业培养“一高三型”产业人才。

企业“发榜”高校“揭榜”，瞄准“靶心”科研攻关

黔南师院在州、县工信部门、产业链企业、中小企业服务中心配合下，联合开展“现代产业技术创新副总”行动计划，鼓励企业围绕生产技术难题与短板，以“发榜”方式向高校“招标”，高校组织博士教师或包括博士教师成员在内的博士教授服务团“揭榜”，以进驻企业担任“技术创新副总”的形式，架起“高校”与“企业”的桥梁，高校整合各方资源，无偿帮助企业解决痛点、堵点、卡点技术问题，联合开展项目

合作等。“现代产业技术创新副总”行动得到企业集群积极的响应，首批申请“发榜”企业 30 多家，按照试点先行、分步实施的原则，首批有川恒、正大、芭田等 11 家与黔南师院化工、物电、计信等 10 多个二级学院博士团组合成功“配对”，校企共建中试基地、精细磷化工开发、钛白废渣处理利用、茶叶精深加工、产品设计包装等多项生产项目达成合作攻关。

围绕主导产业，平台“贴心”服务企业

一是围绕新能源电池及材料产业，在中共黔南州委、州人民政府“福泉－瓮安千亿级磷化工产业园区一体化”建设中，与该州科技局合作共建黔南产、教、研、转、创、用“六位一体”的科技创新服务平台，推进创新要素的高效流动，构建开放型、创新型共同体。二是落实粤黔两省政府签订的建立更加紧密的结对帮扶关系“框架协议”和“实施意见”，与粤黔工作队黔南工作组合作，共同构建“1+N”东西部协作乡村振兴学院，建设一个“集成服务平台”和 14 个现场教学点，组建百名粤黔行业专家指导委员会，组建“校工结合”新型“工信智库”。三是“校政企村农”联合共建“工业反哺”乡村振兴示范园区，与“万企兴万村”行动联动，通过现代产业学院组织 20 多家

“校农结合”成为中国－东盟教育交流周的研讨主题

工业企业，在福泉市罗坳村9000亩的大坝通过组建“消费联盟”、农产品直供基地，培养新型农民，形成工农互动、城乡一体产业发展“网红点”。

搭建高端平台，“借船出海”对外合作

通过“东西部协作”“协同提质”“东盟交流”“技能帮扶”等平台载体与渠道，与一批国内外行业大学、专家团队建立更加紧密的联系与合作，拓宽“校工结合”视野和空间。在中国化工学会指导下，该校与四川大学、郑州大学和贵州省、各地市州行业学会、协会，成功举办“第二届中国硫磷钛产业高端论坛”以及“第五届难解问题的表示、算法与应用研讨会”，一批来自上海交通大学、哈尔滨工业大学、西安交通大学、厦门大学、华中科技大学、香港中文大学、电子科技大学、华为、国际航空运输协会等单位代表参加线下研讨会，推动难解问题的表示、算法在EDA、产业、求解器、图论和组合优化问题等领域中的应用；与广州大学等联合举办东盟交流周“校农结合”论坛，不断深化、拓宽与广大乡村振兴、化学化工等方面的合作联系。

黔南师院“校工结合”在科技创新上不断取得新突破，在助力“强链、补链、延链”上不断展现新作为。实践证明，“校工结合”围绕我省主导产业培养人才的路子是正确的、做法效果是明显的，既促进了区域主导产业又好又快发展，又有利于地方高校培养“接地气、服乡土”的产业人才，有力推动了产业园区高质量发展，是一种可借鉴、可复制、可推广的典型模式。

安顺学院成为黔中大地乡村振兴高端“智库”

2022 年初夏，安顺市紫云苗族布依族自治县板当镇的青山果园，120 余亩蜂糖李郁郁葱葱，长势喜人，丰收在即。“去年因为没有防护技术，果园出现大量裂果，损失惨重。今年多亏有安顺学院农业专家们的指导和帮助，我们从种植到管理都采取了多项应对措施，感谢安顺学院的老师们。”该果园负责人王荣刚介绍说。

2015 年，王荣刚从镇宁布依族苗族自治县（以下简称“镇宁县”）六马镇找到一批品质优良的“蜂糖李”种苗并带回家乡紫云来种植，2021 年进入盛果期。采摘前，一场大雨浇灭了他所有希望。由于被雨水长期浸泡，果园 80% 以上的“蜂糖李”出现裂果，损失超过 50 万元。

一筹莫展之际，当地农业局立即联系安顺学院农学院的科技助农团队，在团队专家的帮助和指导下，2022 年，王荣刚采取了覆膜、套袋、调整肥料配比等方法，最大限度

省委常委、省委宣传部部长、省委教育工委书记卢雍政赴安顺学院调研

克服极端天气对果实的影响。同时，该团队还提供了一整套物理预防病虫害的技术，有效实现了果园生态与效益“双丰收”。

依托高校科研优势，及时解决群众在产业发展过程中遇到的困难，助力贵州农村产业革命纵深推进，实现高质量发展。在贵州省，王荣刚的幸运经历并非个例。作为贵州省较早设立农学学科和开设涉农专业的高校，2021 年以来，安顺学院立足实际，以“贵州省高校乡村振兴研究中心”落户该校为契机，利用科技与人才优势创新助农模式，贡献智力资源，助力乡村振兴，实现了服务乡村振兴与学校高质量发展的同频共振。

科技助农　因地制宜谋产业

从种李子到种红薯，镇宁县沙子乡湾田村的村民们正在大力进行产业结构调整。

“过去看别人种什么我们就种什么，没有技术和销路，根本看不见效益。现在安顺学院的专家不仅给我们规划了适种品种，还给我们带来良种，对接销路，品种种下去根本不用愁。”村民们说。

湾田村距镇宁县城的 49 公里，有 6 个自然寨，5 个村民组，共 700 余户人家。当地山高谷深，平地少，坡地多，自然环境相对薄弱，青壮年人员 70% 均整户外出务工，农村农耕产业全靠在家老人按传统方式劳作，农产品收益甚微。该村虽然有农业合作社，但因产业定位不准、发展不成规模，基本属于亏损或无业务状态。

如何实现产、供、销的有机联动，让农业产业真正赋能乡村发展？作为贵州省高校乡村振兴研究中心乡村产业方向负责人、安顺学院农学院院长张玉波了解到湾田村的情况后，第一时间带着团队赶赴现场进行考察调研。

“由于村里离县城较远，交通不便，过去村民们种植的李子或其他传统作物往往出现滞销情况，容易挫伤村民发展产业的积极性，要想改变这种现状，必须以市场为导向，因地制宜进行产业结构调整。”张玉波说。

改种个头硕大、产量高且淀粉含量极高的红薯，是张玉波及团队为湾田村产业结构调整开出的“秘方”。依托安顺学院农学院建立的红薯品种改良科研基地，该院不仅为村民提供了由基地自主培育的优良薯种，还为村里的合作社对接了具有稳定生产能力的红薯加工厂，并签订了固定收购协议。

村民按照技术规范种植，合作社负责及时运输，加工厂不仅有了稳定的产品供应基地，同时也解决了产品销售的问题，实现了多方共赢。“经测算，当地种下的红薯亩产达到 6000 斤，产值可达 3000 元。”张玉波说，在合作社的示范带动下，自愿种植红薯的村民越来越多，群众笑在脸上，喜在心头。

强基扶智　激发群众内生动力

在镇宁县募役镇，由贵州众鑫益民生态有限公司种植的 80 多亩滇黄精生长正盛。不过，当初公司在培育黄精种苗的时候，引进的并不是这个品种。

“滇黄精是当下备受欢迎的中药材之一，市场前景可观，所以当时我们只想着把黄精种出来，根本没有考虑品种的问题，幸亏安顺学院的专家及时给我们指出问题所在。”想起 2021 年前公司在实验基地里培育的那一批“杂牌”黄精，公司负责人龙本洪依然心有余悸。

因看好林下经济发展前景，2020 年，在黔东南做药材生意的龙本洪来到募役镇，流转 400 多亩土地，打算发展中药材产业，并将市场价值较高的黄精作为“主打产品”。由于自身缺乏专业知识，在品种选择时出了问题。

2021 年初，作为“贵州省高校乡村振兴研究中心”中草药专班负责人的沈昱翔来到基地考察。在基地里，沈昱翔一眼就看出正在培育的黄精属于非典籍药材，即便种出来，也无法进入市场销售，如果不及时更换品种，必将为企业带来巨大损失。为此，沈昱翔及时提出公司在品种选育方面存在的问题和风险，建议及时止损。同时，还通过对当地气候环境的深入调研，为基地推荐了更适合当地种植的滇黄精。

有根植乡村发展的志向，却缺乏相对专业的知识，导致产业在发展过程中出现偏差和损失。募役镇之行，让贵州省高校乡村振兴研究中心产业专班的专家们深思。“只有将农业培训前移，真正下到基层一线，走进百姓心里，着力提升农民素质，培养出一大批爱农业、懂技术、善经营的新农人，农业现代化才有可能真正变成现实。”沈昱翔说。安顺学院充分发挥教育职能，围绕乡村振兴强化人才培养目标，挂牌成立乡村振兴产学研基地，成立“四新”“四化”专班、服务农村产业革命专班等，面向基层开展“三农”专业知识培训班和实用技术培训。

目前，安顺学院在省内各地挂牌成立了30余个乡村振兴产学研基地，进行了数百场农民高素质培训，覆盖农户和一线农技人员2万余人次，被贵州省农业农村厅遴选为“贵州省农民农训培育公益机构”，为农业产业发展提供了强有力的人力保障和智力支撑。

校企联动 “智库”赋能乡村振兴

“通过与安顺学院专家合作，我们的刺梨基地在种植上持续优化，在产品深加工方面也收获了可喜的成果，极大提升了企业自主研发能力。”贵州天赐贵宝食品有限公司（以下简称“天赐贵宝公司”）董事长闫福泉如是说。

依托各自的资源优势，4年多来，双方开展了金刺梨主要化学成分、挥发性成分、储藏保鲜技术、果汁褐变因素、金刺梨精深加工产品研发等系列研究，均取得不错成果。

“北有红枸杞，南有金刺梨。”金刺梨作为贵州省独有的野生资源，因果实金黄、

省委教育工委副书记，省教育厅党组书记、厅长邹联克赴安顺学院调研

清香爽口、营养丰富深受消费者青睐，是贵州获国家保护的植物新品种，在食品、保健品、医药等大健康领域中具有广阔应用前景。近年来，安顺市提出将金刺梨作为调整农业产业结构的重要产业大力发展，目前，安顺市的金刺梨种植面积达30万亩，覆盖全市55个乡镇345个村，涉及种植合作社70个、大户523户、散户近2.75万户，带动受益人数9.52万人。

“金刺梨的种植及深加工技术涉及专业领域较为广泛，涉及食品科学、化学、农学、生物学、地理等领域，属于多学科交叉范畴，必须通过合作才能实现共赢。”闫福泉说。安顺市大力发展金刺梨产业之初，由于受到资金、科研、技术等因素影响，金刺梨产业基本停滞于初级产品加工阶段，产品较为单一，科技含量低，其原有营养价值和保健功能未能得到深入开发利用。

2018年，天赐贵宝公司与安顺学院化学化工学院签订合作协议，共建“贵州金刺梨研究与开发工程研究中心”，围绕金刺梨品种更新、病虫害防治、深加工产品研发等开展系列研究，着力解决金刺梨原汁贮藏过程中分层沉淀等问题，推进产品质量提升。

为解决目前安顺市金刺梨原汁加工产品单一的问题，安顺学院金刺梨专班积极参与企业新型刺梨汁饮料的开发，同时在安顺学院现有研究平台基础上，以金刺梨果渣废弃物为原料，研发出饼干、蛋糕、刺梨酥等金刺梨果渣纤维焙烤系列休闲食品，为消费者提供了更多元的选择。

“只有企业做好了产品深加工，有了好的销量，才可能反过来真正助推当地种植产业的发展，提升种植户的生活水平。”安顺学院化学化工学院院长杨莉莉表示。接下来，安顺学院将继续发挥传统特色优势，持续强化贵州省高校乡村振兴研究中心建设，培育和增强学校赋能乡村振兴新的增长极，产出优秀成果，提升服务能力，为奋力描绘贵州乡村振兴美丽画卷做出更大贡献。

贵州农业职业学院培养乡村振兴“能工巧匠”

崇尚耕读、服务桑梓，这是我省唯一一所农业类高职院校；技艺扬志，这是全国乡村振兴人才培养优质校；行贵以恒，这里坚持“农技为本”为贵州构建现代农业发展体系提供支撑；匠心筑梦，该院累计培养万名学子奔赴乡村振兴一线。2022 年，是贵州农业职业学院（以下简称“贵州农职院”）建校 7 周年，7 年以来，该院以服务乡村振兴为总目标，办学规模、办学质量、社会影响力等各方面实现质的飞跃，逐渐成为全省农业类专业设置最完整、规模最大、特色最鲜明的高职院校。

丰富“党建 +”内涵 情系“三农”强党建

2022 年 4 月 26 日，贵州农职院召开“党委书记与学生代表面对面”座谈会，师生之间以心交心，以情暖情，增进了解。既能畅所欲言，又能建言献策。类似的座谈活动已成为贵州农职院最受欢迎的党建品牌之一，搭建起书记、院长与学生面对面交流的平台，该院党员领导干部带头深入基层、密切联系师生，取得较好效果。

“要以高质量党建引领农业职业教育高质量发展，推进学院党建水平出特色。”贵州农职院党委办公室主任曾令洋表示，近年来，该院始终把党的领导落实到办学治校全过程，持续丰富“党建 +”内涵，基层党组织政治功能全面增强，党建工作体系不断健全，形成了“1234”党建工作思路。

坚持党委领导下的校长负责制。按照“把方向、管大局、作决策、抓班子、带队

伍、保落实”的要求，认真履行管党治党、办学治校的主体责任，形成党委统一领导、党政分工合作、各方协调运行的工作机制。

大力培育教师党支部书记“双带头人”。通过“双带头人”培育工作，加强党员教师和骨干教师、支部书记和专业带头人的双向培养，为高质量党建工作提供基层组织保障。截至目前，该院“双带头人”中，博士和学术带头人占比70%。

构建“三级书记抓党建”机制。印发相关工作方案，把“三级书记抓党建”工作机制和“五个一批”工程建设作为加强学院党建工作的重要抓手，与党史学习教育和专题教育有机结合。

形成“四位一体”组织体系。持续加强政治建设、思想建设、组织建设、纪律建设、作风建设，确保“学院党委—系（校区）党组织—党支部—党员”四位一体的组织体系高效运行。

紧跟时代的“开学第一课”、精彩纷呈的党史知识抢答赛、弘扬农耕文化的主题劳动实践……多渠道、全方位的党建“打开方式”，让该院党员在党建与业务双融双促中，锤炼党性、洗涤灵魂、提升本领，每名党员都成为一面鲜红的旗帜。

近年来，该院涌现出一批思想政治素质过硬、弘扬社会主义核心价值观的典型榜样。教师张跃平入选教育部“百名助国大梦‘小工匠’”，教师王辉获2018年农业农村部“全国农业技术能手”，毕业生熊建入选第十三届中国大学生年度人物候选人，学生毛祖鑫获2021年贵州省“大学生年度人物”等。

据统计，按照教学科研和学生管理设置成立教工、学管党支部的原则，该院目前共设置8个党总支、2个直属党支部，党总支下辖党支部17个，共有党员285名。

未来，该院将压紧压实党建工作责任，进一步强化党内政治生活，不断强化抓好党风廉政建设监督责任落实，充分发挥党组织的战斗堡垒作用，推动党建与服务乡村振兴全面融合。

“专业”对接“产业”　服务“三农”育人才

聚焦“农”字号，着眼思政育人、学科育人、实践育人，培养乡村振兴“带头人”。

党的十九大以来，贵州农职院立足现代山地特色高效农业的发展需求，优化调整专业结构，推动“专业链”对接“产业链”，传统专业与新办专业齐头并进、同步发展，“农机为本”特色日益凸显。

2022年5月20日，贵州农职院的紫藤花架下，生态农业技术2003班学生张磊正和同学一刀一剪地给紫藤花修枝剪叶。

贵州农职院师生赴生产一线实训

2022 年全国蔬菜技能大赛参赛选手配制营养液

校园内，随处可见像张磊一样身穿蓝色背心，手拿修枝剪的学生。当天，以“弘扬劳动精神，躬耕始于足下”为主题，该院思政部与农艺工程系联合开展了校园主题劳动实践活动，园林专业指导老师、思政课老师与学生们一起，共建美丽校园。

“上好劳动教育这门‘必修课’是思政教育的重要内容。”贵州农职院思政部部长龙云敏表示，“希望通过探索‘专业 + 思政’协同育人路径，教育引导学生崇尚劳动、尊重劳动，把劳动的种子植心间。”

五年来，该院围绕“培养什么样的人、如何培养人以及为谁培养人”的根本问题，开设思想政治理论课课堂、书记课堂、“红色课堂”、实践课堂、“时光课堂”等“五个课堂”，推广爱党、爱国、爱农业“红绿黄”思政育人模式，推动思政教育走深走实。

遵义市习水县中等职业学校学生杨小勤入学不久，就有了清晰的六年学习规划——前 3 年，在习水读中职，学“电子商务”；后 3 年，到贵州农职院读高职，继续学习“电子商务”。畅通的升学路径，让杨小勤安心。杨小勤说：“长学制不仅能让我持续深耕所学专业，还为未来就业提供了更好的机遇。”

不仅在习水，贵州农职院与全省多个中职以及高等院校，都达成联合培养协议。2019 年起，学院累计与 57 家中职院校签订“3+3”中高职贯通培养协议，与贵州师范学院、安顺学院等院校开展“专升本”联合办学，办学模式不断拓展。

同时，该院坚持办强传统骨干专业、拓展新兴优势专业，过去五年，该院开设专业由最初的 5 个逐步优化调整稳定到 25 个，实现了畜牧兽医、生态农业、农业机电等传统专业与食用菌生产、农村金融、药品经营与管理等新办专业共同发展的格局。

该院首届“特驱定制培养班”开班后，40 多位学子在校企双方联合培养下，成长为

贵州农职院在全国职业院校技能大赛高职组“农产品质量安全检测”赛项中获“团体二等奖”

机电与城建技术领域的“定制人才”。

聚焦乡村振兴战略和区域经济发展需求，该院以牵头成立贵州农业职业教育集团为契机，与新希望集团共同开展现代学徒制试点，与重庆京东物流共同探索工学结合模式。截至目前，该院与 85 家企业达成了“校企合作”协议。

深耕“四季课堂”　服务“三农”兴乡村

春种秋收，贵州农职院教师们蹲点全省 9 市（州）的广大乡村；暑期寒假，同学们回乡服务家乡农业发展。在乡村振兴的“第二课堂”里，贵州农职院师生踊跃走进田间地头的“四季课堂”。

2022 年 3 月 28 日至 4 月底，该院组织选派了 29 位骨干教师奔赴贵州 16 个县（市、区），参与全省农业春耕春播、保证粮食生产和安全生产的蹲点工作。

该院团委老师何曼走进养殖场、沼气池、水域码头，走入多个生产场所。何曼对乡村振兴有了更深刻的理解：“如果有机会，希望能到贵州最艰苦的地方去，把知识和青春洒向田间地头。”

该院教务处老师施璇蹲点镇远县，多次下地示范农机安全使用方法，为当地村民讲解农机使用安全事项。施璇表示，要将专业所学应用于实践，助力当地提升农业现代化水平，带领学生共同服务贵州乡村振兴、服务全省经济社会发展。

仅仅一个月，该院29位老师共走访督查行政村1484个、建言献策43条，把乡村振兴一线变为了“三尺讲台”。2022年7月，该院再次抽调18位老师，赶赴全省各地抗旱救灾。

紧贴贵州“三农”工作一线，围绕特色优势农业产业，仅在2022年，该院积极组织专家团、科技特派员与全省各县（市、区）紧密联系，深入一线，服务社会，共派出专家团队80余次，参加服务专家近300人，服务群众达2000余人次。

农技专家上一线，乡村振兴有帮手。2022年，围绕贵州特色优势农业产业，该院成立了粮油作物、生态家禽、生猪发展、牛羊产业、茶叶产业、食用菌产业服务、蔬菜产业、水果产业、中草药服务、竹产业、刺梨产业等12个专家团，报名教师多达200人。

“双联双促”心连心，农业发展添助力。2022年6月初，该院党委委员带领九个党总支党员同志，深入玉屏自治县、修文县等省内多个地方，针对性开展系列活动，把党的方针、政策宣讲到村、传达到组，推动“双联双促”落地见效。

2022年暑期，该院共组织8支队伍分赴铜仁、安顺、遵义等地开展大学生暑期“三下乡”社会实践活动，围绕党史学习教育、乡村振兴、民族团结进步等主题，发挥“农”字特色，给当地村民送去“真材实料”的技术指导。

“要聚焦现代农业新技术、新工艺、新方法，进一步提升服务贵州经济社会发展的水平。”贵州农职院党委副书记、院长邓庆生表示，下一步，该院将充分利用学院教学资源，发挥全国乡村振兴人才培养优质校优势，系统推进农业技术技能人才社会培训，针对性开展科技攻关、技术集成试验、标准规范制定及成熟技术应用推广，努力打造一批优势突出的技术服务品牌。

“李子博士”十年扎根　沿河李子硕果满山

“张博士，请救救我的李子树，已经有40多棵不行了。”

“别急，老乡，请把情况说清楚，最好发几张患病李子树的图片给我，一会儿我给你回电话。”每到空心李管护时节，果农经常打电话给铜仁学院农林工程与规划学院教授张绍阳寻求帮助。这次，打来电话的是铜仁市沿河土家族自治县（以下简称“沿河县”）沙子街道石先村村民崔勇。

“老乡，根据你说的情况，我给你准备了5套防治方案，都发到你的微信上了。请按照方案准备农药和工具，我连夜赶去沿河，明早和你上山看现场。”认真诊断后，张绍阳立即给崔勇回了电话。

“叶片反光、银灰色，这是得了银叶病（俗称“李子癌症”）。如果不及时治疗，会影响今年的收成。”来到崔勇家的果林后，张绍阳看着果树说：“这是真菌所致，真菌藏在树干里面，病害反映到叶子上，直接腐烂树心，十分顽固，不太好治。”

随即，张绍阳开始仔细查看患病果树：先拿塑料袋在树干上比画，把塑料袋绑在树杈上，并在树上做好标记。然后拿钉子在标记处打上一个小孔，再将一根塑料吸管、插进小孔，吸管的另一端则插进塑料袋后扎紧、固定。

“把‘多菌灵’‘苯醚甲环唑’倒入水中，搅拌均匀，用瓢把药舀进袋子，再固定好袋子就行了。”张绍阳一边指导一边操作、检查，“这棵树病得严重，要多输点液。”

“每棵树的患病情况都不同，要对症下药。”张绍阳告诉崔勇，要先归类患病的李树，再对照5种防治方案对症下药。

张绍阳，果树学专业博士。2013 年 2 月，从浙江大学博士毕业后，张绍阳作为高层次人才被引进到铜仁学院任教。2013 年 11 月到 2019 年 12 月，他赴沙子街道全脱产科技挂职。2020 年 1 月至今，他以我省万名农业专家服务“三农”行动科技特派员身份，继续在沙子街道开展科技服务。

10 年来，张绍阳先后开展了空心李贮藏保鲜、果实采后加工（果脯和果干）、种质资源调查与保护利用、栽培管理、鲜果销售市场管理等方面的技术研究和应用推广工作。为切实解除空心李产业发展存在的问题和隐患，张绍阳数次主动延长科技挂职期限，全力开展空心李产业发展关键技术研究与应用推广服务，克服了技术研究基础薄弱和软件设施不完善等多项困难。

“只要实现果实冷藏保鲜，就可以有效缓解空心李鲜果销售市场的压力，又有一定的产品增值作用。”张绍阳团队通过冰柜重复验证和 6 年的冷库应用推进，终于筛选出了可以使空心李保鲜期不少于 7 周的冷藏保鲜方案。据了解，该冷藏保鲜方案可为果农和销售人员减少经济损失 50 余万元。

为了减少果品因滞销或损坏造成的经济损失，提高果品商品转化率，2014 年，张绍阳团队又与贵州康大食品有限公司开展了空心李果脯加工工艺的研制和优化工作，并最终建成简易又适合现有基础条件的规模化生产空心李果脯加工工艺。该技术易于复制和推广，深受市场欢迎。与此同时，张绍阳团队重点推进空心李栽培管理技术优化和应用推广工作，印发了空心李栽培管理技术手册。为便于果农查阅，手册上的施肥和病虫害防治技术十分直观详尽。

10 年来，张绍阳往返田间地头，累计开展现场技术培训 50 余次。通过 16 个相关微信群，定期发送生产管理阶段的技术信息，并通过电话、微信和现场培训的方式，每年开展“一对一”技术咨询服务 300 多次。

在张绍阳的带动下，一支由铜仁学院大学生组成的直播团队来到沙子街道黄金村开展“以‘李’为媒，‘云端’助农”的惠农直播带货活动。

“Hello，大家好，欢迎来到铜仁学院‘互联网 + 云端助农’的直播间，今天我们将为大家带来一款非常好吃的李子——沿河空心李。沿河空心李有人间仙果、李中茅台之称……”

在直播现场，七八名大学生有的持相机拍摄、有的用笔记本电脑实时关注直播情况、有的做后勤服务，他们游走在空心李树间，通过直播镜头，让网友“零距离”看清空心李的原貌及生长环境，并通过主播声情并茂的讲解、现场试吃，让大家“买起来放心、吃起来安心”。

为了让网友吃到物有所值的空心李，也为让空心李种植大户强化品牌信誉、拓展市场空间，铜仁学院专门组建了返乡科技援助空心李产业的服务队，专业教师现场指导，帮助果农在采果、装箱等环节进行品质把控和指标检测。

张绍阳团队深耕空心李产业发展，是沿河县吸引人才、运用人才的一个缩影。

近年来，沿河县建立了人才创新示范区，推动乡村人才振兴。以全县人才创新示范区建设为契机，依托“南庄坝区”技术服务队，强化人才引进，鼓励空心李技术人才、旅游开发策划运营、新媒体、电商等方面人才到南庄创业。并在南庄原村委会探索建立人才示范区，强化人才示范区阵地建设，加快推进空心李盆栽项目建设，深化张绍阳空心李试验站建设，不断引进人才服务团队、壮大人才队伍。

近年来，该县深化东西部协作，立足发展实际、群众需求、产业特点、当前形势等，巧借外力进行人才引进、开拓创新，推动空心李产业转型，一、二、三产业融合发展，不断推进人才大汇聚，为围绕“四新”主攻“四化”提供坚强的人才保障。

小小空心李，增收大产业。据了解，在专业人才队伍的加持下，目前沿河县的空心李种植面积 9.28 万亩，投产面积 5.5 万亩，该县 189 个村 19.6 万人靠种植空心李增收，其中 4.7 万人借李脱贫，空心李正在成为沿河县加速乡村振兴的重要产业。

第四篇 向美

美丽中国，离不开“美的教育”赋能；多彩贵州，少不了“美的教育”助推。贵州各族人民对美的教育的向往，就是贵州教育人的奋斗目标。

梦想是个人、家庭和地区进步的不竭动力，美的教育孕育着、滋润着梦想之花，让每一个贵州孩子在美的教育中书写梦想华章，让每一所贵州家庭在美的教育中奏响梦想之歌，让每一所贵州学校在美的教育中点亮梦想之灯，这是每一个贵州教育人对教育的庄严承诺和坚实脚步。

“人民满意”“美的教育”不是等来、喊来的，而是拼出来、干出来的。回望2022年，75万贵州教育工作者砥砺奋进、向美而行，披星戴月、毅行不辍。无数星星之火，集光成炬，照亮建设特色教育强省的奋进征途……

办好“美的教育”书写精彩“答卷”

十年感恩奋进、砥砺前行；
十年各美其美、美美与共。
“人民满意”“美的教育”不是等来、喊来的，而是拼出来、干出来的。党的十八大以来，全省教育系统胸怀“国之大者”，厚植“美的教育”理念，用“奋进之笔”书写的“六张答卷”精彩亮眼，教育面貌越来越美。

十年来，始终坚持“党的领导”办“美的教育”，“教育政治卷”精彩亮眼。成立省、市、县三级党委教育工作领导小组、健全省领导联系教育工作制度、建立“五级书记抓党建”工作机制，坚持和完善高校党委领导下的校长负责制，全省16所民办高校实现党组织书记选派工作全覆盖，推进落实中小学校党组织领导的校长负责制，常态化开展党史学习教育，扎实抓好党风廉政教育，进一步加强了党对教育工作的全面领导。建设全国重点马克思主义学院1所、省级重点马克思主义学院5所、省社会科学重点研究基地43个。创办“贵州教育大讲堂”，传播“美的教育”理念。统筹推进大中小学思想政治教育工作一体化建设，推动构建“三全育人”大思政格局。充分用好思政小课堂、网络新课堂、社会大课堂“三个联动课堂”。启动实施“一省一策”思政课集体行

动、红色文化融入思政课教学集体行动。充分利用高校名师宣讲团、马克思主义学院院长宣讲队、大学生青年理论宣讲队等三支宣讲队，教育引导广大师生深刻认识“两个确立”的决定性意义，增强“四个意识”、坚定“四个自信”、做到“两个维护”。

十年来，始终坚持“优先发展”办“美的教育”，“教育民生卷”精彩亮眼。落实教育经费“两个只增不减”，每年压缩行政经费的5%—6%用于教育“9+3”、精准扶贫等。2021年，全省教育经费总投入1508.1亿元，比2012年增加908.06亿元，增长率151.33%，累计招聘13.5万名特岗教师到农村学校任教，“国培计划”培训教师90万人次。20000余所中小学（幼儿园）实现了校园封闭式管理、护学岗设置、一键式紧急报警设备和学校视频监控系统与属地公安机关联网、学校专职保安员配备“四个100%”的安防目标。新建改（扩）建乡镇（街道）、城市社区、村级（山村）普惠性幼儿园近9000所，新增农村寄宿制中小学3000余所、乡镇教师公租房（周转宿舍）14万余套，新建改（扩）建义务教育学校5000余所、易地扶贫搬迁集中安置点配套学校669所，扩容建设普通高中学校260余所。人口30万人及以上的县实现特殊教育学校全覆盖，适龄残疾儿童少年入学安置率达到99.59%。

十年来，始终坚持“人民满意”办“美的教育”，“教育普及卷”精彩亮眼。按照“一校一址”原则优化高校校区布局，充分合理利用老校区继续办教育。在西部率先实现县域义务教育基本均衡发展，提前2年实现100%全覆盖。学前三年毛入园率、九年义务教育巩固率、高中阶段毛入学率、高等教育毛入学率分别达到91.4%、95.5%、91.5%、45.7%，分别比2012年提高29.4个百分点、16.9个百分点、29.3个百分点、20.2个百分点。学前三年毛入园率高于全国平均水平3.3个百分点、九年义务教育巩固率高于全国平均水平0.1个百分点、高中阶段教育毛入学率高于全国平均水平0.1个百分点、高等教育毛入学率与全国差距进一步缩小。

十年来，始终坚持“社会认可”办“美的教育”，“教育改革卷”精彩亮眼。坚持“五育并举”，健全立德树人落实机制，统筹推进新时代教育评价改革、教育领域“放管服”改革、高考综合改革、教育督导体制机制改革等。深化东西部协作教育“组团式”帮扶，全省7324所农村中小学校与东部优质学校实现“组团式”帮扶全覆盖。完成747所小区配套幼儿园治理。落实公办民办学校同步招生，取消义务教育阶段学校特长生招生。建成中国－东盟教育交流周永久会址及配套展馆，成功举办中国－东盟教

育交流周活动370项，参会嘉宾31692人，签署各类协议和备忘录1672份。成功在贵州设立双边或多边区域合作国际平台及基地10个。新增“中国政府奖学金资格院校”2所，新增海外孔子学院2所，新增中外合作办学项目（机构）23个，实现我省普通本科高校及高职高专院校中外合作办学机构“零”的突破。

十年来，始终坚持“群众满意”办“美的教育”，“教育公平卷”精彩亮眼。坚持从民生上办教育，加快缩小区域、城乡、校际、群体间差距。实施学前教育、农村寄宿制学校建设、高中阶段教育、高等教育“四项教育突破工程”，实施教育“9+3”计划、“新两基”攻坚，持续推进“四项教育突破工程”“全面改薄工程”“薄改与能力提升工程”等项目建设，累计投入中央和省级补助资金821亿元。教育脱贫攻坚取得重大胜利，义务教育阶段失学、辍学学生实现历史性、常态化动态清零。率先在全国实施教育精准扶贫学生资助政策，率先在全国启动实施农村学前教育儿童营养改善计划。十年来，全省累计投入学生资助和营养改善计划资金994.99亿元，受益学生7779.54万人次；累计投入农村学前教育儿童营养膳食补助资金25.18亿元，每年惠及农村学前教育儿童80万人以上。持续实施三年免费中职教育，每年近30万毕业生就业带动家庭脱贫。农村中小学校医配置实现100%全覆盖。

十年来，始终坚持“扎根大地”办“美的教育”，“教育特色卷”精彩亮眼。开展职业院校“十大”质量提升项目，获立项建设国家高水平高职院校1所、国家高水平专业群项目学校2所、国家优质高职院校3所。3所高职院校入选国家“双高”建设计划、2所高职院校被认定为国家示范（骨干）高职院校、19所中等职业学校被认定为国家中等职业教育改革发展示范校。6所高校增列为博士和硕士学位授予单位，获批国家级一流本科专业建设点149个、国家级一流本科课程21门、国家级“新工科”研究与实践项目19个、国家级“新农科”研究与改革实践项目15个、国家级“新文科”研究与改革实践项目6个。全省37个博士、硕士学位授权点直接服务农村产业革命，建设产学研基地33个。新设立27所高职高专院校、4所本科院校，推进5所学院更名为大学、5所独立学院转设。贵州大学入选部省合建高校和“世界一流学科”建设高校。推动111个高校服务农村产业革命科研项目落地。重点建设10种与12个农业特色优势产业直接相关的本科专业。高校毕业生就业保持在较高水平，十年间累计输送173万余人。

党的十八大以来，全省教育系统感恩奋进、踔厉奋发，主要做了以下五方面工作。

一是落实立德树人根本任务，不断彰显“美的教育”。全省教育系统始终牢记为党育人的初心，坚持社会主义办学方向，全面贯彻党的教育方针，努力培养担当民族复兴大任的时代新人。全面落实教材建设国家事权，切实加强对全省大中小学教材建设工作

的统筹领导，坚决落实“凡编必审、凡选必审”，确保教材符合正确政治方向和价值导向。持续推进生态文明教育进课堂、进教材。启动“贵州省学生体质健康促进系统”建设。全面加强和改进学校美育工作，加强美育师资队伍建设，不断推动美术、音乐等融合发展。广大青年学子的思想水平、政治觉悟、道德品质、文化素养不断提高，不断激发为中国梦矢志奋斗的正能量。

二是整体提升教育发展水平，充分释放“美的教育”。紧扣我省人均受教育年限水平、高等教育毛入学率全国挂末等教育短板弱项，出台《贵州省整体提升教育水平攻坚行动计划》及其“七大提升工程”实施方案。持续加强城镇义务教育学校建设，扩大优质公办义务教育资源，推动义务教育优质均衡发展，推进普通高中示范优质特色多样化发展，推动职业教育扩容提质创新发展，深化部省合建，做强贵州大学，做大省属高校，做特市州高校。积极发展特殊教育、民族地区教育，鼓励和规范民办教育。对应产业结构优化教育结构，使研究生教育、本科教育、专科教育、职业教育、成人教育在不同层面上错位互补。

三是推动改革创新开放发展，有效赋能“美的教育”。系统推进大学章程的制定与落实，“一校一章程”目标基本实现。围绕破除“五唯”顽瘴痼疾，全面抓好《深化新时代教育改革评价总体方案》落实落地。持续稳妥推进高考综合改革，提高“放管服”质量，激发基层和学校办学活力。全面推进依法行政、依法治教，积极推进民办教育分类管理改革。健全“督政、督学、评估”三位一体的教育督导体系。设立校外培训机构治理专门机构，建立“双减”工作协调机制。统筹推进和探索实施教师薪酬分配激励制度和评价管理、中小学教师“县管校聘”、教职工“员额制”、教师“坐班制”、校长职级制等改革。精心办好中国－东盟教育交流周，持续推进高校外语非通用语人才培养和国别与区域研究。支持高校聚焦世界科技前沿和国内薄弱、空白、紧缺学科专业，同世界一流教育资源开展高水平合作办学。加强高校涉外研究中心和基地建设，完善“留学贵州国际推广服务平台”建设。

四是提升服务社会发展能力，积极展示“美的教育”。大力实施“兴黔富民”行动计划，启动“技能贵州”建设。持续推进新工科、新医科、新农科、新文科建设，实施一流学科培优行动和基础学科深化行动。加快发展研究生教育，扩大研究生教育规模。推动国家级创新创业学院、创新创业教育实践基地建设。加快培养、引进急需的高层次紧缺人才。实施基础学科专业、课程、教材、实践条件等专项建设行动，加大“强基计划”、基础学科拔尖学生培养计划实施力度。加强科技创新平台建设和科技成果转移转化能力建设。选聘产业导师助推脱贫攻坚和乡村振兴。大力实施高校“大地论文”工程，扎实开展“校农结合”。积极做好高校毕业生就业创业工作，加强国家通用语言文字的推广使用，实施民族地区基础教育质量提升行动计划。全面振兴乡村教育，增强职业教育适应性，加快推进高校科技创新体系建设，引导高校高起点布局支撑原始创新能力和可持续发展能力的基础学科专业，打好服务能力跃升攻坚战，推动教育深度融入新发展格局。

五是汇聚教育发展保障要素，全力夯实“美的教育”。出台“强师工程”实施方案，聚焦立德树人、专业提升、骨干培养、体系建设四个方面，实施“铸魂”“提能”“薪火”“强根”“增效”“建强”六项行动，努力打造一支高水平教师队伍。建立义务教育教师与当地公务员平均工资收入水平调查比较、联动调整、经费投入和监督检查工作机制，加强义务教育教师工资待遇保障工作的督导督查，全省义务教育教师平均工资收入水平不低于当地公务员平均工资收入水平。全面落实乡村教师生活补助政策，广大教师扎根基层，安心从教，终身从教。实施名师名校长培养工程、“国培计划”“特岗计划”，有力优化农村教师学科、年龄、学历等结构。健全完善师德师风问题“黑名单”制度。深入推进中小学教师减负工作。加快发展“互联网＋教育”，推进教育数字转型和智能升级。健全“督政、督学、评估监测”三位一体的教育督导体系，健全落实矛盾纠纷源头预防、排查预警、多元化解等工作机制。不断完善校园疾病预防控制体系，深入开展爱国卫生运动。全面实施以“校校有食堂、人人吃午餐”为基本特征的“贵州特色”农村义务教育学生营养改善计划，彻底解决我省农村学生在校就餐的问题。

法治“种子”扎根青少年“心田”

——贵州积极推进法治副校长工作扫描

“少年智则国智，少年富则国富，少年强则国强，少年进步则国进步。”培养堪当民族复兴大任的时代新人，是新时代教育工作的主要责任之一。

2022 年 5 月 1 日，教育部颁布的《中小学法治副校长聘任与管理办法》规定，每所中小学校至少配备一名法治副校长。择优选聘法官、检察官、公安民警、律师等专业人士进校园担任“法治副校长”，协助学校开展未成年人法治宣传教育、犯罪预防、权益维护以及法治校园和平安校园建设等工作，对加强青少年法治教育、推动校园法治建设具有重要意义。

近年来，贵州省教育系统始终把法治教育作为“美的教育”的重要组成部分，认真落实《青少年法治教育大纲》，坚持课堂教学和宣传教育并重，突出重点任务，创新方式载体，推动提高青少年法治观念和法律意识，使尊法、学法、守法、用法成为青少年的共同追求和自觉行动。

筑牢青少年成长的“法治之基”

“法之始也，国之本也。法治兴则国兴，法治强则国强。教育是国之大计、党之大计，青少年是未来国之栋梁。”筑牢青少年成长的法治之基才能不断夯实依法治国之根基。党的十八大以来，贵州省教育厅要求各级学校充分发挥课堂主渠道作用，积极引导广大青少年学生深刻理解、把握中国特色社会主义法治体系和全面依法治国的总体要求。

2022 年，贵州省教育厅以省、市、县教育行政部门主要负责人和高校党政主要领导为主，组成领导干部宣讲团，从高校遴选 26 名法学教授、法学博士组成专家宣讲团，依托中小学法治副校长（法治辅导员）组成法治副校长宣讲团，2022 年 3 月至 10 月，深入各级各类学校和教育行政部门开展巡回宣讲。期间，中共贵州省委教育工委副书

贵阳市第二中学法治讲座现场

贵阳市盲聋哑学校法治教育现场

记，省教育厅党组书记、厅长邹联克赴贵州师范大学开展主题宣讲，教育引导广大青年学生深刻认识建设法治国家、法治政府、法治社会的重要意义，认识到每个人在法治社会建设中的责任和义务，自觉对标道德高线，守牢法律底线，做尊法学法守法用法的新时代大学生。

引导师生认真学法自觉守法

“驾驶机动车，不得超过限速标志标明的最高时速……遇有沙尘、冰雹、雨、雪、雾、结冰等气象条件时，应当降低行驶速度。”在义务教育八年级的物理课上，授课教师结合《中华人民共和国道路交通安全法》，举例讲课还融入物理、数学相关知识。此举既能让学生直观理解学科知识，又能结合生活实际，增强学生法治意识。

近年来，贵州省教育系统积极推进中小学多学科协同实施“法治教育”，组织编写《中小学多学科协同实施法治教育教学指导用书》，在语文、数学、历史、地理、物理、化学等学科教学中，融入宪法知识、法律常识、规则意识，积极引导青少年学生认真学法、自觉守法。

与此同时，贵州省教育厅坚持线上线下相结合，加强中小学道德与法治课教师队伍建设，组织开展教学科研、教师优质课比赛等活动，加强教师互学互鉴，努力提升道德与法治课教师的专业水平。发挥好“国培”“省培”计划，大力加强对中小学道德与法治课教师的培训，力争在“八五”普法规划期间，对全省中小学道德与法治课教师轮训一遍，不断提升教育教学能力和实效。

我省认真组织开展学生“学宪法　讲宪法”比赛系列活动。“每年‘12·4’国家宪法日前后，贵州省教育厅都组织各级各类学校通过答题、演讲、诵读、制作微视频等形式，认真学习宪法知识，争做宪法卫士，培养和增强青少年的国家观，正确认识公民的权利和义务。”

推动法治宣传教育走深走实

近年来，为认真贯彻落实《中小学法治副校长聘任与管理办法》，贵州省教育厅联合省高级人民法院、省人民检察院、省公安厅、省司法厅印发《贵州省中小学法治副校长工作指引》，紧扣全省中小学法治副校长履职的薄弱环节，对“法治副校长人员库”建立的具体要求、工作范围、工作时间、工作内容、形式载体等作了细化规定，对法治副校长履职尽责提出了明确要求，进一步明确法治副校长的工作职责，规范法治副校长的配备和考核方式。

聘任法治副校长，是深入贯彻落实教育部等5部门《中小学法治副校长聘任与管理办法》的重要举措，有利于完善中小学治理体系，健全学生权益保护机制，促进未成年人健康成长。法治副校长将协助开展法治教育、学生保护、安全管理、预防犯罪、依法治理等工作。目前，全省9400余所中小学已全部配备法治副校长，实现全覆盖。

为开展符合中小学生身心特点的法治宣传教育活动，贵州省教育厅深化“法官＋检察官进校园”活动，健全法官、检察官校园普法机制，组织学生到法院、检察院、未成年人犯罪预防基地实施参观，通过案例警示和实物展示，培养学生对制度的尊重、对规则的敬畏，强化学生法纪意识。其中，贵阳市教育局与贵阳市中级人民法院联合开展模拟法庭，让学生切实感受法律的权威和公平正义。同时，贵州省教育厅督促各地把法治教育作为“开学第一课”的重要内容，推动构建校、家、社协同育人机制，不断强化“社会、学校、家长”共同普法新格局，以法治护航青少年健康成长。

多年来，贵州省各地法治教育活动内容丰富、形式多样。毕节市黔西市积极组织当地的“五老”宣讲组（老干部、老战士、老专家、老教师、老模范），深入学校开展党的二十大精神暨法治教育专题宣讲，同广大青少年一起回顾新时代10年的伟大变革，引导青少年听党话、跟党走、感党恩。贵阳市教育系统联合法院系统开展“法律进课堂、法官进校园”系列活动，针对“网络诈骗”“沉迷网络”“家庭暴力”“校园欺凌”等问题，通过展板宣传、案例分析、互动交流等方式，大力开展法治宣传教育，提升学生的法治意识和自我保护意识，切实为青少年健康成长筑起一道牢固的安全防线。

“加强青少年法治宣传教育，是建设社会主义法治国家的基础工程。”邹联克表示，在新的赶考之路上，全省教育系统要把深入学习宣传、贯彻落实党的二十大精神作为首要政治任务和长期战略任务，坚持立德树人这个根本任务，增强青少年法治宣传教育的针对性和实效性，完善青少年法治宣传教育新格局，努力办好人民满意的教育，谱写好中国式现代化的贵州教育新篇章。

“5+X”供餐 “学生娃”吃得营养又健康

推行“5+X”供餐模式

在黔南布依族苗族自治州独山县实验小学食堂，学生们兴奋地夹起刚出锅的基围虾，熟练地剥开虾壳，将鲜嫩的虾仁放进嘴里。“白灼大虾”是新学期独山县实验小学食堂新增的一道菜，深受孩子们喜爱。

“营养餐不只是一顿饭的事情，对处在生长发育阶段的孩子来说，饭菜营养丰富、绿色健康非常重要。现在，我们学校食堂每天多样化地加餐水果、糕点和纯牛奶等，让孩子从吃得饱迈向吃得营养、吃得健康。”独山县实验小学德育处主任张光辉介绍说。

学生营养改善计划已经推行 10 年。2012 年 3 月，贵州省以“校校有食堂、人人吃午餐”为目标，全面启动农村义务教育营养改善计划，于 2017 年实现营养改善计划农村义务教育学校全覆盖。

为进一步改善农村少年儿童营养健康状况，2021 年 12 月，贵州省教育厅、财政厅、卫生健康委等部门印发《关于实施农村义务教育学生营养改善计划提质行动的通知》，明确 2022 年全面实施“5+X”供餐模式。

碧江区第三十三小学学生享用餐后牛奶和水果

锦屏县新化小学营养午餐

学生吃上绿色菜

2022 年 10 月 10 日午饭时分，安顺市镇宁布依族苗族自治县第四小学（以下简称“镇宁四小”）四年级（2）班的王景瑜，将三菜一汤的营养午餐吃得干干净净，他一边咬着餐后苹果，一边骄傲地告诉记者：“学校的营养餐比家里的午饭还可口，每餐不仅有肉有蔬菜，排骨汤、鸡汤、鹅汤换着喝，餐后加水果，下午还有牛奶跟点心；午餐吃得饱饱的，让我长得结结实实，不仅学习越来越棒，还成为学校的小主持人；上个月跟着电视台的阿姨录制了一期校园新闻……”

镇宁四小是一所易地扶贫搬迁点寄宿制学校，校长李萍介绍道：“学校的营养餐目前是三菜一汤（每生每餐肉不少于 100 克），餐后有水果，下午三点半还有牛奶跟点心。不仅让孩子们吃饱吃好，还解决了家长中午接送的后顾之忧。六个年级的 1997 名同学，人人享有营养餐；孩子们像挺拔的小树苗，沐浴着党的阳光茁壮成长。”

享有这份幸福的不仅仅是这 1997 名同学，贵州全省近四百万农村义务教育学生都可以在学校吃到热腾腾的饭菜及牛奶、水果等。2012 年以来，贵州省全面实施以“校校有食堂、人人吃午餐”为基本特征的农村义务教育学生营养改善计划；2017 年实现全省农村义务教育学校全覆盖，彻底解决了农村学生在校就餐难的问题。2022 年，我省投入农村义务教育学生营养改善计划资金 42.95 亿元，惠及农村中小学生和农村学前儿童 484.20 万人。

学校“菜篮子”连着乡村“菜园子”，学生“饭盒子”连着农民“米袋子”。我省实施义务教育学生营养改善计划有一套独特“战法”，从 2017 年开始，探索出“校农结合”模式：以营养改善计划为依托，将学校食堂与农业脱贫产业有机对接起来，推动当地生产的安全、绿色、新鲜、优质农产品优先进入学校食堂，逐步提高学生用餐食品安全和营养健康。明确要求各地各校采购本省农产品比例要达到 80% 以上，优先采购脱贫群众生产的优质农产品。同时，营养午餐菜谱越来越丰富，“三菜一汤”基础上，实现每周食材种类达到 25 种以上，每天都有新菜换着吃；天天有水果有鸡蛋，每周为学生至少提供 3 次牛奶，从“吃得饱”到“吃得好”，再向“吃得营养、科学、均衡”迈进。

脱贫群众好卖菜

回想曾经往返于学校和集市之间的经历，天柱县蓝田镇小学教师赵健羽感叹：“在农产品还没有统一配送之前，我们教师会按照班级轮流到集市采购，但集市供挑选的食

镇宁四小的营养午餐

材十分有限，即使我们有了丰富的营养食谱，也没有足够的食材做支撑。”

如何让学生吃上好饭菜，群众的农产品不愁销？贵州省逐步探索出四项经验：一是确保专项资金到位。持续强化对各地专项资金的督查调度，采取定期排查、全省通报、重点督查督办、集体约谈、台账管理、逐县销号等多种措施，督促各县（市、区）按学期保障营养膳食补助专项资金拨付支付到位。二是建立就近采购机制。按照确保质量、就近取材、品种多样的原则，要求学校食堂优先采购本省或当地农产品，2020 年实现全省农村中小学食堂采购本省农产品比例达 80% 以上。三是建立“以销定产”机制。以学生营养餐农产品消费需求为重点，建立全省“校农结合”产销平台，按照“学校 + 龙头企业 + 农民专业合作社（种植养殖基地）+ 农户”模式，以“订单农业”推动需求与生产精准对接。四是建立“校农结合”联盟机制。组建一批全省“校农结合”产业帮扶联盟，积极搭建“校农结合”大数据综合管理平台，实现对学校采购农产品的溯源、审核和监管全流程管理，全省 9 个市（州）88 个县（市、区）的 1.10 万所营养改善计划项目学校实现了“校农结合”工作数据的信息化。

截至 2022 年，我省各级各类学校食堂累计采购脱贫地区农产品约为 295.38 万吨，采购金额累计达 257.56 亿元，有效带动省内近 1 万个种植养殖基地（合作社）发展，推动调整产业结构 300 万亩，带动脱贫地区 100 万余群众实现增收。

多措并举保安全

“‘一看、二闻、三摸、四查’，这是营养餐负责人每天检查配送食材的首要环节。”凯里市第二十五小学营养餐负责人潘健介绍，该校每周安排 3 名教师专门负责食材进校园的第一道质检。在凯里市，食材的质检要经过专人负责的储存关、出货关、加

荔波县教育局通过云平台全程监控全县各学校的食堂、厨房、仓库，确保万无一失

工关、食品供应关、食物处理流向关 5 个“关口”，严格筛查食材，确保食品安全万无一失。

在独山县经济开发区，贵州阳光农产品配送服务公司建起一座占地 4000 余平方米的配送中心，该中心包括常温库、冷藏库、食材清洗间、食品安全检测车间等，并且为每一辆冷链配送车加装 GPS 定位和摄像头，确保食材储藏品质与配送安全。

近年来，贵州各级各类学校加大“明厨亮灶”建设力度，加快推进“互联网 + 明厨亮灶”布局，以“摄像头 + 互联网”的监管模式保障学生用餐安全，使校园食堂监管更加可视化、透明化。“通过摄像头和互联网对食堂进行 360 度无盲区的实时监管，是打造‘明厨亮灶’的标配。”凤冈县第一小学校长刘天敏说。自 2016 年建校起，凤冈县第一小学便配备了设施齐全、设计合理的明厨食堂，并成立了学校营养餐工作领导小组和膳食监督委员会，学校领导、家长、社区代表分工合作、共同监督。

为把好营养改善计划“安全关”，我省各地严格实行“四统”（统招、统配、统购、统送）的食材采购配送机制，建立多功能食材配储中心，加大校园食堂管理力度，从每一道工序、每一个细节保障农产品安全进校园，让孩子们吃得健康安全营养。

“家校社”协同　劳动育新人

——贵州大中小学劳动教育实践扫描

2022年6月中旬，贵阳市第一中学（以下简称“贵阳一中”）李端棻中学校园内生机盎然，在社会实践劳动教育基地里，学生种植的茄子、丝瓜、番茄等植物长势喜人，该校将此地命名为“苾园春”。

苾园春内，第一届学生种下的枇杷树如今已经长高。一届接着一届，学生们在这片园地学习种植技能，播撒希望的种子，传承劳动的价值。“劳动教育能让孩子们亲身感受到劳动的意义，在劳动过程中还能营造团结互助的氛围，学会尊重劳动者和劳动成果。”贵阳一中李端棻中学执行校长范光留如是说。

2022年4月，教育部正式印发《义务教育课程方案》，将劳动从原来的综合实践活动课程中完全独立出来，并发布《义务教育劳动课程标准（2022年版）》（以下简称“劳动课标2022”），要求加强课程与生产劳动、社会实践的结合，充分发挥实践的独特育人功能，突出学科思想方法和探究方式的学习，加强知行合一、学思结合，倡导“做中学”“用中学”“创中学”。

劳动体验有新意

“劳动课标2022”倡导丰富多样的实践方式，贵州各地中小学将劳动教育与节日深度融合，让孩子在节日气氛中感受劳动的独特魅力。

2022年“三八”妇女节当天，贵阳市环西小学开展“我和妈妈互换一天”主题活动，通过与妈妈换岗，学生学会了劳动技能，深刻体会到父母的辛劳。五年级（1）班班主任老师说：“劳动教育可以把感恩落到实处，从一年级到现在，我清楚地看到学生通过劳动，逐渐从为自己服务到为班级、家庭和社会服务。”

此外，劳动教育场地不再局限于校园，学生们走进田间地头，与大自然近距离接触。在遵义市桐梓县尧龙山镇尧龙中学，该校师生组团前往龙山镇沿岩村狮子湾组

“尧龙香米”水稻种植基地参加插秧劳动实践活动，学生在水稻田里上了一堂生动的劳动课。

培养学生动手能力，激发学生参与劳动的主动性、积极性和创造性。贵州各地学校结合自身特色，充分挖掘，利用校内、校外资源，开发各具特色的劳动课程，充分发挥劳动的育人功能，培养学生的动手实践能力，帮助学生树立正确的劳动价值观和良好的劳动品质。

劳动基地有特色

“松地、培土、施肥……一个环节都不能少，要让劳动教育真正实现树德、增智、强体、育美的教育目的。”黔东南苗族侗族自治州从江县第一民族中学劳动教师颜兴勇说。春季开学后，许多学校把“开学第一课”搬到了劳动基地。

从江县百香果产业发展势头强劲，从江县第一民族中学抓住机遇与当地政府联系，将“如何学习栽种百香果”纳入劳动教育课程，一批批百香果果苗被送进校园劳动教育基地。

近年来，贵州各地中小学充分发掘本地资源，建立了多个特色劳动实践教育基地，促进劳动课程本地化、科学化发展。遵义市绥阳县第二实验小学根据学科教学内容划分了四个种植园，分别种植果树、豆类竖藤作物、棚类高挂作物等。该校教科主任张骏介绍，为了让劳动实践基地与学科教学融合，该校根据各学科教材内容挑选种植作物，让学生在学习《我要的葫芦》《种子的观察》《蚕的一生》等课时，将抽象的教材具体地展现在种植园里，进而使实践基地的教育意义最大化。

眼下，贵州要求各地把劳动实践教育基地建设纳入“十四五”教育发展规划，积

桐梓县尧龙中学学生认真学习插秧技巧

从江县第一民族中学学生种植百香果树

贵阳一中李端棻中学学生学习创意蜡染

贵阳一中李端棻中学学生学习烘焙技术

极创造条件，因地、因校制宜，扎根本土，充分挖掘、运用所在区域自然、经济、文化等方面的资源，结合当地生产实际和社区建设需要，加强劳动实践教育场地或实践基地建设。

教师指导有创新

贵阳一中李端棻中学美术教师贺思琪在一次外出学习中接触到传统蜡染制作工艺，经过前期调研，在充分了解学生学习意愿后，她到丹寨县学习传统蜡染技术，经过撰写课程方案、向学校提出申请等过程后，蜡染劳动课成功开课。学生们可以从描绘花样开始，充分体验与民族特色和传统文化相关的劳动教育知识。“把蜡染带进课堂，让学生体验以前未接触过的技艺，大家对这门课程的热情让我既惊喜又欣慰。”贺思琪说。

“我们会对开设校本课程的老师进行整体培训，由老师进行校本课程申报，学校课程与教学管理处提出建议，依托成功案例对其给予参考和指引。”该校课程与教学管理处副主任李瑞晨介绍，老师将校本课程纲要提交学校审核，经过学校审核修改完善后，由学生自主选课，达到开班人数后方可开课。据了解，在劳动课程体系的建设上，贵阳一中李端棻中学已开发了包含蜡染、泥塑、模型制作、花草标本制作等丰富多彩的劳动课程。

自开展劳动社会实践教育课程以来，贵州各地教师通过不同方式发挥教研主体作用，利用自身专业背景，发扬专长优势，提升专业素养，不断探索指导劳动实践的方法，落实立德树人根本任务，真正让学生崇尚劳动、热爱劳动、尊重劳动。

无数星火 集光成炬 烛照“美的教育”奋进路

卢履智：“美好教育”乐园的耕耘者

贵阳市第一中学的校园里，总有一个穿梭在各年级教室和学生社团之间的忙碌身影，她是校园里一名快乐的精神“舞者”。

卢履智，二十五年党龄，在二十二载从教路上，她本着对党的教育事业的忠诚，对百年名校的热爱，积极践行本真育人。她真诚待人，踏实做事，用爱浸润学生成长，把“立德树人”任务默默熔铸于自己的平凡工作中。在学校的培养下，她赢得了学生、家长的认可和信任，荣获“贵州省优秀教师”“贵州省骨干教师”“感动贵阳·教育十大人物”“贵阳市第三批名师”等荣誉称号，被中国教育学会评选为“优秀指导教师”，所执教的省级示范课入选省教育厅第一批省级教师教育精品课程，纳入国培计划教程资源。

卢履智热爱教育事业，勤学善思、勇于探索，为更好帮助学生，自学考取二级心理咨询职业资格证，积极参与省、市名师工作室教研工作，通过一次次的示范教学和交流座谈，不断传递着爱和美的教育，追逐美美与共的教育之梦。

真情陪伴学生成长

2000年，初为人师的卢履智踏入校园，成为班主任令她兴奋，她成为学生们的“大姐姐”，同学生一起晨跑，一起学习，在球场上呐喊助威，在联欢会上翩翩起舞。一点点感动、一点点兴奋、一点点成就，都沉淀在岁月里，她下决心做一个笃信践行“真善美”的好老师！

叶圣陶先生曾说：“千教万教教人求真，千学万学学做真人。”她努力构建民主开放的班级氛围，竭力让每个学生展现自己；认真查阅、批注每一篇周记和班级日志，为每一个孩子建立心理档案，记录他们的成长变化，并分析成因，总结干预后的变化，这是该校第一份学生心理档案，也是该校示范评估的亮点。

她坚持以爱育人，努力践行平等的、有温度的教育。她曾带过一名阳光开朗的女孩，非常热心班级事务，却有先天性心脏病，卢履智日常给予这个女孩更多的关爱，也启发同学互助。在体育赛事时，她常常一步不离地紧跟着这个女孩，随时牵着手，不时提醒。日复一日，年复一年，一届又一届的学生快乐地奔向人生的新舞台。新校区启动后，她每天往返 50 多公里上班，全寄宿制管理下的班主任任务重压力大，她仍然和孩子们一起奋斗、一起欢笑，积极排查班级问题，寻找未返校的孩子，多次深夜到校处理突发问题，开导情绪低落、抑郁的孩子。毕业季，也会把祝福写在留言册上，留在合影的笑脸里，留在等着孩子们回母校时表演的“卢老师收手机”的小节目里……卢履智始终相信每个学生都是独一无二的，教育就是要成就每个学生的人生。

人生总有面临严峻考验之时。十一年前，不幸确诊癌症的卢履智，经过三次手术治疗康复后，又积极投身一线教学，兼任历史教学和组织学校综合实践课程教学管理工作，积极开发两门校本课程，利用业余及寒暑假时间指导学生开展创新实践类项目，带领学生多次参加全国、全省大赛，助力学生成长，为该校赢得荣誉。

研修促学科发展

卢履智一直在教育一线刻苦钻研学科专业知识，主动学习教育教学新理念和方法，努力构建系统而扎实的专业知识体系，积累了较为丰富的教育教学经验，形成了独特的教育风格。近年，她积极参编专著、撰写发表论文案例十余篇，参加省、市级精品课或优质课 4 节，参加省级命题工作 4 次，所主持的国家级子课题获省级教研成果一等奖、市级社科二等奖。她作为市级名师工作室主持人和 3 个省级工作室的成员，发挥团队力量，积极参与乡村教育振兴，定期到少数民族地区送教送培，帮助青年教师成长，为国家课程改革贡献才智。

17 年来，她组织综合实践活动的备课工作，构建了校本综合实践课程体系，开发了两门校本课程，编辑了教学课件集和《学生成长手册》，多次在省、市及全国的教师培训和科研研讨会上分享课程管理的经验，对省、市综合实践课程的推进具有借鉴和推动作用，扩大了该校的影响力。

汪李莉：春泥培花香四溢

汪李莉，北京市芳草地国际学校贵阳分校党支部书记、校长，副高级职称，全国模范教师、全国“十佳”辅导员、贵州省首届名校长、“大山脊梁”感动贵州优秀教师、贵州省优秀党务工作者。2019 年，汪李莉作为贵州省小学教师代表，光荣地参加建国 70 周年观礼活动。

愿为春泥更护花——教育的价值在于奉献

担任少先队辅导员的 18 年里，汪李莉把全部的爱都献给了自己钟爱的少先队事业和可爱的少年儿童。她坚持立德树人初心，牢记为党育人、为国育才使命，全身心投入她热爱的教育事业，创新开展少先队活动，每天，她的工作时间达 14 小时以上。最初，她在贵阳市省府路小学工作，为省府路小学少先队工作赢得了从区级到国家级的数十项荣誉。

少年军校是贵阳市省府路小学的一块金字招牌。作为少先队大队辅导员，汪李莉每年 6 月都要带领几百名少年军校的同学在部队封闭训练半个月。虽然训练营地离家不过 30 多公里，但汪李莉的家人知道，训练期间，汪李莉片刻都不会离开孩子们。

以爱滋养——教育的意义在于责任

2012 年，汪李莉调任贵阳市茶店小学校长。茶店小学是一个农民工子女占 76% 的城乡接合部的边缘学校。汪李莉秉持有教无类的教育理念，认为教育“一个都不能少”，决心让每个孩子都享受公平而有质量的教育。

她经常深入困难学生家庭，帮助解决其实际困难，多次用自己的工资帮扶贫困的孩子。她还在学校发起“爱满校园”主题活动，并积极动员社会力量让“助学资困”常态化。

汪李莉深入调研，走进乡村，前往博物馆查阅历史资料，她借助“茶店”这一名称的历史渊源，提出了“涵善如茶”的办学理念。通过设置茶艺室、装饰古色古香的茶文化历史长廊、开辟茶场种植园等，教育学生理解“茶道如人道，做茶如做人”的道理，将茶作为“爱之源、善之本”，让许多来自农村的孩子成为阳光快乐的有理想、有道德、有文化的好少年。

一位校长影响一所学校，短短 4 年，汪李莉将一所以进城务工子女为主的学校，办成文化特色学校，吸引了来自全省校长的参观调研，更是受到家长和社会的一致好评，该校党支部被评为“全省五好基层党支部”。

春泥培芳——教育的生命在于创新

2016 年，汪李莉调到京筑联办的新建小区配套学校任党支部书记、校长。她又开始了新学校办学理念的探索。她以党建引领团建、队建，赓续红色血脉，传承红色基因，强力推进“红色文化进校园”。以“让孩子拥有一百个世界”为办学理念，在实施国家课程的前提下，秉承北京集团总部的地球课程，开发了符合贵阳分校特色的“芳舟”课程。她用六年时间把一所只有 24 名学生的学校，办成有 3400 余名学生、老百姓就地选择读书的满意的学校。

教育的生命在于创新。汪李莉时刻都在琢磨教育如何创新，她经常在楼道里沉思，一站就是一两个小时，思考这些墙能装扮上什么文化符号、哪些转角可以变成创新空间。为了节约经费，她不舍得请设计师，总是用手机拍摄该校需要的素材，她打造了“一厅、两馆、三室、四角、五品、六字、七区、八坊、九顶”校园文化阵地，将该校办成博物馆式的学校。让校园的每一个角落、每一面墙都成为情景育人的素材，用沉浸式和体验式的教育，为学生展示更加丰富多彩的世界，让学生在多彩芳草园里畅游。

6 年来，汪李莉带领一批没有教龄的年轻老师成长，打造了一支专业能力强的教师队伍。以市级课题“知行课堂下教师语言表达能力的提升”和省级重点课题“校馆合作助力师生文化自信”为动力，培养教师教科研一体发展，注重校本研修。仅 2021 年，教师就在各类大赛中获国、省、市、区奖状 200 张。

汪李莉始终坚持以中华优秀传统文化和革命传统教育为底色，厚植红色基因，培养学生从小爱党、爱国、爱人民的深厚情感；开展“党旗飘飘、浸润童心”主题系列活动，秉承北京总部的育人目标，和而不同地办出贵阳分校的特色，培养学生站在中国人的立场看世界。爱岗敬业、无私奉献的精神在她身上体现得淋漓尽致。

转战芳草地的 6 年间，汪李莉带领该校获得全省党支部标准化、规范化建设示范点称号，还获得全国青少年校园足球特色学校、全国篮球示范校、全省羽毛球示范校、贵州省首批公办强校培育校、贵阳市德育示范校、云岩区新优质学校等多个荣誉称号。2022 年 6 月底，教育部部长怀进鹏在中共贵州省委副书记、省长李炳军的陪同下来到芳草地，对该校的办学理念给予高度评价。作为我省省级名校长，汪李莉积极助力乡村教育，先后走进黔西市、贵定县、织金县、长顺县等地，建立国培基地中心校及乡村工作站，指导数百名乡村校长办学，送培送教下乡，为乡村教师提供优质跟岗学习平台。近年来，《人民日报》、《光明日报》、新华网、“学习强国”APP 等数十家权威媒体报道争相转载该校的办学成绩。2021 年“六一”前夕，时任中共贵州省委书记、省人大常委会主任谌贻琴走进芳草地，听取学校跨越式发展汇报后，对汪李莉说：“你是一个好校长，所以成就了一所好学校。”2022 年 6 月，教育部部长怀进鹏走进学校，也对她说：“你是一个非常用心办教育的校长，一个好校长成就一所好学校。”面对荣誉，汪李莉深知作为教育工作者的责任与担当，她将继续努力，办好人民满意的教育。

杨春霞：相信生命的奇迹

杨春霞，贵州省优秀教师，2021 年东京残奥会游泳冠军蔡丽雯的班主任和启蒙教练。杨老师自 1997 年参加工作以来，始终奋斗在特殊教育的第一线，坚守特殊教育岗位 25 年，她把人生中最青春最亮丽的时光转化成最特别的爱，献给了一个又一个看不到光亮的盲孩子，为他们点播光明，重新扬起远航的风帆。

点亮光明

2005 年，遵义市特殊教育学校招收了第一批视力障碍学生，13 个无望恢复光明的视力障碍孩子，万般无奈地走进了她们的希望的最后一站——遵义市特殊教育学校。班上 13 个同学，有 8 个是被父母遗弃的孤儿，来自福利院，他们没有父母的宠爱，没有家庭的温暖，杨春霞只能既当老师又当“妈妈”。她认真观察，挖掘孩子的兴趣、特长、潜能。课上教他们学文化，课后教他们学唱歌、学弹琴。她会的，她当老师教他们；她不会的，她当家长，请人教他们，自己则充当家长角色接送孩子，路上教他们数站台、闻气味、听音定位的行走技巧，为他们以后独立行走奠足基础。她把歌曲《相亲相爱一家人》作为班歌，努力打造一个温馨团结、积极向上的班集体。

这群看不到光亮的折翼天使，在这个班集体扬起了一个又一个小风帆，他们有的成为给病人缓解痛苦的按摩师，有的成为给钢琴“医病”的调律师，有的成为数据处理的程序员，有的成为为国家增光添彩的游泳冠军。他们，虽然眼前一片黑暗，却成了战胜黑暗的勇士。教育，让孩子们创造了奇迹。

花开无声

蔡丽雯是东京残奥会游泳冠军，不过，她最先学的是声乐，即使她的音色出色，但她“晕高音”“晕太阳”，体质比较弱，因而放弃声乐，却意外开启了游泳生涯。

2007 年，汇川区残疾人联合会通知该校选拔游泳运动员，杨老师在班里询问无果，但她不想放弃任何一个让孩子们成长的机会，便问是否有人喜欢游泳，只有蔡丽雯回答：“我喜欢水！”杨老师思考后表示支持。就这样，放学后，杨老师带着蔡丽雯到万里路电厂的恒温游泳池去学习游泳，蔡丽雯看不见示范动作，杨老师便下水手把手地教；蔡丽雯体验不到游起来的感觉，杨老师就用浮板拉着她体验；蔡丽雯害怕，杨老师就在水里陪着她，一边鼓励一边讲解游泳动作。经过不懈努力，蔡丽雯终于学会了游泳，杨老师也自然成了蔡丽雯的游泳启蒙教练。从此，蔡丽雯的游泳生涯正式开启，她从市里游到省里，从省里游到国家队，游到世界的舞台！

在游泳的这条道路上，蔡丽雯遇到了很多困难，刚进省队时，她哭着给杨老师打电话，说教练严格，她要回特殊教育学校。面对学生的哭诉，杨老师十分心疼，但为了孩子的游泳梦，也只有安慰她，狠着心劝她、鼓励她坚持。一段时期后，蔡丽雯稳定下来，凭着一股不服输的劲儿克服一个个困难，省运会、全运会、亚运会、世锦赛所有的金牌，都被她收入囊中。

2021 年，是蔡丽雯的丰收之年，7 月，在东京残奥会上获得女子 S11 级 100 米仰泳金牌并打破世界纪录，共获得一金一银两铜的好成绩；9 月，又获得“中国青年五四奖章”“全国三八红旗手”“全国五一劳动奖章”；11 月，西安残运会上，又夺得三枚金牌。如今，蔡丽雯已经成为一名像杨老师一样的特殊教育教师，蔡丽雯表示她会将她的奥运精神、拼搏精神传递给她的学生，她要用行动诠释遵义市特殊教育学校的校训：相信生命的奇迹。

爱伴成长

在一次整理学生档案时，杨老师发现一个女孩在出生日期一栏填写了“不详”，询问后得知女孩是孤儿。初为人母的她很自责、很难过、很心痛，便把每年 3 月 28 日定为孩子们的集体生日，并坚持九年，直至孩子们毕业。课余，孩子们亲切称呼杨老师为“杨妈妈”，他们体会到了问候的温暖和成长的幸福。

杨春霞的家就在学校里，她每天晚饭后都要到宿舍、教室转一圈。有一天，她远远地听到从宿舍里传出电子琴的声音，旋律正是她刚教孩子们唱的《相亲相爱的一家人》，她惊讶，也很惊喜，决定请人教这个弹琴的孩子。她四处辗转才找到一位钢琴老师，每周都带他去红花岗学琴，一带就是三年。她用三年的时间，让孩子有了音乐基础，同时，她还教孩子记站台、记路标、闻气味，三年后，孩子也学会了独立出行。现在，这个孩子已经从北京联合大学毕业，所学专业就是钢琴调律。他曾作为优秀学生代表参加中国残疾人联合会第七次代表大会，现在在遵义从事钢琴调律的工作，用他的劳动养活了自己的小家庭。

生命奇迹

常言道，要给学生一杯水，自己要有一桶水，为了更好教学，杨老师坚持学习，努力潜心钻研教材。近年来，杨老师的公开课“可贵的沉默”获得市级一等奖，论文《巧用多媒体，提高视力障碍学生语言文字运用能力》获得市级一等奖，辅导学生黄琪参加科技创意比赛，作品“便携式盲人键盘膜”获得省级一等奖。她，成为一位名副其实的优秀特教教师！

走进杨春霞老师，你会发现，她做任何一项工作，都是脚踏实地、尽心尽力、尽职尽责的，她说：“作为一名特殊教育教师，我将一如既往地热爱特殊教育事业，努力成为‘四有’‘三者’好老师。在教学中，挖掘学生潜能、因材施教，关心爱护每一名学生，让每一名学生都能绽放出最绚烂的花朵！让每一名残疾学生都能相信生命有奇迹！都能创造自己生命的奇迹！”

秦洁：“四有”师者　聚沙成塔

秦洁是贵州省“五一劳动奖章”获得者，贵州省特级教师、教学名师、骨干教师，贵州省秦洁名校长工作室主持人。她是一手打造“书香灯塔”奇迹的教育能人，创造桐梓县教育“灯塔速度”的名校长，干事创业风风火火的“女汉子”。

爱心铸“师魂”

教师不经意的举手投足可能在孩子的人生路上留下深深的烙印，甚至会改变孩子的一生。秦洁总是用最真诚的爱去关心和教育学生，教学中，她要求严格，她所教班级的成绩在区域内长期名列前茅；生活中，她是孩子们的好伙伴，学生们都亲切地叫她“秦妈妈”。

小刚是灯塔小学的学生，他不幸患上了骨癌，高额的看病就医费用让这个原本贫困的家庭雪上加霜。面对这种情况，秦洁积极奔走于政府部门、公益机构和学校之间，先后为小刚募集资金 5 万余元。虽然她的努力最终没能挽救小刚稚嫩的生命，但这份情怀传递了爱，也为这个多灾多难的家庭送上了一些慰藉。

小涛是秦洁教学生涯遇到的一位不幸的女孩。开学伊始，接任新班的秦洁发现小涛没有到校报名，辗转打听都不知具体情况，于是亲自家访。性格内向的小涛面对陌生的老师一声不吭，但在秦洁老师无微不至的关怀和真情叮嘱下，小涛终于向秦洁吐露了实情。原来小涛的父亲早逝，母亲有残疾，家庭生活十分艰难，为了生活，她母亲回老家依靠摆地摊维持家用，年仅 10 岁的小涛独自住在一间 15 平方米的小房间里，每周用着 10 元生活费……秦洁被这位自强自立的孩子感动，便决定为小涛提供特别帮助，为她交纳学费并一直坚持到毕业，同时又用小涛自强自立的故事教育班上的同学，号召大家向她学习。在爱的滋润下，小涛逐渐开朗起来，成绩也迅速提升。

匠心塑“灯塔”

秦洁先后在多所学校任教。强校和弱校间的角色转换，让她有了一个梦想——办家门口的好学校，为学生成长成才提供适合的教育，让每个孩子得到充分全面的发展，让每个家庭不再担心择校问题……

她是这样想的，也是这样做的。2010 年 7 月，秦洁被组织上任命为灯塔小学校长。灯塔小学的前身是城郊的一所村小，该校各项指标相对滞后。她看在眼里、急在心里，大胆提出学校长远发展规划，四处奔波，起早贪黑。几年来的艰辛付出，该校发生了翻天覆地的变化。

硬件设施好并不代表学校好。针对灯塔小学学生现状，秦洁提出以“书香教育”为核心的特色学校创建模式。在她的带领下，灯塔小学荣获“全国最美校园书屋”称号，“书香灯塔”成为特色学校建设的典范。如今，灯塔小学的学生想要读书触手可及；图书借阅实行自主登记、自主管理、自行归还；晨读、午诵、暮吟成为学生每天的必修课；读书在教师、学生、家长中成为一种价值认同和行为自觉……

没有课程，就谈不上教育；没有好的课程，就很难达到好的教育效果。在秦洁的带领下，灯塔小学依托少年宫，充分整合师资、场地等资源，采用分段、分时间，集中 + 走班相结合的方式开设少年宫校本课程，着力构建促进学生全面而有个性发展的校本课程体系，实现了校内、校外资源的有效整合。

对于学校来说，教师队伍才是关键中的关键。为了教师队伍能够适应新时代素质教育的发展，秦洁根据该校实际情况，实施“1357”工程，锻造了一支业务精湛、能力强劲的师资队伍。

在她的带领下，灯塔小学实现了学生素质提升和学校内涵发展，成为桐梓县教育事业的焦点，真正为桐梓县小学教育塑起了一座“灯塔”。

初心写“春秋”

秦洁认为：“办好一所学校是自己的责任，引领一方发展才是自己的梦想。”

2019 年，秦洁从灯塔小学调任海校街道中心学校校长，她创新管理，确立了海校街道中心学校教师发展“11136”工作思路，着力提高教师队伍专业素质，该辖区学校正朝着优质均衡的方向快速迈进，区域教育一体化发展取得良好成效。2022 年 3 月，秦洁调任娄山关街道中心学校校长，她初心依旧，为了心中的教育梦又开始勾勒新的教育蓝图，踏上新的逐梦之路：“美之乐”课堂、“强师四大工程”、教师“三航工程”、“美之润”红色课程……娄山关教育之花红遍了桐梓全县。

2015 年以来，秦洁获建了“省市县三级名校长工作室”。几年来，工作室以“实地问诊”、送教送培等方式走遍了全县大多数乡镇，辐射上百间学校、4 万余师生，引领了更多乡村校长和学校发展。在实现区域内引领帮扶目标的同时，秦洁校长的影响力扩展至县外、省外。2021 年，秦洁被北京师范大学聘为云南省镇雄县、沧源县校长“加油计划”指导专家。她深入云南省开展实地指导，定期对相关学校和校长进行线上帮扶和跟踪指导，其丰富的办学治校经验得到学员的广泛好评，助推了相关学校的发展！

一位好老师带出一批好学生，一名好校长成就一所好学校。秦洁用务实的举措和不懈的奋斗收获着似锦的繁花，她厚积一生智慧，沥尽辛勤汗水，让每个孩子都能得到充分的全面发展，用高尚情操和深厚情怀引领着桐梓人民满意的教育，在平凡的岗位上践行着对教育事业的无限忠诚。

张贵超：用“心”托举大山的梦想

遵义市习水县温水镇偏远的下坝村下坝小学，凭借一个小小的篮球，一跃成为远近闻名的“网红”学校，学生篮球操视频在网上点击量突破两百多万次。近年来，该校学生人数从 2015 年的 127 名增加到 2022 年的 328 名。在当下学生向城镇集中、村级学校大都处于萎缩状态的大背景下，该校却能够在“逆境”中发展壮大、越办越好，成为老百姓信赖的家门口的“好学校”，其“逆袭”秘密何在?

一个好校长，成就一所好学校

1991 年 8 月，张贵超参加工作，成为一名人民教师，他勤恳踏实、爱岗敬业，孜孜不倦、努力钻研，任劳任怨、无私无悔，时刻严格要求自己，把爱心洒在学生柔嫩的心田，把团结融在教师队伍的行列，把奉献留在学校的每个角落，得到上级领导、广大教师以及人民群众的一致认可。三十载的春华秋实，他用自己的实际行动，在平凡的岗位上挥洒着辛勤的汗水，描绘着无悔的年华，诠释着奉献的精神。他是一个平凡的山村教师，一个出色的山村小学校长，为了学生，他三十年如一日，默默耕耘于三尺讲台，为了该校的发展，他无私奉献着青春年华和满腔热忱。

2008 年，年近不惑之年的张贵超，时任温水镇中心小学教务主任，临危受命来到下坝小学支教。青瓦小平房且破败不堪的校舍，7 名年龄偏大的“民转公”教师，当地群众因该校教学质量低下而怨声四起，学生纷纷外流。一年支教期满后，已和大山深处的孩子结下深厚感情的他，毅然选择留下来，担起振兴学校的担子，开始了艰难的办学之路，更难得的是，他还劝说自己的爱人黄育花老师，也到下坝小学工作。同年，张校长几经游说，让县级骨干教师、教务主任陈东老师一道“同甘共苦”办学，一干就是 14 年。

为了改善该校的办学条件，他超前谋划、多方游说，争取周边老百姓和村组干部的支持，和穆林海老师一起奋战近一个月，终于圆满解决了该校改（扩）建征地难题，并垫付了 4 万多元征地款。2015 年春季学期，郑州大学的几名大学生，来到下坝小学进行暑期支教，他们被怀揣梦想、坚守初心、竭力办学的张贵超感动，经过多方努力，引起了“万豪姚基金”的关注。在省青基会、团县委、县教育局的牵头下，张老师与“万豪姚基金”积极对接，获得了 100 万元的捐助基金，同时县财政匹配资金 100 多万元，改（扩）建了现在的学校，添置了教学设备，彻底改变了学校“晴天一身灰，雨天一身泥”的教学环境。该校办学条件的改善极大地提升了教师的工作激情，也吸引了大量学生入学。由此，这所濒临撤校的村小，一天天焕发出生机与活力。

一份真情怀，温暖一片天

出生农村家庭的张贵超，对乡村教育有一份特别的情怀。他带着对大山孩子的深切关心，经过认真思考，集思广益，带领全体教师以“家校共育”为突破口，要求教师须做到“四必访”，即“学生行为异常必访”“学生成绩下降必访”“学生心理异常必访”“学生家庭困难必访”。重点关注留守未成年人、特殊残疾儿童和弱势儿童，积极帮助解决学生家庭困难，让孩子安心读书。“张校长双休日基本不回家，不是驻守学校思考学校的发展或备课、批改作业，就是走村串户、开展家访！”教务处主任陈东老师介绍道。

2018 年，一年级学生廖小，家住离校很远的炉村。该生父母离异，继母经常对其打骂。班主任穆楠老师打电话同孩子的爸爸交流了几次，但是没有效果。张贵超得知情况后，立即同穆楠一起到该生家中家访，同孩子的父母谈心，决定让孩子住校。孩子住校后，又给予其不少帮助，渐渐地，孩子脸上有了笑容，自信阳光地学习生活。

六年级学生李朋，在低年级时是一名学困生。他的家庭环境不太好，自我放弃的心态导致各方面滞后，但张贵超始终不放弃孩子，经常放学后陪他回家，谈心、学习、打篮球……现在，该生在学习上已经有了很大进步，而且成为学校篮球队的主力。

一个小篮球，激活了深山“一潭水”

2016 年，下坝村下坝小学的新校区建成，篮球明星姚明亲自到该校参加落成典礼，亲手栽下一棵“希望树”，并与学生一起打篮球，从此“篮球”这颗种子便深深植根于师生心中，下坝村的适龄儿童无一辍学，邻村的家长也慕名把孩子送进该校。

下坝小学在“以体育人，全面发展”育人理念下，打造“篮球运动”学校特色课程，从 2016 年新学校建成时起，便设立了课外篮球兴趣活动小组，组建篮球队，并充分利用大课间、体育课在全体学生中普及“篮球操”。“小篮球撬动大课堂”，该校通过普及篮球运动，激发学生学习兴趣，培养学生敢于拼搏、敢于奋斗的精神，将体育精神融于学习活动之中，从而增强学生的自信心和进取心，让学生在运动中得到快乐，在快乐中自主学习。该校的篮球队在 2018 年获习水县首届“工会杯”“三人制”小篮球亚军，2018 年获贵州赛区“姚基金”希望小学篮球季优秀组织奖，2019 年获得“姚基金”希望小学篮球季贵州赛区冠军，同时晋级全国赛获得亚军，2019 年获温水镇校园足球三级联赛镇级冠军，2021 年获中国小学联赛（贵州 · 习水）赛区暨习水县首届小篮球比赛 U8 男子组亚军和 U12 男子组季军等荣誉。

因为篮球，学校“活”了，孩子们也高兴了，教学质量提升了，与篮球相关的各种奖项、荣誉也不期而至，师生们享受着收获的喜悦。

三十年的教育路，张贵超老师一路走来，犹如下坝小学校园中的白杨树那样，历经风雨、坚韧挺拔，守护着全校师生，成为贵州省乡村教育的精神标杆。

雷敏：卅载幼教育新人

1989 年 8 月，雷敏在六盘水市实验幼儿园开始从事学前教育工作，至今已有 33 年教龄。从教以来，她以扎实的工作作风和出色的工作成绩见证了一代又一代孩子健康成长；在幼儿园管理岗位上的 20 年里，她又以强烈的事业心、高度的责任感和无私奉献的精神，带领幼儿园全体职工为孩子们全心付出，认真对待每一个孩子，努力把孩子们培养为社会主义事业的建设者和接班人。

“信念”——立身之本

作为一名老共产党员，雷敏政治立场坚定，勇于担当作为，以高质量党建凝聚强大合力，以开展党史学习教育为契机，以“我为群众办实事”为载体，全面推进支部的思想、组织、作风和制度建设，以求真务实的作风把各项工作落到实处。她带领幼儿园的全体党员干部真抓教育党建工作，将幼儿园党建工作与保教质量深度融合，以“童心向党·携手童行”为主题，以“双培三爱四红五抓”为工作思路，创建了“四红四学”党建工作品牌，扎实推进党建工作落地见效，该幼儿园的各项工作全面健康协调发展。2019 年以来，她带领学校连续三年荣膺六盘水市目标考核党建工作第一名，2019 年荣获六盘水市“五一巾帼标兵岗”，2021 年荣获贵州省“五四优秀青年团支部”等荣誉称号。

“使命”——担当扶贫

在决胜脱贫攻坚的关键时期，雷敏作为六盘水市责任区、联盟园、钟山区北部五乡镇脱贫攻坚的一分子，积极指导和参与教育扶贫的相关工作，从不计较个人得失，把所有的热情全部挥洒在幼教脱贫的道路上。一是强化业务指导。通过开展大型培训活动、实地指导、共同教研等方式强化辐射引领。近几年，积极组织开展大型培训活动、送培送教、开园筹备、县区级示范指导、市级示范指导和调研等活动 60 余次，成功帮助钟山区创建省级示范园 1 所，市级示范园 7 所，区级示范园 12 所。通过一系列切实有效的帮扶措施，有效缩小城乡幼儿园办学质量的差距，推动了优质教育资源共享，促进了教育公平，为教育脱贫攻坚交出了满意的“三幼答卷”。二是推进资源共享。她借助智慧校园，组建网络研修共同体，先后搭建点对点线上帮扶平台、资源共享数字网络平台、“1+3+N”远程互动教研系统，将教育资源与农村幼儿园集团化管理资源中心和村点园共享，资源室建成投入使用以来，已对 30 余所农村幼儿园集团化管理资源中心和村点园开展研训一体的指导和帮扶，培训 1000 余人次。三是坚持开放办园。近几年，她带领园所接待省内各市（州）幼儿园参观交流达4000余人次。承办了“贵州省农村幼儿园集团化管理资源中心建设”“贵州省名师工作室入园视导”“六盘水市与大连市校园足球‘样板示范引领’对口帮扶专题”等现场活动，获得省、市各级领导、专家及幼教同仁的高度好评和充分肯定。

“匠心”——幼教情怀

“匠心”是雷敏对幼教事业的一种情怀、一份坚守、一份责任，三十多年来，她始终秉持匠心精神。不管是一线教师，还是后来的保教主任、教学副园长、后勤副园长、园长，她坚持以文化浸润品质。以文化为引领，秉承“养生命之活水，成人生之始端”办园宗旨，遵循“师者气度、学者气质、仁者气象”的教风、学风、园风，实现学前教育的初心和使命，生活乐园、幸福家园、示范名园的办园愿景已初步实现。二是坚持多举措促团队成长。充分发挥骨干教师引领作用，采取包班指导和“新竹工程”师徒结对等形式，结成“一对一互助队”，选择不同切入点，由青年教师执教、资深教师指导，通过教学研讨、课题研究、专题讨论等方式，推动教师队伍素质整体提升。截至目前，该幼儿园的省、市、区三级骨干教师和市级优秀教师、市级教坛新秀达到30余名。

“奉献”——不倦追求

2018年1月，雷敏担任六盘水市第三实验幼儿园园长时，教育主管部门交给她的重任是2019年建成贵州省“省级示范幼儿园”。面对新的岗位和新的挑战，她迎难而上，感恩奋进，团结带领全体教职员工凝心聚力、逐梦前行。在工作中，她积极征求教职工、家长和社区的意见建议，调整、完善该幼儿园《三年发展规划》和《课程实施方案》等40多个规章管理制度，形成了《幼儿园管理制度汇编》，把幼儿园带上了规范发展、示范带动的快车道，2019年顺利通过省级示范幼儿园的评估工作，2021年顺利通过省级示范幼儿园的复评工作。这三年来，市三幼的教学质量不断提升，目标考核位居前列，并先后荣获“全国足球特色幼儿园”“全市体育运动示范园”“全市戏曲示范校”等荣誉称号。

工作中面对新的岗位和新的挑战，雷敏迎难而上，改革创新，带领全体教职工将该幼儿园推上新的发展高度，与全体教职员工团结六盘水市的4个县（区）、30多个乡镇的幼儿园园长和一线教师凝心聚力、逐梦前行。她始终怀揣育人爱心，耕耘于三尺讲台，满怀“春风化雨”“桃李满园”信念，坚定不移地奋斗在幼教发展的道路上，要把教育均衡与教育平等的“种子”播撒在大地上！

石艳：以爱筑梦　情暖山乡

迎着晨曦，伴着清晨第一缕阳光，石艳微笑着走进校园。备课、上课、阅读、指导青年教师、批阅作业、记录班级各项工作、与家长沟通、与学生交流……这是石艳一天工作的常态。同事关切问她："石老师，这样辛苦累不累？"她笑着说："累并快乐着！"更有同事打趣说："你就是个铁人！"她总是乐呵呵地对待自己的工作，似乎不知疲倦！

她爱自己的职业，爱自己的学校，更爱自己的学生！她始终坚信，爱能治愈创伤，爱能改变学生，爱能创造奇迹！这就是石艳——六盘水市水城区玉舍镇玉舍小学的语文老师兼班主任。从教 23 年的石艳，对乡村教育事业情有独钟，用爱为山乡筑梦。

工作中，她守正创新，一丝不苟。自参加工作以来，高质量完成学校交办的各项工作，兢兢业业。她把学校当作自己的第二个"家"，总是早上 8 点以前到校，下午 6 点以后回家。她认真学习新课改理念，努力提高业务能力，多次参加国家、省、市、区级培训。她对教育有自己独特的认识和理解，提出"让学生站在课堂中央，和学生一起健康成长"的理念。她狠抓课堂常规，取得显著成绩。近五年来，她所带班级的学生在水城区统一测评中的均分和及格率在玉舍镇均为第一，在水城区乡镇学校也多次排名前五，2022 年春，她所带班级学生的所有学科成绩，在全区乡镇中心小学排名第二，全区排名第七。

在学校，同事喜欢称她为"艳姐"。办公室里，你总能听到这样的请求："艳姐，帮忙看看，这个电脑怎么弄？"，"艳姐，这个我不会"，"艳姐，帮我看看这个教学设计"，"艳姐，教我处理这个视频"……对于同事的请求，她总是尽心竭力地帮忙，耐心教会他们处理各种问题。"90 后"青年教师甜甜地说："艳姐，你教会了我们如何抓住教学重难点，如何用学生喜欢的方式和学生沟通，我发现好像没有你不会的事情！"她的想法也简单：帮助他人，快乐自己，何乐而不为？

与学生交流，她以爱育人，宽严相济。学生的成长，是她一生中最重要的事业。从教 20 多年来，她一直严格要求学生，把自己的爱全部倾注到教育教学中，用责任心、耐心、爱心搭建起学生成长的桥梁，促进学生健康成长。三年级时，班上转来一位新同学小雨（化名）。小雨扎着一条马尾辫，笑起来脸上有两个小酒窝，甜甜的，非常可爱，看起来很聪明。第一次上课，被指名回答问题时，小雨满脸通红，语无伦次，无法回答；第一次听写，10 个词语小雨只写对 1 个；第一次作业，小雨无法按要求完成……根据这一情况，石艳多次找小雨谈话，了解小雨的父母离异等情况后，她开始制定让小雨转变的计划，有针对性地找她谈话，给予她更多的关心，发现她有点滴进步就及时表扬。半年后，小雨改变很多，变得活泼开朗，善于交谈，成绩也提高了。毕业时，小雨在给石艳的毕业赠言中写道：石老师，您就像我的妈妈，是您无私的爱改变了我，我长大了也要当一名像您一样的老师，让更多缺乏爱的孩子感受到母亲的温暖！

在脱贫攻坚工作中，石艳服从安排，用心、用情、用力帮扶。她所包保的结对帮扶对象张琴说："石老师结对帮扶我家以来，即使是怀孕她也每周都来，和我们拉家常、聊生产、谈生活，特别关心我家孩子的学习情况。"见到张琴家三四个孩子写作业没有桌子，石艳过几天就给他们带来了课桌椅和学习用具。逢年过节，石艳又拎着大米、食用油、毛毯等生活用品到张琴家里探望，并经常赶来了解几个孩子的学习情况并进行耐心指导。

干好工作之余，石艳不断提升自己的专业技能。她主持完成了一项市级课题，参与完成一项省级课题和多项市级课题，发表了多篇教研论文。

多年来，石艳努力提升学生综合素质，所带班级的学生德、智、体、美、劳全面发展。她曾获全国优秀教师、全国巾帼建功标兵、贵州省师德标兵、贵州省五一劳动奖章、贵州省"最美劳动者"等荣誉，是六盘水市水城区妇代会代表、六盘水市第九届政协委员。

张菁：执教廿三载　深山织彩梦

她爱岗敬业、坚守山村，23 年奉献青春与爱；她爱生如子、践行教育使命，日复一日陪伴学生成长，用实际行动践行教师的使命与担当，她就是安顺市普定县鸡场坡镇骂若小学教师——张菁。

扎根山村　勇挑重担

1999 年，张菁从安顺师范学校毕业后成为骂若小学的教师。骂若小学深处山区，条件艰苦，不少教师选择回县城或条件更好的学校，而张菁 20 多年始终坚守骂若小学的讲台。她总是说："我喜欢这里，这里有我的父老乡亲，有我割舍不了的家乡情怀，有我的学生们……"

有一段时间，骂若小学的学生人数从四百多人减至一百五十多人，走到了关闭合并的边缘。紧要关头，心系学校发展的张菁挺身而出，主动承担起六年级的教学任务，一教就是七年，直到生病住院……

七年间，张菁免费辅导学生，为孩子们鼓劲。不管接手的孩子基础多差，第一学期结束时班级排名就能考到全镇第一。渐渐地，骂若小学的名声越来越大，很多带着孩子在外务工的家长又把孩子送回来了，转到县城读书的孩子也回来了。多年来，张老师送走了一届又一届优秀的毕业生。

开心拾贝　硕果累累

一名学生曾随父母在外地就读，后来转学来到张菁所带的班级。他经常迟到、无故旷课、打架。张菁找他谈心，发动班上成绩好的同学来帮助他，孩子慢慢地找回了学习中丢掉的自信。一天，这名学生又旷课，张菁下课后耐心地和他谈心："今天看到你的座位上空着，我的心也一直空着，总觉得像失去什么似的，难过极了！"听着张菁亲切的话语，这个孩子羞得满脸通红，坚定地说："老师，下次我决不旷课了。"从此，他彻底改变自我，并在小学学业水平测试的语文和数学共考了 155 分，这是他父母都不敢相信的事实。

另外一个孩子，她父亲是残疾人，母亲年龄大胆子小，说话不利索。家庭的重担让她非常自卑。张菁了解情况后，经常去她家家访，和她沟通交流，鼓励其他同学跟她一起玩、一起学习，她逐渐变得自信、开朗、阳光，学习也跟上来了。

教室墙壁花了，张菁买涂料把教室刷干净；夏天光线很刺眼，孩子们上课时看不清楚黑板上的板书，她多方打听，找人赞助了窗帘；孩子们没有乒乓球桌，她又找到人捐赠了四张乒乓球桌。曾有一段时间，传染病腮腺炎发病率偏高，她上山挖来蒲公英并熬水给孩子们喝；为了孩子们能有课外阅读书籍，她多方奔走，筹资 9000 多元善款为全校六个年级购买来课外图书。

赠人玫瑰　手有余香

年轻特岗教师的教学经验不足一直是很大的难题。为了帮助特岗教师适应教学环境，更快地掌握有效的教学方法，张菁毫不保留地把自己多年总结积累的好方法和技巧教给他们。几年下来，特岗教师们很快成长起来，有些成为骨干。

张菁用自己的人格魅力和敬业精神，赢得了学生们的爱戴，赢得了家长们的尊重和同事们的认可。在四里八乡，只要提到张菁老师，人人都会竖起大拇指。

石翔："石爸爸"的32年特教之路

特殊教育学校自然有其不为外人知晓的特殊性，而工作在这个特殊学校的教师自然也有不为外人知晓的特殊经历。石翔老师，32载风雨无悔的坚守，32个春秋的默默奉献，从青丝到银发白头，从挺拔到佝偻，32年，他教会盲生用双手摸读着精彩的故事，教会听障学生用手语在无声的世界里描绘动听的诗篇，他为智障学生擦拭嘴角的口水，为行动不便的学生系上散开的鞋带……32年的岁月，他用点滴平凡的故事，书写着自己"不平凡"的人生。

——题记

石翔毕业于原安顺地区师范学校，本科学历，高级教师，现任安顺盲聋哑学校副校长。他在特殊教育一线已经工作整整32年，32个春夏秋冬，石翔从风华正茂走到人生中年，从一个门外汉成长为熟练掌握特殊教育技能的行家里手。他先后获得"贵州省优秀教师""贵州省青少年艺术大赛优秀指导教师""贵州省青少年3D设计打印大赛优秀指导教师""安顺市西秀区最美教育工作者"等荣誉。

为孩子们打开一扇"窗"

1990年8月，石翔分配到安顺盲聋哑学校（后更名为"安顺市西秀区特殊教育学校"），第一天上班，石翔有点手足无措，他从没有看见过这么多的残疾孩子，看着这群"折翼天使"，他下定决心：上天关闭了残疾孩子的一扇"门"，我要为孩子们打开一扇"窗"，让他们也活在阳光下。

这个誓言，石翔用了32年来兑现。

特殊教育需要慈母般的柔情，石翔虽是男教师，也如慈母般细致。在特殊教育学校担任班主任，不仅安排教学，学生的衣食住行、洗衣叠被都要操心，石翔被称为"石爸爸"。

特殊教育学校学生有部分是住校生，2022年11月的一天，"哇"的一声哭叫打破了聋一年级教室的宁静，老师们跑进教室，一名学生小韦（化名）不停地比画着要回家。石翔和老师们先稳定好小韦的情绪，并联系家长，决定让小韦回家团聚几天。

但是，小韦家除了坐车，还要走很长的山路，教师们都很为难，石翔说："我去送！"

一个多小时的车程后，接下来就是跋山涉水的山路，而小韦却迷路了。随后，石翔在派出所民警的协助下，乘坐派出所三轮摩托，终于将小韦送回了家。

小韦经过回家的一段休养，调养好情绪后又返回了学校。

呵护孩子们健康成长

爱，会感动学生，也会感动家长。特教老师全身心的付出，总会收获满满。

2017 年 12 月 20 日，石翔崴了脚。左脚踝肿得厉害，一动就疼，医生确诊为脱臼。晚饭时，才吃到一半的石翔突然接学到校值班老师的电话，告知有一名盲生走失。石翔不顾自己的伤病，立即赶回学校。通过查看监控，他发现会议室有一个白影在晃动，果然是走失盲生小杜。小杜反锁了门，无论怎么叫喊都没有回应。石翔温言细语地安慰小杜，让他自行打开反锁的门，化险为夷。

面对超常付出，石翔总是笑言：只管付出，静待花开。

“四心”引领一路前行

“四心”（爱心、耐心、信心、恒心）是石翔为特殊教育总结的，他说：以爱心投入特教，以耐心开展特教、以信心坚定特教、以恒心坚守特教。32 年，石翔收获了学生的喜爱、同事的称赞、家长的信任、上级的褒奖还获得了区级最美教师，区级道德模范，省级优秀教师，省级优秀指导教师等殊荣。

有人说选择了教师就选择了清贫，选择了教师就选择了艰辛，当石翔老师看到聋生掌握了一个词语，盲生摸出了一个字符，智力障碍学生学会自己扣纽扣、系鞋带，他感觉，自己的艰辛付出都是值得的。

彭有兴：“一棵树”染绿“一片林”

彭有兴是毕节市织金县龙场镇双山小学教师，2017 年毕业于贵州师范大学求是学院体育系。2018 年 9 月，彭有兴通过特岗教师招考到双山小学任教。作为乡村教师，他置身于乡村孩子的世界，感受他们的童真，与他们嬉笑，为他们答疑解惑，陪他们一起成长，对于孩子们来说，他更像是一个邻家大哥哥，会接送他们上下学，会陪他们一起唱歌跳舞，会给他们讲述外界新鲜的事物。

彭有兴有晨跑的习惯，刚来到双山小学时，他每天都会早起跑步，跑步时，他看到上学的孩子在公路上嬉戏打闹，有些年纪较小的孩子跟不上大孩子们的步伐，而路上的车辆来来往往，弯道大，看到这样的情形，彭有兴决定每天护送孩子们上下学。每天早上，他从双山小学跑到营仓村等孩子们，组织他们排好队、统一走，放学后，他也会把孩子们送回家。对于年幼的孩子，他会把他们背在背上，给他们讲安全教育知识、中华传统美德的小故事等。因为其他事情耽误而没有去接孩子们时，他的心会一直悬着，直到看到孩子们一个不少地坐在教室，他悬着的心才能安定下来。

彭有兴说："一开始是为了孩子们的安全，接送他们的时候给他们讲述环境卫生、安全等知识，但孩子们的进步非常大，下雨的时候，有伞的小朋友会把伞借给没有带伞的小朋友，年长的孩子会主动保护年幼的孩子，在我没有时间去接他们的时候，他们也会靠路边行走。特别让人感动的是，有一个孩子看到护路员奶奶每天打扫路很辛苦，他就提着垃圾袋在放学的路上将垃圾捡起来。看到他们一点一点地变化，我感到很欣慰。"

彭有兴的抖音号为"教语文的体育老师"，他的抖音号里面，每个小视频都记录着他生活和工作的点点滴滴，其中点赞最多的就是他接送孩子上学的视频，他说："做自己喜欢的事，把它记录下来，我觉得这就是最大的快乐！"本着为学生服务，为乡村教育贡献力量的初心，他不断向社会寻求爱心捐赠，两年时间得到社会爱心人士捐赠的物品，价值人民币 15 万元。两年如一日地接送孩子上下学得到了社会媒体的关注和专访，他说，尽管从来没有想过这样的举动会受到社会这样的关注，但这些支持会让他不断鞭策自己努力前行。

除了教学任务，走访也是一堂必修课。他说："走访到一些孩子家中，看到大人都在地里干活，孩子们饿了吃洋芋、煮面条，就特别心疼，但又感觉无能为力，唯有言传身教，让他们好好读书。我要更加努力，以身作则。"

自参加工作以来，彭有兴十分注重孩子行为习惯的养成，经常开展相应的户外活动教育、影响孩子。农村孩子比较腼腆，因此他在课余时间会组织孩子们一起唱歌、跳舞等，通过课外活动的开展丰富校园文化生活，潜移默化地感染孩子，让孩子们不仅有健康的体魄，更有开朗的性格！彭有兴说，教学是一门艺术，工作之余，他要加强政治理论学习，提升自己的思想水平，坚持以"学"为先，将相关政策和理论知识应用到日常的教学当中，注重提高教学和道德修养，努力使自己成为一名合格的教师。

敬业爱岗是一种境界，是时代与社会的需要。教师奉献的只是一个爱，但获得的将是众多学生与社会的爱。经过两年的任教，彭有兴深有感触："教师最大的宽慰、最高的奖赏，不是名誉、地位和金钱，而是当学生成为对社会的有用人才时，仍记得你，你的形象仍不断地影响着他。师恩师缘，这是人世间最美好、最高尚、最值得珍惜的情感。成绩永远属于过去，今后只有不断地完善自我，才能继续保持良好的师德师风，在平凡的三尺讲台，以春蚕的精神、蜡烛的品格，尽自己的一分力量与责任，这才是一个优秀人民教师永无止境的奉献与追求。”

教育的本质是一棵树摇动另一棵树，一朵云推动另一朵云，一个灵魂唤醒另一个灵魂。在今后的教育教学工作中，彭有兴将会继续立足实际，认真教学，创造性地开展教育教学、教改科研工作，在教育这片田园里勤奋耕耘、积极探索，奉献无悔的青春。

张巧：化育乡村　爱生如子

初见

雄奇峻拔的乌江画廊之滨，碧波荡漾的偏岩河畔，金沙县沙土镇官田初级中学坐落于此，张巧是一位扎根基层30年的乡村女教师，自1992年参加工作以来，她始终爱生如子，化育乡村。

张巧是中学英语正高级教师，金沙县第十四届、十六届人大代表。先后被评为“金沙县优秀教师”“金沙县最美教师”“毕节市骨干教师”“毕节市第一届教学名师”“贵州省骨干教师”“贵州省乡村名师张巧工作室主持人（初中英语）”“贵州省教学名师”。2016年获马云乡村教师奖，2017年获贵州省“五一劳动奖章”，2020年被评为“贵州省最美乡村教师”“中国好教师”。

觅途

1992年，刚满19岁的张巧从师范学校毕业，被分配到家乡一所偏僻的山村学校，艰苦的环境丝毫没有动摇她的初心，面对一次次调往城里的机会，她选择了留下。怀着对乡村教育的独有情怀，她一干就是30年！

从一名小学全科教师到初中英语正高级教师，张巧十分努力。严谨求实的学习态度、一丝不苟的工作作风，是她在教学中制胜的法宝。她借助有利资源，通过订阅杂志、自费研修、名师结伴等方式，努力提高自身综合素质和教学水平。

她喜欢阅读，尤其是古今中外的教育名著，这是她从事教育工作的行动指南，她坚信：“书犹药也，善读之可以医愚。”她说：“一个不喜欢阅读的教师，很难想象他如何拓展课堂知识。唯有追求知识量的增长，才能达到素养‘质’的变化。”在坚持阅读的同时，她还坚持写教育故事、教育反思、教育心得等，有多篇论文在省级以上刊物公开发表。

2017 年 8 月，她的专著《农村初中英语教师教研学探索》由东北师范大学出版社出版发行，该专著是她努力工作和积极实践的优秀成果，贯彻体现了她“以生为本，放手课堂，追求幸福”的教学观。

见道

张巧坚信：爱是教育的灵魂，只有融入了爱的教育才是真正的教育。

她热爱工作，犹如热爱自己的生命。

她三十年如一日，以校为家，忘我工作。临产前夕，坚守岗位；产假未满，又回讲台；声带息肉，术后立即补课……

她爱学生，犹如爱自己的孩子。

她在每一个平凡的日子里，用“爱”把学生唤醒。学生丧父，她毅然承担了学费；学生叛逆喝酒，她在宿舍陪到天明；学生厌学回家，她多次家访，直到学生返校……她用爱唤醒了无数陷入迷途的青春灵魂，点燃了无数家庭的希望。

她爱思考，为教育注入活力。

为了拓宽学生视野，她组织学生参加各种活动、各种竞赛，让学生去历练、去成长。在每月一次的班级“集体生日会”，她会给进步的孩子颁发奖品——书籍。每届学生奖励所得的书籍人均可达 3 本。

她爱钻研，为课堂保驾护航。

自主、合作、探究，是她课堂改革的主旋律，多年的探索，形成了她自己独特的教学方法——“SCL 生本课堂”。她的课堂，自主学习有条不紊，小组合作有声有色，学生课堂展示精彩纷呈。她常说：“办公室里的一刻深思，比三尺讲台的口若悬河更有价值，与其在课堂上耗费体力打持久战，不如课前动脑找准切入点，让课堂动起来、活起来。”

致远

立足课堂教学改革，张巧大胆尝试多种教学方法，并将实践经验发表在公开刊物上，取得了很好的教学成绩：所带班级中考成绩 5 次获全县第 1 名，2 次获全县第 2 名。

她积极参加教研教改，注重课题引领。2012 年参与省级课题“农村教师眼中的美国教育暨思考”研究并结题。2017 年主持的省级课题“核心素养视野下农村初中英语课堂学生自主发展策略研究”顺利结题，课题研究成果“SCL 生本课堂”获毕节市首届中小学教育科学研究成果一等奖、省级三等奖，并通过“张巧乡村名师工作室”在全县推广，效果显著。

她注重学生整体素质的提升，既立足于课堂，又不限于课堂，为孩子们寻找开阔眼界、实战演练、增强自信的机会。2018 年，她辅导学生参加全国中学生英语能力竞赛，6 人获省级一等奖；2017 年，她辅导学生参加第十四届“外研社杯”全国中小学生英语大赛，3 人获省级二等奖；2015 年，她辅导学生参加“习习宝”杯校园英语大赛，2 人获市级一等奖……

“一枝独秀不是春，百花齐放春满园。”作为该校英语教研组组长，张巧关注青年教师的成长，通过“结对帮扶”“专业引领”等方式，结对辅导教师 7 人，有 4 人晋升副高级职称。

2016 年，“贵州省初中英语张巧乡村名师工作室”成立以来，她把活动开展范围扩大到全县乃至县外，跨县区开展活动。紧紧围绕农村初中英语教师专业发展这一主线，通过阅读、观摩课、示范课、专题讲座等形式，为教师成长提供了更广阔的空间，搭建了更好平台，促进了青年教师的快速成长成才。

六年来，张巧乡村名师工作室吸收培养成员学员 119 名，其中培养县级骨干 15 名，市级骨干 10 名，省级骨干 1 人，晋升副高级职称 15 名。该工作室充分发挥了示范、引领、辐射作用，真正成为一线教师成长的“孵化器”。

不忘初心，方得始终，张巧凭着教育初心坚守乡村教育第一线；以爱育爱，为人师表，用爱心展示教育情怀；聚焦课堂，认真钻研，用专业引领教师发展成才！

金明发：千金一诺　“做个好教师”

“做个好教师”，是中央教育科学研究所所长、全国教育科学规划领导小组办公室主任朱小曼教授给金明发的题字。金明发以“做个好教师”为座右铭，时刻警醒和鞭策自己。

做个好教师，从爱开始

金明发关心、爱护、引导每位学生，培养学生良好的心态和积极向上的品格，无论是学有余力学生，还是学有困难学生、残疾学生、留守儿童，他都一视同仁，平等对待，决不放弃任何一位学生。

2007 年，金明发调入江口县第一小学，担任五（1）班数学教学，班上原有一名学生叫小薛，他个子最高，坐在最前面，上课爱做小动作，爱讲话，注意力不集中，还患有先天性癫痫病，病情时常发作，稍受外界刺激就发病，经常无故用小刀划伤低年级学生的手指，所有学生都敬而远之，不敢同他做朋友。金老师了解具体情况后，主动家访，详细询问其病史，掌握发病周期，时刻观察其异常情况。同时，积极找小薛谈心，做小薛的知心朋友，在学习上帮助他，进行个别辅导，为其制定专门的学习计划，时常表扬他，帮助他树立自信心，在生活上给予他更多的关怀，下雨天把雨伞让给小薛，当小薛与低年级学生打架时，给他讲道理，告诉他不要随便欺负同学，要与他们交朋友，当小薛受委屈时，及时开导他，使他心情舒畅，并让其他学生多帮助小薛，让他感受到集体的温暖和关怀，久而久之，他走进了小薛的世界，成了小薛的良师益友。

2011 年，他所任教班教级 64 人，其中 22 人是留守学生，父母在外务工，随爷爷、奶奶或随亲戚寄读。他们大多养成厌学、逃学、进网吧、玩游戏、不按时完成作业的坏习惯。特别是小杨同学，由于父母不在身边，爷爷奶奶过于溺爱，他沾染上打架、逃课、不做作业等恶习，为了挽救他，金老师几乎每天都要找他谈心，采取鼓励式教育，坚持而细致地做好该生的思想工作。终于，小杨被金老师的真情感化，认识到自己的缺点和错误，改掉了自己的恶习，认真学习。

做个好教师，用行动去诠释

金明发处处以身作则，为人师表，爱岗敬业，求学务实，得到家长和同事们的好评和肯定。

作为班主任，他的班级班风正、学风浓，学生集体荣誉感强，学生思想进步、成绩优异。2008 年汶川地震，该班同学捐款最多；2009 年太平乡寨抱小学龙捡同学患白血病，该班同学最先伸援手；为福利院老人扫地、整理房间、叠被子等，该班学生的身影最多；在“争当江口小公民，我为江口增光彩”活动中，该班学生义务上街除“牛皮癣”、擦洗花坛；艺术节上，该班学生用书法、钢琴征服观众和评委；学科竞赛时该班捷报频传，期末考试中，该班总是名列前茅。

作为数学教师，金明发积极探索新课堂，大胆尝试新的教学方法，他的课堂学生参与率高，人人学到有用的数学；他的教学实例贴近学生生活，使学生对数学学习产生了浓厚的兴趣和爱好；他知识丰富，常常在课堂上建构数学知识体系，如教学生认识数时，他会介绍负数、有理数、实数、无理数等，激发学生学习欲望。

作为教务主任、市级骨干教师、副校长、省级乡村名师，他带领团队，开展课题研究，利用学校资源，配合县教研室开展“送教下乡”“智力支边”等公益活动。2007 年来，先后与玉屏侗族自治县映山民族小学、松桃苗族自治县寥皋街道第二完全小学、印江土家族苗族自治县木黄镇盘龙小学、碧江区第七小学、沿河土家族自治县第三完全小学、铜仁市逸群小学开展县际教学交流活动，大家共同探究课堂教育教学和学校管理。他组织教师开展课题研究，有两项省级课题立项并结题，一项市级课题在研。同时组织教师参加各级优质课大赛和竞赛辅导，1 人获省级一等奖，10 余人获市级奖项，30 余人获县级奖项。他所带领的团队、集体先后获得“市级先进集体”“市级 4+2 特色学校”“市级继续教育先进集体”“县级五号党支部”“县级优秀少先大队”“贵州省安全文明示范校”“贵州省首届教育科研成果三等奖”“全国零犯罪学校”“全国优秀动感中队”“全国青少年‘五好小公民’主题教育读书活动‘红旗飘飘引我成长’优秀班集体”等荣誉称号。

金明发关爱学生、爱岗敬业、勤奋学习、求实进取的工作作风得到社会、家长的广泛认同，他先后被评为江口县“远程教育先进个人”“师德标兵”“优秀教育工作者”“课改先锋”，铜仁地区“继续教育先进个人”，铜仁市“十佳师德标兵”“乌江园丁”，贵州省“优秀教师”，贵州省乡村名师等。他的个人事迹被省、市、县级媒体广泛宣传报道。

杨丽蓉：“四有”大爱　一路芬芳

铜仁市第五小学的校园里阳光明媚、生机盎然。学校党总支书记、校长杨丽蓉的办公室，桌上摆放着的两块牌匾十分醒目：贵州省小学名校长工作室主持人、铜仁市名师工作室主持人。

不忘初心，把挚爱的教育事业放在首位

2000 年，20 岁的杨丽蓉师范毕业后进入碧江区和平乡孟溪民族小学工作。“杨老

师，家里只有 5 块钱，小孩的报名费能不能赊欠……”杨丽蓉回忆起当时部分村民替自家小孩报名时的情景，至今难忘。“我得为学生们多做一些事。”杨丽蓉拿出自己的工资，每学期尽力替一些学生补交剩余的报名费，并节俭生活开支，竭尽所能帮助学生解决实际困难。

2006 年，杨丽蓉任和平乡龙鱼完全小学（以下简称“龙鱼完小”）校长，学校没有校门、教学楼是砖瓦结构、厕所是旧式的旱厕等问题是该校师生的一块块心病，她多次前往相关部门筹款，争取到了改建项目资金的支持，改善了校园环境。

服务师生，细处着力。龙鱼完小的学生走路上下学，行走在公路上时，汽车经过导致灰尘扬起或者泥水四溅，学生经常用石头砸路过的汽车，杨丽蓉听到大家的议论后，主动了解相关情况，及时开展了“向司机敬礼”的专项活动。那几年，杨丽蓉始终牵挂学生，每逢下雨涨水、公路滑坡、下雪封山……她都会组织老师护送学生安全回家。

“杨校长亲切和蔼，和学生们打成一片。”2008 年，杨丽蓉通过竞聘上岗考试调到铜仁市南长城小学任教务主任，后提任为该校副校长。她对学校布置的各项工作及任务总是及时认真、一丝不苟地完成，并始终严格要求自己，坚持参加各种学习培训，思想上与时俱进，业务上强人一等。

2013 年，杨丽蓉接到筹建铜仁市第十八小学的任务，上级拨出 1800 万修建专款，为保证建设质量，她不顾自己是高龄孕妇，每天监督施工，因劳累过度出现先兆流产征兆，医生要求她必须住院治疗，卧床休息，“每名学生都是我的孩子，我要时刻为他们的安全负责。”她输完液后，又赶回学校继续工作。

2019 年，杨丽蓉调到铜仁市逸群小学，任学校党总支书记、校长。“每一次岗位调任，我都在强化责任担当，奋力追求卓越，为孩子们成长成才创造更好的学习环境和条件，我很庆幸自己能陪他们走过人生的一小段路。”她说道。

以爱为本，关心每一位学生的点滴成长

“‘师者，传道授业解惑也’，这是人们对于老师的传统定义。”杨丽蓉认为，随着大环境的改变，师生之间的关系也在悄然变化，很多老师扮演着“亦师亦友”的角色，持续关注着学生们的成长历程。

2010 年，龙鱼完小学生李云霞的父亲在一场意外中身亡，家庭重担全部压在她母亲身上，姐弟三人便萌生了辍学的想法。杨丽蓉得知情况后，当即联系她曾经的几位同事，给李云霞姐弟三人送去了生活用品和慰问金，帮助他们树立自信心，树立远大理想，让他们成长为有孝心、懂感恩，能够为社会创造价值的人。

“那天，老师们和我们谈了很久，让我一定坚持把书念完，只有这样，以后家里的日子才能越过越好。”李云霞姐弟三人回忆道，“老师们常说要想改变命运，教育不是唯一的路，却是最轻松的路。”

后来，李云霞姐弟三人考上了理想的学校，如今已成家立业。杨丽蓉说：“德育是春风化雨、潜移默化的，只有和学生在一起的时间足够多，才能真正了解学生、走近学生。”

教育无华，润物无声，教育是一门爱的艺术。一路走来，杨丽蓉始终用真情和爱心温暖每位学生的心灵，用智慧和坦诚开启学生的心锁。对于学困生、问题生，她倾注了全部的爱，做学生校园中的母亲、学习中的导师、生活中的挚友。

“学生们进步，就是我们最大的欣慰！”杨丽蓉说，不放弃任何一名学生，严格要求他们，绝不允许他们身上出现不良习气。

“严慈相济，才是教育的真谛，更能达到教育的最终目的，结出丰硕的果实。”多年来，每当有学生告诉杨丽蓉获了奖、考上好学校、找到满意的工作……她都发自内心地高兴，“没有任何一份工作能带给我这样的成就感和荣誉感。”

情系教育，引领师生成长洒下一路芬芳

“爱是教育的根基，爱是教育的归宿。”2021 年，杨丽蓉在松桃苗族自治县第六完全小学，为该县中小学中层干部 100 余人作《同心走得更远　同德走得更近》主题讲座时，分享了自己的从教经历、学校管理经验。

心有所往，行有方向。近年来，杨丽蓉带领名校长工作室成员、学员积极在铜仁市开展以专题活动为载体的行动研究，巡校诊查、送教送培 3000 余人次，辐射碧江、万山、思南、石阡、德江等区（县）18 所学校。

“一花独放不是春，百花齐放春满园。”对于工作室，杨丽蓉有着自己的见解：“有人说教师就是奉献，强调奉献自己和燃烧自己，其实不只是奉献，在这个过程中我体会到了‘纸上得来终觉浅，绝知此事要躬行’，吃苦、奋斗、奉献……是我们的必修课。”

当园丁培育百花，做黄牛无私奉献。杨丽蓉每年都会组织学校教师外出听课、观摩和培训，开展教育教研、师德师风、党史学习教育等，有效促进了学校教学质量提升和教育高质量发展。

“甘做‘铺路石’，愿当‘凌云梯’。”22 年来，在杨丽蓉的引领和指导下，众多中青年教师在教师成长梯队中能力得到了提升，10 多名教师走上了学校管理岗位。

取得成绩的过程，是不断坚持的过程。近些年，杨丽蓉荣获全国青少年毒品预防教育“6.27”工程优秀教师，贵州省特级教师，铜仁市优秀教师、名校长等称号，并多次受邀到铜仁学院、铜仁幼儿师范高等专科学校等讲学培训，提高了广大参训人员的专业素养、课堂实践能力和创新能力。

“职业生涯中的闪光时刻一点一滴地汇聚起来，让成就感和幸福感抵消了工作的疲惫和辛苦。”杨丽蓉表示，今后将以名校长、名师工作室为依托，深入制定工作室活动方案、教师培养计划，积极打造双师型的师资队伍，促进教师的管理能力、专业发展和教学质量持续提高。

“对做教育的人来说，每一天都是一个新的开始，每一天都要努力。”杨丽蓉始终把做“有理想信念、有道德情操、有扎实学识、有仁爱之心”的“四有好老师”作为自己身为教育工作者的使命和担当，行走在育人之路上，把爱和感动带给更多的人，只为桃李竞相开。

杨秀娟：初心不悔　桃李成蹊

“钟爱教育事业，放飞理想之花”，这是她的人生追求；“初心一片终不悔，只为桃李竞相开”，这是她的职业追求和真实写照。工作22年来，她牢记教育初心，忠于教育事业，用青春行动践行人民教师使命，用出色业绩展现人民教师风采。“礼遇童心无限爱，勤育花朵扬青春”，她就是贵州省乡村名师、贵州省“最美劳动者”、雷山县“最美教师”——杨秀娟老师。

加强党性修养，强化党建引领

杨秀娟深知：作为一名共产党员、一名教师，从一定意义上说就是要树立工作形象、岗位形象。她充分发挥积极示范带头作用，树立了良好的榜样，维护了党员形象。积极主动参与“两学一做”学习教育活动，积极主动带领一批批年轻骨干教师到方祥、达地、大塘等乡镇发挥名师工作室的辐射、带动和引领作用；经常运用节假日、主题队日、主题班会、培训会等时机，亲自带头策划、组织、培训雷山县第三小学、雷山县丹江小学全体师生开展“高举队旗跟党走”“感党恩，听党话，跟党走”“请党放心，强国有我”等大型主题队会，辐射了5000多名少先队员和600多名的人民教师，为党建带团建、党建带队建营造了良好的氛围，更好地为立德树人、为党育人、为国育才奠定扎实的基础。

倾力教书育人，做尽责优秀教师

1999 年 8 月，师范毕业的杨秀娟根据组织安排，到雷山县郎德镇岔河完全小学任教，她怀着“当好学生人生导师”的青春理想，开始了教书育人的工作生涯。8 年间，在给孩子们讲授国家规定课程的同时，结合自己练就的文艺功底，将苗族芦笙舞、板凳舞、飞歌、刺绣等地方民族文化引入课堂，并就地取材，运用“南猛芦笙舞”非遗文化开辟第二课堂活动，其创新的“国家课程 + 乡土教材 + 非遗文化 + 民族歌舞”教学模式，丰富了教学视听，激发了课堂活力，增添了校园魅力，深受学生、老师欢迎和喜爱，获得家长、村民的一致好评。

2020 年 5 月，贵州省小学语文省级乡村名师杨秀娟工作室成立后，杨秀娟积极率领团队深入大塘镇掌雷完全小学、方祥乡毛坪小学、大塘小学、达地水族乡也蒙小学、公统完全小学、报德完全小学等 10 多所边远学校开展送教送培 20 余次，带动和影响了 600 多名教师，发挥名师工作室的专业引领、示范、辐射作用，促进周边教师教学专业成长。“‘倾心尽力教好书、育好人，做一名合格教师’是我的座右铭。”她这么承诺，也这么践行。

永葆党员本色，做以德治校标兵

2017 年 8 月，自担任雷山县第三小学副校长后，杨秀娟站在新学校、立足新时代、着眼新未来，和该校领导班子围绕“立德树人”教育根本任务，以“礼、勤”为校魂，以“立君子品，做有德人”为校训，着力培养品学兼优的学生。

在学校管理上，她注重对学生课堂、集会、出操、卫生等常规习惯严格要求及训练，并采取设立“进步星”“才艺星”“文明星”等方式激励该校 2000 多名学生，使每个学生的个性特长得到塑造。“杨校长的日常言行，无不折射出她不忘初心、对党忠诚的党员本色。”杨秀娟身边的同事常常如此评价。

展巾帼风采，当播撒爱心使者

“看到丈夫慢慢康复、学校管理质量不断提升，我觉得所有的付出都很值得。”近年来，杨秀娟坚持在学校、医院、家里“三点一线”来回奔波。

2018 年 2 月，她的丈夫不幸突发脑梗，工作和生活都不能自理，加上家里还有一位

80多岁的奶奶和一岁半的女儿需要照顾，杨秀娟成了家里的“顶梁柱”，而作为学校的负责人，还要做好学校的管理及教学等工作，面对如此困境，在工作与家庭中，杨秀娟依旧坚持不懈、任劳任怨、默默奉献。令人敬佩的是，她一边在医院照顾丈夫，一边在家照料奶奶，还指导程钥嵘、韦光艳等学生参加“学宪法，讲宪法”“学党史、强信念、跟党走——茅台王子明亮少年”等演讲比赛，喜获黔东南初赛一、二等奖，代表黔东南苗族侗族自治州参加省级复赛。

“近年来，她从不因照顾丈夫而迟到、旷课、请假。她一边努力工作，一边勤勤恳恳持家，做到工作、家庭两不误。”雷山县第三小学校长张德军如是说。

教育脱贫帮扶，助力乡村振兴

“教育扶贫”路上，杨秀娟把贫困生家庭当作第二课堂，她把握方向，坚持初心，把帮扶学生放在心里最重要的位置，用自己的真心真情，诠释了帮扶，诠释了大爱，诠释了教育的力量。在结对帮扶工作中，她坚持做到多谈心、多家访、多帮忙、多鼓励，并努力寻找学困生身上的闪光点予以表扬，促其成长。2015年以来，杨秀娟老师像妈妈一样经常帮助李振杰等10多位离异家庭的贫困儿童。在杨秀娟老师爱的温暖下，这些孩子变得自信阳光，成绩大有进步。在2020—2021学年，杨秀娟对任课班级六年级孤儿学生李青施以无微不至的关心和帮助，带着李青去理发，给他买衣服，周末假日带着他到自己家生活等，经过一年的关心帮助，李青的学习成绩和思想品行有所提高。而仅在2020—2021学年的第一学期，杨秀娟老师就关心、帮助了16名留守儿童、学困生、贫困生、单亲孤儿，并个人资助两位贫困学生上学。

2022年的新学期，杨秀娟老师为丹江小学的四年级（5）班的杨通菊送去200元的慰问金，给六年级（1）班家庭离异的孩子李军平送去暖心的问候和100元慰问金，为家庭受火灾的三年级（5）班学生吴慧萍送去300元的爱心款，为雷山县第三中学八年级（1）班学生李振杰送去200元的慰问金，为李志明、王安飞、王兴勇、赵东升等公益性岗位人员和保安送去衣物等爱心物资，通过教育扶贫工作，助力脱贫攻坚战，关爱未成年人健康成长，助力乡村振兴。在教育扶贫、控辍保学、结对帮扶工作上，她身体力行，甘做学生的引路人。

天道酬勤，实至名归。杨秀娟老师在学校管理、以德治校、少先队建设等工作方面成绩突出，在“传统美德”上堪为典范。2014年、2016年，她被共青团贵州省委、贵州省教育厅、贵州省少工委评为“贵州省优秀少先队辅导员”；2019年12月，被贵州省教育厅办公室评为第三届全国学生学宪法，讲宪法“优秀指导教师”；2021年4月，被评为第五届新时代最美雷山人道德模范“最美教师”；2021 年 9 月，被评为贵州省“最美劳动者”；2021 年 9 月，被贵州省教育厅评为“省级骨干教师”；2022 年 5 月，被雷山县教育局、雷山县教育工会评为雷山县教育系统“劳动模范”。

“三尺讲台”展风采，“脚踏实地”绽芳华。日复一日，年复一年，杨秀娟在平凡的教师岗位上默默耕耘了 22 个春秋，她说：“为教育事业，倾注毕生精力，今后也会一如既往，书写无悔人生。”

姚元艳：烛换月　星燎原

工作中，姚元艳始终以党员的标准严格要求自己，充分发挥先锋模范带头作用，自觉维护教师形象。她从教二十六年，担任班主任二十三年，她正视学生潜能，与时代同行，面对“互联网 +”时代，做好教书育人，实现立德树人。

播下星星之火

2016 年 8 月，因为一个契机，让三穗县小学名班主任工作室应运而生，这是黔东南苗族侗族自治州（以下简称“黔东南州”）姚元艳名班主任工作室的前身，姚元艳成为三穗县首个名班主任工作室的主持人。当时组建这个工作室，从工作室的管理制度到培训模式，从人员的选拔到评测标准，方方面面都在实践中慢慢摸索。虽然工作辛苦，但是她始终认为，任何一件事情，只要用心去做，总会有所收获。果然，2017 年 10 月，工作室由于工作成果显著，其中 9 人被评为“州级骨干班主任”及“州级骨干教师”，姚元艳被评为黔东南州首批名班主任，同时建立了“黔东南州小学姚元艳名班主任工作室”。在短短的一年多时间里，工作室快速地完成了由县到州级的跨越。

2017 年 8 月，在龙志军校长的支持与鼓励下，姚元艳成功申报了贵州省第二批乡村名师，同时被定为“贵州省乡村教育家培养对象”。同年 10 月完成三穗县首个“乡村名师工作室”，“贵州省小学语文姚元艳乡村名师工作室”建设，并开始工作，很快进入了工作快车道。三年间，涌现了二十多位县级优秀教师，其中桐林小学杨精来、八弓镇木界小姚华两位老师成长为“省级乡村名师”，三穗县城关第二小学姜红梅成长为黔东南州名班主任；完成二项州重点课题研究，形成“四点四面”简单课堂操作模式。

经过四年的发展，该工作室呈现出“管理模式层级化、培训体系立体化、班级管理具体化、班会活动生活化、理论学习常态化”的“五化管理”特色亮点。在管理方面，以“顾问—主持人—成员—学员”金字塔架构管理模式有计划地开展工作，人员结构科学合理，职责分工明确，整个工作室构建班主任培训学习、教学管理、德育科研发展一体化，实现了工作室文化、成员学员学术论文、班主任管理交流平台等多边发展，影响辐射范围包括三穗县、锦平县、丹寨县、剑河县等多个县的班主任，现在已将三穗县 2019、2020 两年招聘特岗部分教师纳入其中，工作室人员达 60 多人，辐射范围越来越广。

此外，在中共三穗县委、县人民政府、县教育局的大力支持下，以姚元艳名班主任工作室为引子，更多优秀班主任“浮出水面”，成为三穗县德育教育建设的新生力量。一颗种子，开出花海；一抹星火，点燃荒原。

点亮“五心”明灯

姚元艳名班主任工作室在实践运作中不断完善，逐渐成为成员们共促成长的大舞台。工作室的一抹绿色引人注目：绿色墙纸、绿色沙发、绿色书柜、绿色桌椅，这抹绿色象征三穗县教师勃勃的教育生命力，这抹绿将推动一片绿，就像朝气蓬勃的小苗，在老师们的呵护下茁壮成长，逐渐参天。

“五心教育”是黔东南州名班主任工作室经过三年工作不断验证而极力推行的，即责任心、爱心、耐心、公心、细心。如何让这五颗心真正变成班主任日常工作中的平常心？姚元艳将自己的教育理念融入工作，并且在实践工作中探索。2020 至 2021 学年，姚老师再入基层——三穗县雪洞镇中心小学，在那所学校里，她所带的班级每天都在变化，一件件令她感动的事时有发生。其中，一个原被定为“顽石”的孩子，改变巨大，原来从不写作业，现在每天放学都跑到办公室向老师询问作业，并按时完成。这个孩子的家庭非常特殊，父母离异，在他很小时，母亲就离家，在他的成长中，没有母爱，缺乏教育，他的世界里没美丑善恶，没有规矩制度，只有自我。姚老师了解后，常奔走在该孩子家与学校之间，将教育深入家庭、深入家长内心，她坚信改变家长，才能改变孩子。在她的耐心教导下，这个孩子后来的改变，特别让人感动。姚老师常说，除了爱心，责任心也很重要。在她看来，教育的基础是“不放弃、不抛弃”，她把自己带的班级当成“家”来打造，不管是科任教师，还是学生都有了“家”的概念和“家”的体验，让许多家庭中“爱”缺位的孩子找了港湾。同时她还会根据孩子的不同特点、各自潜能，进行“区别”对待，让其发挥特长，树立信心。她不以成绩论英雄，而是善于发现孩子身上的闪光点，并利用好他们的‘闪光点’。“五心”教育作为姚元艳名班主任工作室的内核，影响了一批又一批青年教师和班主任，他们也将带着这“五心”，走上工作岗位，走进学生心里，点亮“心”之明灯。

授之以渔 教学相长

姚元艳目前主持的三个工作室的理念都是“共促共进 相学相长”，工作室的成长过程，也是很多青年教师、班主任的历练过程。经过工作室的培训、学习、切磋，一大批优秀的教师、班主任从工作室中涌现出来，成为骨干教师，骨干班主任，州、县优秀教师。工作室的成员、学员经过学习，在各自的工作岗位上脱颖而出，有的成为学校的德育主任、教导主任、校长、副校长，有的获得州、县优质课比赛一等奖，在各类比赛中斩获大奖，既学到了东西，又得到了升职机会，还赢得了荣誉。可以说，她的工作室是青年教师成长的摇篮。姚元艳已成为工作室的“大家长”，每个学员取得的成绩，都是她的骄傲，都让她喜不自胜。

让自己的学员学有所成只是姚元艳的工作目标之一，她的另一个目标更是志存高远。工作室目前很多工作都已经步入正轨，为了让更多的优秀教师、班主任能有更好的发展，她常带领他们到其他县学习交流，拓展他们的视野，丰富他们的理论；常跟他们分享自己工作中曾经经历过的困难和困惑，给他们提出建议。同时，姚元艳深入走访三穗县村级小学，将自己的班主任工作经验进行推广，形成裂变效果。

“授人以鱼，更授人以渔”，全面系统的特色培训模式，给她主持的“贵州省小学语文乡村名师工作室”“黔东南州小学名班主任工作室”“贵州省小学语文名师工作室”增添了吸引力。

将勤补拙 践行师道

团队是学习、提升的最佳场所。近些年，为了充实自己，姚元艳先后加入了“黔东南州小学班主任培训”团队、“黔东南州小学语文教师素质提升培训”团队、“贵州省乡村教育家培养对象”团队、广东省张玉石名班主任团队，以及她自己组建的3个工作室团队。在这些团队里一起探讨教育问题、交流教育思想，了解整个县、州、省小学教育情况，丰富自己的教育视野，调整学习和工作室的工作思路。近些年来，先后送教送培到乡村30余次、给家长进行“送培下乡”活动8次、进行公益讲座5次、州级培训讲座12次，培训人员3000多人，工作室直接培养180余人。她注重自我学习，参加了2014年三穗骨干教师杭州班为期十五天的培训，2016年在杭州举行的“中国家庭生命教育研讨会”，2017年在浙江绍兴举行的“全国互联网+时代班主任主题研讨会”、“贵州省乡村教育家清华班”为期20天的学习，2019年为期20天的“国培计划（2018）”北京师范大学校长培训学院学习、贵州省统编教材培训、北京师范大学名师班学习、为期一个月的杭州市江干区教育研究院跟岗学习、黔东南州“三名人才”西南大学为期15天的提升培训，2020年省教育厅组织的“乡村教育家培养对象”广东省肇庆市为期10天的“乡村教育研讨会”，在学习中提高能力，在培训中锻造自己。

她曾获得国家教育部授予的“全国优秀教师”“全国优秀班主任”两项殊荣、“黔东南州拔尖人才”称号、“贵州省乡村名师”“贵州省乡村教育家培养对象”“黔东南州级名师”“黔东南州名班主任”“贵州省特级教师”等荣誉，姚元艳认为，将荣誉放在柜子里就是一叠纸，但当成责任挑在肩上，就是教育工作的“兴奋剂”。她说要把荣誉挑在肩上，让责任“终身制”！

王积荣：以爱助学　用心育人

公益助学　为爱而行

2013年春，由浙江大学贵州校友会何素女士发起的“西迁情·求是心”捐助团体，对原草原乡单亲孤儿进行资助，王积荣看到了希望，于是他积极主动与“西迁情·求是心”捐助团体的爱心人士取得联系，为25名单亲孤儿每人每学期争取到300元的爱心资助款。2014年暑假期间，何素女士组织爱心走访，爱心人士希望能与受助孩子进行交流。当时参与活动的孩子除了塘堡小学外，还来自草原小学、金谷小学、大谷小学、中排小学等，这些学校的孩子都是家长自行护送到场，只有塘堡小学的孩子没有家长参与，唯一一位参与的“家长”就是教师王积荣。2015年9月，王积荣调到龙里县平山小学工作，平山小学是龙山镇的一所边远的农村寄宿制小学。经过一段时间的工作，他了解到学校有很多孤儿，单亲、贫困家庭的孩子，于是通过微信平台联系爱心人士，为孩子们争取资助。2016年，平山小学转来3名学生，但却总是隔三岔五地不到校上课，他和班主任一起到孩子家走访，了解到孩子们的父亲去世，母亲改嫁，现寄养在外祖父家，生活困难。了解到这些信息，他心急如焚，几经周折终于为孩子们对接上爱心人士，直到孩子们完成学业。在贵阳爱心团队孟波女士的帮助与关心下，现如今三个孩子均初中毕业，最大的已完成高中学业。2017年4月，他得知受助孩子李明鑫、李明杰的母亲病重，立即积极倡议，得到社会爱心援助，一个月后，便将7880元爱心款送到孩子家里。2021年11月，余下小学建档立卡户王小强同学突发疾病，后确诊为先天性心脏病，急需转院治疗。他和平心小学发起为王小强筹款的倡议书，同年12月2日，他将筹到的12950元爱心款交到王小强父亲的手里。2013年至今，他所对接资助的孩子已经达到7000余次，资助金额累计200余万元。

不仅如此，王积荣还改善教学环境、呵护学生成长。2015年至2021年，他为平山小学寄宿生联系资助棉被3批，爱心衣物冬衣、爱心校服5批，办公设备（电脑、打印机）2批，体育器材2批，教学班班通2套，总价值50余万元；2015年9月，平山小学只有办公电脑2台、打印机1台；现在，平山小学的办公电脑达到人手一台，对提高教育教学质量起到了关键性的作用；2021年7月，他为龙里县草原小学争取到甘泉工程一项，价值8万元，草原小学甘泉工程的建成，为草原小学500余名师生生活用水提供了保障。2021年11月22日，他为龙里县余下小学争取到价值10万余元的“华珍利圆希望水窖”工程，解决了该校师生饮水的困难。

任劳任怨　兢兢业业

王积荣工作24年来，忠诚党的教育事业，遵纪守法，敬业爱岗，服从组织安排。作为教师，他为人师表，教书育人，恪尽职守，严谨治学，关心学生；作为校长，他廉洁自律，尊重同志，团结协作。为了学校、为了老师，他以校为家，每天总是第一个走进学校，最后一个离开学校；时时、处处以师德规范的标准严格要求自己。

“丐帮帮主”　来去匆匆

在龙里县教育系统里，认识王积荣的同事都会调侃他为“丐帮帮主”，因为他一心扑在公益助学上，四面八方对接爱心人士，为学生“化缘”。在家人眼里，王积荣总是来去匆匆。妻子说，学校才是他的家；孩子时常埋怨，学校留守儿童都是他亲生的。

王积荣的家庭并不富裕，妻子是农民，正是这样一位平凡的妻子的理解与包容，才让他的公益助学走到今天。谈及家庭，他无言以对，只说了一句话“我不是一个合格的丈夫和父亲”，他管理好了别人家的孩子，呵护了广大留守儿童，却让自己的孩子成了留守儿童。2017年小儿子的出生，更加重了妻子的负担。为了学校的孩子们，他将本应进入幼儿园学习的小儿子放在老家，妻子一边务农，一边照顾。特别是在假期，他更应该为妻子分担农活、陪伴孩子，但他总是与爱心人士一起对学生进行走访，实地了解受助孩子的家庭情况，这无形中给家庭带来了沉重的负担。平时夫妻俩谈到这件事时，他的妻子总是抱怨说："家里的事情你不做，孩子你不带，总是去做这些无关的事"，但是，当爱心人士到来时，妻子又总是饱含热情地迎来送往，乐此不疲。

王积荣做的这些工作，得到社会的关注与肯定，2018 年，他被贵州省委统战部、贵州省教育厅、共青团贵州省委授予"2017 年度深中润贵州希望工程山区优秀中青年教师奖"，2021 年，又被中共龙里县委、龙里县人民政府评为"德行龙里，志愿黔行"年度人物。

王积荣认为："自己经济上困难，不能给予孩子们更多的关爱与帮助，只能用一颗真诚善良的心，做好教学工作和公益助学两不误，助莘莘学子圆梦！"带着对生活的美好憧憬和对教育事业的热爱，转眼间，他在山村小学工作了二十四年，他默默地用自己的爱和行动谱写着山村"园丁之歌"。

郑芳："妈妈"班主任

在黔南布依族苗族自治州都匀市第六完全小学的校园里，老师、学生都喜欢把班主任称为"班妈"。一个"妈"字，道出了班主任在班级中、在学生心里的重要地位和作用，同时也让身为人师的郑芳感受到这份工作的责任和艰辛。小学班主任要像母亲养育婴孩般呵护那些懵懂天真的孩子渐渐成长；小学班主任又像一棵默默无闻的小草，虽然平凡，但却能用它的本色给大自然以无限的生机。郑芳老师一直因为自己就是这样一个愿意做一棵不起眼的小草，把勃勃生机献给可爱的孩子们的小学班主任而感到无比骄傲和自豪。

入职那天，郑芳就当上了班主任，刚刚走出校门的她，很喜欢当这个班主任，因为在她的心里，班主任非常神圣、令人崇拜。怀着对美好未来的憧憬，她孜孜不倦地工作了 30 年。多年来，她秉持着用心教书，用情育人的理念，践行着当初的誓言，送走了一届又一届的学生，留下了一个个温暖的故事……

记得那是一个深夜，忙碌了一天的郑芳正准备上床休息，身边的电话忽然响起，她心中不由一紧。接通电话，电话那头传来了一个胆怯、焦急、害怕的声音："老师……老师，不好了……萍萍上了一个陌生叔叔的车，现在不知道怎么样了。"电话是班上一个叫悦悦（化名）的孩子打来的，她和电话里提到的小女孩萍萍（化名）是好朋友。萍萍是个单亲家庭的孩子，迫于生计，她妈妈不得不让幼小的她和外婆一起生活，但她的外婆也要外出挣钱，每天早出晚归，基本上就是萍萍一个人生活。因此，孩子变得胆小、孤僻，经常不完成作业，也不爱和同学交流，从不参加班上的活动。具体了解了她的情况后，郑芳寻找一切机会接近她，跟她谈心，耐心倾听她的心里话，关心她的学习和生活。开始萍萍很羞涩，问一句答一句，有时干脆不应声，但郑芳并不放弃，反而更加关注她，经常暗中鼓励她、帮助她，不断发现她的优点，及时给予表扬。慢慢地，萍萍的脸上有了笑容，下课时也能和同学们玩耍，课堂上主动发言，学习成绩也逐渐提高。可今天这是怎么了？郑芳按捺住心中的紧张，问清了事情的经过。原来，当天是萍萍的生日，平时没时间陪伴她的妈妈，带着她到酒店庆祝，一直玩到很晚，妈妈和大人们还在玩，让她自己坐车先回家。上了公交车，没过多久，萍萍就睡着了，到了终点站才被司机发现。她下了车，却不知所措。这时，有位司机开车路过发现了她，并说要送她回家。吓坏了的孩子别无选择地上了车，给好朋友发了信息，在这种危急的时刻，萍萍想到的是她的班主任郑老师，就让好朋友把这件事告诉郑芳。后来，郑芳拨通了萍萍的电话，一直和她聊天……二十多分钟后，电话里传来了萍萍到家开门的声音，这时，郑芳才发现，自己的手麻了，手心里全是汗，电话热得发烫，放下电话，她睡意全无，但那一丝被信任、被依赖的自豪感油然而生，嘴角露出了欣慰的笑容。

回顾这些暖心事的时候，难免会想起那些幸福背后的辛酸。在郑芳的孩子三岁的时候，组织上突然把她的爱人调到乡下任职。乡镇干部的工作是非常忙碌的，家庭、孩子基本就靠她一个人了。当时，郑芳老师担任一个班的语文教师、班主任、集团总校的财务、学校兴趣班辅导教师、学校卫生保健员。她往往都是上完课、处理好班级事务后才回到财务室处理当天的财务工作，夜深了才抱着熟睡的孩子离开学校。星期六又得到学校进行兴趣班的辅导，每天忙得焦头烂额。她时刻想到，自己不仅是一名人民教师，更是一名党员，当初入党时立下誓言“对党忠诚，积极工作，为共产主义奋斗终生”，所以为之付出行动，听党话、跟党走，尽自己所能，为党培养好祖国需要的人才。她从不拒绝上级安排的任务，因为她觉得这是组织对她的信任，是她实现诺言的最有力证明。

一分耕耘一分收获，郑芳在默默耕耘中取得了令人欣喜的成绩。2016 年 12 月，她所带的班级荣获“贵州省优秀少先队集体”称号；2016 年 3 月，她被共青团都匀市委、都匀市教育局评为“优秀少先队辅导员”，所带班级也被评为市级“优秀中队”；2017 年 9 月，她被都匀市政府评为“优秀班主任”；2015 年 11 月，她在都匀市团委举办的“铭记历史勿忘国耻”演讲比赛中获优秀辅导教师奖；2016 年 9 月，她带领都匀市小学组代表队参加黔南布依族苗族自治州首届“经典国学知识大赛”，获得第三名，同时被评为“优秀辅导教师”；2021、2022，她连续两年被都匀市教育局评为“优秀党务工作者”；2010 至 2019 年 9 年间，她先后 5 次年度考核为“优秀”等次；2015 至今，她还先后多次担任国培计划指导教师，州、市班主任技能大赛专家、评委；2015 年、2016 年度，她所的带班级均被评为“优秀书香班级”。她所带的中队在 2014、2015 年度学校经典诵读比赛中两次获得第二名，在 2014、2015 年度学校科技节获得团体总分第一名，2013、2014、2015 年度分别在校运会中获团体总分第一、第二名。

30 年的积淀，她在党的教导下，忠诚践行教书育人，怀揣一颗关爱之心投入到工作中，用智慧照亮孩子的成长之路，温暖着孩子们一路前行。她骄傲，因为她是一名家长信任、学生喜欢、同志认可的好老师。

冯国英：师者“心”　学童“灯”

冯国英，2012 年以前担任兴义市下五屯街道办事处中心小学附属幼儿园园长，是第一届“国培计划”学生、兴义市的优秀幼儿教师。2013 年 7 月，她任兴义市下五屯街道办事处中心幼儿园园长；2019 年 5 月，任下五屯街道办事处中心幼儿园党支部书记，是县级骨干教师、县级名师、州级名园长、省级优秀园长。

用一颗热心，谱写幼教新篇章。冯国英始终牢记立德树人初心，牢记为党育人、为国育才使命，兢兢业业、满腔热情、勤勉尽责，全身心投入学前教育管理中，带领团队攻坚克难，积极探索新时代教育教学方法，不断提升幼儿教育管理水平，创造了一个个出色的业绩。她整合多方资源，2017 年，她争取东西部资金（宁波专项资金）100 万元修建幼儿园；2021 年 6 月，幼儿园与华东师范大学附属幼儿园结成友好姊妹园，为提升该园保教质量及管理水平起到了促进作用。2015 年 11 月，成功创建“市级示范幼儿园”，2019 年 7 月成功创建“州级示范幼儿园”。

用一颗爱心，当好护花的园丁。爱是教育的灵魂。冯国英始终心怀爱心，坚定对教育事业的执着追求，以高尚的师德师风严格要求自己，以德为先、以爱育人，在工作、生活上，以身作则、为人师表，在一言一行中潜移默化地感染和教育孩子，以良好的师德师风赢得了老师和家长们的尊重、信赖、理解和支持。她用爱培养、用心教导、用情关怀每一个孩子，时时刻刻关心、关注、关爱每一个孩子，用心、用情呵护每一个孩子的健康、进步与成长，点亮孩子前行的明灯，让孩子们在爱的阳光下，开心智之门、雅情趣之源、扬探索之帆。

一颗诚心，搭起家园连心桥。为精准了解每一个孩子的情况，她组织教师开展并亲自参与家访活动，了解孩子在家的表现情况、行为习惯、兴趣爱好、家庭情况等，加强与家长之间面对面的沟通交流，认真听取家长的意见建议，耐心传授家庭育儿方法，增进家长与老师的相互了解，搭起了幼儿园和家长之间的连心桥，凝聚家园共教共育合力，共同教育、守护好每一个孩子，让每一个孩子在温馨、关爱的环境中茁壮成长。重点关注困难学生、留守儿童、残疾孩子等，做好思想上的引导，当好孩子的知心人、带路人、引导人，让孩子阳光起来、活泼起来。

*用一颗慈心，温暖孩子心中爱。*她用慈善之心点亮爱的灯塔，用一个美丽的微笑、一个温暖的拥抱、一句鼓励的话语、一个赞美的眼神敲开孩子的心灵，温暖每一个需要关爱的孩子。2018 年 9 月，该园来了一个非常特别的女孩——小平（化名），冯国英从兴义市人民检察院大量走访调查中，了解到小平是一个非婚生子，其母亲吸毒成瘾，被强制隔离戒毒，小平自出生以来，就没有享受过妈妈的温暖和关爱。关于小平的父亲，小平的妈妈没有透露过任何信息，而小平唯一的家长是年事已高的外公。

由于缺乏父母的关爱，小平生活习惯较差、攻击性较强。鉴于小平家庭的现状，冯国英带领党员、老师，给予小平更多的关心和关爱，她亲自为小平洗澡洗头、添置衣物，用心引导和教育小平，小平渐渐变得有礼貌，并能和小朋友友好相处，改变了之前邋遢的形象，整个人变得开心起来。2020 年 9 月，小平进入大班，因为其外公经常殴打和虐待她，导致她多次离家出走、夜不归宿，冯国英多次带领教师和保育员寻找小平，并成功将小平送回家。考虑到小平不愿回到其外公身边，该园行政会议决定，从 2020 年 9 月 24 日开始，小平在幼儿园上学期间，由固定老师照顾与监护，并负责小平的起居生活。

为妥善解决小平的监护问题，在短短三个月时间里，冯国英在多个部门之间来回奔波，几经周折。经向市人民检察院未检部门提供线索，未检部门充分调取证据，并听取小平母亲、外公及小平本人的意见后，未检部门向市民政局发出了检察建议，市民政局依法向市人民法院提交了撤销监护权的申请，未检部门及时向法院递交了支持起诉书，市人民法院依法撤销监护人的监护权。之后，小平被一对年轻的夫妇收养。冯国英常常与其养父母进行沟通与交流，时常关心、关注小平的健康成长。小平脸上终于扬起了天真烂漫的笑容，拥有了本该属于她的无忧无虑的童年。两年过去，小平在新父母的精心呵护下，就读于兴义市第八小学二年级（1）班。冯国英用一颗慈爱之心，挽救了一个悲惨的女孩，为孩子撑起了一片美好的蓝天。

“路漫漫其修远兮，吾将上下而求索。”冯国英始终不忘教育初心，牢记教育使命，用顽强拼搏的精神，迎接新的挑战，携手下幼人，共同创造辉煌的明天。

张兰欢：师者"双璧"　爱与责任

张兰欢现任教于贞丰县第二中学，中小学一级教师，黔西南布依族苗族自治州（以下简称"黔西南州"）骨干教师，黔西南州省级教师发展中心专家库成员，曾被评为贵州省最美劳动者、贞丰县优秀班主任、优秀教师、最美教师。自 2012 年 9 月踏上教育的岗位，她认真负责、一丝不苟、积极进取。无论是在求学路上还是在工作路上，她一直秉持着"时不我待，只争朝夕"的时间观，始终保持"路漫漫其修远兮，吾将上下而求索"的态度。同时，在生活的路上，爱与责任的信念也在悄然成长。

求知若渴

刚开始，张兰欢主要从学习教材和实践中积累经验。教书时间长之后，她认为仅限于书本知识的单向传授已然不能满足自身的专业成长和学生的身心发展，于是，2015 年 11 月，她毅然决然地报名参加了贵州师范大学在职研究生的考试，并于 2016 年 2 月顺利通过了笔试和面试，正式成为一名在职研究生。四年的求学生活基本是在假期完成的，第一学年她已怀孕，那时正值酷暑，然而每天八节课且三点一线的学习生活已然让她忘记自己是一个已有四月龄的孕妇；第二学年是 2017 年的 7 月份，仍是酷暑，此时她是一个带着嗷嗷待哺的孩子去求学的母亲；第三学年是 2018 年，正值脱贫攻坚的关键时期，她不仅要做好脱贫攻坚工作还得为研究生论文的开题等做准备。青春奋斗正当时，不负韶华不负己。艰苦且紧张的四年研究生求学生活于 2019 年 6 月结束，但是，她作为一名教师的求学之路仍在继续。

爱生无限

在陪伴自己孩子长大的过程中，她发现，舔尝世事的"酸甜苦辣"是孩子成长中的必经之路。于是，她在班级管理中使用心愿箱，让孩子们说心里话（匿名），对班级建设提供的好建议，等等。实施一段时间后，她和班里的孩子们渐渐搭起了一座团结友好的桥梁，大家也乐意和她分享事情，其中一个孩子的心里话是这样的：老班，有时候觉得您挺好的，但是有时候却觉得您挺不够意思的，课间操、校会站在太阳底下的不仅有班长，还有我们，可是您却把您的遮阳帽给了班长，这个令我们大家挺伤心的。她的一个"将遮阳帽给班长"的举动（备注：当时的班长是重感冒），一直认为是在关心孩子，却不知这样的举动伤害了另一个孩子的心。经过班里孩子的提醒，她明白"爱生应有度"，在做好学生管理的路上，爱既是方法，更是一份沉甸甸的责任。

张兰欢喜欢记录工作和生活的点滴，喜欢在点滴中思考成长的痕迹。比如：她撰写的教师成长论文《“滴水”如何“穿石”》，以自己为原型叙述了特岗教师的教学成长之路；脱贫攻坚故事《微妙的化学反应》一文，描述了帮扶教师与脱贫户之间的温情故事；为记录课堂教学里的点滴生成，她撰写了《“空中课堂”PPT的制作初探》《刍议实验·兴趣·新知》《布“景”·兴趣·魅力》等多篇论文；她偶尔会写随笔故事，比如《小时候，长大了》《一个班，一个家》《豆家心中的安全》《给女儿的一封信》。同时，她是一个喜欢“赛事”的教师，自2018年起，她就踊跃参加了各种教师技能大赛，无论在县级、州级还是省级都获得不错的成绩。因为有了“赛事”，她才能在各种教师技能竞赛中磨炼基本功，寻找自身优点，发现自身的不足，既收获了赛的快乐，又收获了教的幸福。这些经历让她更加坚定最初的想法，即在“赛”的喧嚣里，要不忘从教的初心，努力寻找一片净土，在爱与责任的双向奔赴里，做好对教的思考、创新与反思。

改革奋进

教与学的过程，从来没有平路。没有对教的思考，就像一个没有灵魂的建筑师；没有对学的深入，就像一艘没有舵的船。2020年的5月，她和组里的潘老师一起为贞丰职校编写化学校本教材，时间短、任务重，但他们最终顺利完成了校本的编写任务。那时起，她就在思考：什么时候学生才能用到我们自己编的校本练习册？什么时候我们能将作业练习真正融入课堂教学？什么时候我们上课也能“减负”？关于校本练习册的编写和实施问题，2022年初到同年8月，她和团队已经编制好义务教育阶段化学上册校本练习册的基础内容，并将在实验班级使用该校本练习，为实现进一步编写提升试题的校本练习册作好铺垫。关于作业融入课堂教学和教师的“减负”问题，2022年4月，她集合志同道合的八位老师组成课题小团队，申报了贵州省民族地区基础学科（领域）质量提升专项课题，最终课题名由专家组修改为《初中化学前置性作业设计与实践研究》并于2022年6月立项，这将实现前置性作业进入课堂教学的愿景，同时也为教师教学“减负增效”打下基础。未来的研究之路必然荆棘重重，但是她的口头禅就是“不怕的，先做再说”。

正因为秉持爱与责任的信念观，她知道求知若渴的必要性，爱生有度的重要性，不忘初心的使命感，奋勇向前的责任感。漫漫教学长路，张老师将用爱与责任继续践行为师的初心！

郑雪：春雨润苗　杏林传技

郑雪先后在上海市复旦附属第五人民医院、贵州省人民医院、贵州护理职业技术学院就职，现任贵州护理职业技术学院成人教育部学生管理科临时负责人，从事临床护理工作 8 年，护理教学工作 10 年，学生管理工作 10 年。

弃医从教，提升贵州护理技能

2012 年 4 月的一天，受贵州省人民医院护士学校技能大赛负责人李红波老师的邀约，郑雪到该校为参加贵州省护理技能的学生进行技能指导。她看了学生们的操作后，非常的惊讶和担心，指导老师和备赛学生技能弱，缺少比赛经验，备赛方式是观看操作视频，比赛的技巧和美观性更是无从提升。为此，她请了假，希望通过几天的集训能让指导老师和选手们理解比赛的精髓。但是，短暂的培训收效甚微，她考虑再三，最终决定辞去医院高薪的收入，因为她坚信：自己一定可以全面提升该校乃至整个贵州省的护理技能水平！她的自信来自于她的经历，她曾是上海市复旦附属第五人民医院和贵州省人民医院的护理技能操作能手，在护理操作方面有着过硬的技能，在培训选手方面有着丰富的经验。辞职后她全身心投入到参赛选手的护理技能培训中，用自己的青春和热血，用自己娴熟的技能操作指导参赛的 3 名学生分别获得了 2012 年贵州省护理技能大赛特等奖、一等奖和二等奖的优异成绩。

省赛结束后，郑雪老师成为一名专职教师，负责进入国赛选手的培训工作。2012 年 5 月，来自遵义医药高等专科学校和贵州省人民医院护士学校等院校的 4 名国赛参赛选手进入集训阶段。细心的郑雪老师发现来自其他院校的两名学生训练时不上心，不愿将自己真实的技能水平展示出来，郑老师了解孩子们的担心，她对孩子们说："我会把大家看成是贵州省的选手，任何一个选手的成绩代表的都是贵州省的成绩！"她的大局观，她的一视同仁，她的无私，她的无微不至，一点点地感化着孩子们！在带队参加国赛期间，她不仅仅指导同学们的技能操作，还承担了同学们的起居生活、医疗保障等工作。最终，来自遵义医药高等专科学校的冉茂莎同学获得了国赛二等奖的好成绩，为贵州省参加全国护理技能大赛获得了第一枚国赛的奖牌，这也是迄今为止贵州省获得的最高奖项。这名学生赛后饱含泪水说："没有您，就没有我今天的成绩，感谢您无私的指导！"

在郑雪老师负责的 7 年竞赛时间里，她先后培养了 1 名国赛二等奖选手，1 名国赛三等奖选手；4 名省赛一等奖教师选手；1 个省赛一等奖教师团队、1 个省赛二等奖教师团队；5 名省赛一等奖学生选手、2 名省赛二等奖学生选手，2 名省赛三等奖学生选手。

郑雪老师在尽心尽责地指导学生技能的同时，从未松懈对自身的严格要求，多次获得了贵州省护理技能大赛优秀指导教师、省赛一等奖、青年岗位能手、优秀班主任、优秀教师、健康照护（国赛）金奖的优异成绩。

潜心育人，成就孩子精彩人生

郑雪老师在教育学生方面也有自己独特的工作方式，她所带的班级在学院举办的各项活动及比赛中都取得了优异的成绩，并培养出了一批批优秀的护理人才，其中包括获得“省级三好学生”、省级和国家级优秀毕业生、省级中医技术比赛三等奖等荣誉的网络上热议的“跪地救人最美女孩”刘婷同学。

刘婷是她所带班级中的一名普通的护理学生，郑雪老师经常教育她要立志以南丁格尔为榜样，时刻铭记“救死扶伤，全心全意为人民服务”的宗旨，时刻怀着对病人的高度责任感和白衣天使的神圣使命。所以在他人需要帮助的时候，刘婷毫不犹豫地挺身而出，救人于危难时刻，她是人们心中美丽的白衣天使，而郑雪老师正是美丽白衣天使的培养人！

倾心付出，助推贵州养老托育

2019 年，因工作需要，郑雪老师的工作岗位调整到该学院的成人教育部，她开始了新的学习和研究。她将自身所学投入贵州省的养老护理工作中，2021 年，她被贵州省民政厅聘请为贵州省赛区养老护理员裁判员，零投诉、零仲裁圆满完成省赛执裁工作。在学院领导的支持下，她对参加全国养老护理员的选手进行集训，最后，贵州省获得“国赛三等奖”及“优秀组织奖”。她说，只希望用自己的微薄之力助推贵州省养老事业的发展。

2020 年，郑雪老师负责的教育部“1+X 幼儿照护”证书试点单位申报成功。在培训及考评期间，她住在办公室，与考评的孩子们同吃、同住、同培训，陪伴教育让孩子们其乐融融。最终参加试点考评学生的过关率为 100%，考评平均成绩在全国居于前列。

此外，她主动到台江县职校对贫困山区参加护理技能大赛的老师和孩子们进行培训指导，最终，参赛的学生选手获得了 1 个一等奖、2 个二等奖、1 个三等奖的优异成绩，教师组获得了团体一等奖及团体二等奖。

2022 年，年近 40 岁且患有高血压的她，再次参加贵州省第一届职业技能大赛“健康照护”项目，这次的比赛项目难度大、灵活性强，在家庭、身体、时间的多重压力下，她咬牙坚持，她说："要为老师们做表率！"无数个夜晚练习的背影，无数个对话萦绕在耳边，一遍又一遍，一天又一天。当看见颁奖台上捧着金奖奖杯热泪盈眶的她时，我们能读懂眼泪后面的种种艰辛与不易！

黄守峰：砾于企业　教于课堂　归于行业　献于职教

黄守峰现为贵州职业技术学院商贸学院副教授。他出发于企业，运用于课堂，传授于学生，服务于企业，奉献于职教，拥有独特的"闭环"历程和独特的教学魅力。作为一名具有丰富实践经验的教师，一名具有开拓创新意识的教师，一名在职教领域不断创造、不断奋斗而又不同于其他人的职教教师。他先后获得贵州省职教名师、贵州教学能力比赛二等奖、贵州省省级职业教育成果奖二等奖、贵州省第五届教育科学研究优秀成果奖二等奖、贵州省第四届教育科学研究优秀成果奖三等奖、贵州省高校人文社会科学研究优秀成果奖三等奖等各级各类荣誉与奖项 30 余项。

到职院，悔吗？不悔！"小冲动实现大收获"，收获学生赞誉多多

12 年前，黄守峰老师是世界 500 强企业的员工，他在企业工作多年，经验丰富，独当一面，曾为服务的企业立下赫赫战功。从企业到学校，黄守峰老师把昔日的荣光藏进了书本，从普通教师到骨干教师，从专业带头人到教研室主任，从校级优秀教师逐步成长为省级职教名师。

从企业到学校有诸多的不适宜，一切从头来过，黄守峰老师扎扎实实地学习，认认真真地教学。他积极参加教学比赛，曾先后获得贵州省教学能力比赛二等奖、贵州省微课比赛二等奖、贵州省信息化教学设计二等奖等各类教学比赛奖项 10 余次。他热心指导教师比赛，指导的年轻教师团队先后获得全国职业院校教学比赛二等奖、三等奖。他积极指导学生比赛，指导的学生团队先后获得国家级和省级创新创业比赛奖项 20 余项。

"这是学生写给我的教学留言。"黄守峰老师指着一个快发黄的小本子说。为了使教学更贴近学生，黄守峰老师准备了一个笔记本，学生可以在上面自由书写各种意见。

翻开跨越10年，包括500余人写的留言，上面记满了可爱的语言。“黄老师，我会永远感谢你”“黄老师，记着吃饭，别太瘦了”“黄老师，我们都喜欢你”“黄老师，要记得笑一笑”……翻看学生们充满爱意与赞誉的语言，黄老师不由得说：“这辈子当职教老师不后悔！”

这样改，对吗？对的！
“小改革实现大推动”，推动教学深度改革

“啪”的一声，一个文件夹重重地扔到黄守峰老师的桌子上。“这是什么方案？这样教学改革能行吗？你不能以企业的方法来开展职业院校的教学改革。”“我就是要做教改，企业需要什么样的人，学校就要依据需要开展教学。”谈起10多年前的这一幕情景，黄守峰老师历历在目。

2010年伊始，黄守峰老师开展了基于WCD（工作、能力、双元）模式的教学改革，经过几年的不断实践与改进，该教学模式在财经商贸类专业中得到了借鉴和应用，学生拥有更多符合企业实际的技能。此后，黄守峰老师根据教学改革撰写了2篇论文，2项省厅级课题，该改革项目于2018年获得贵州省职业教育教学成果奖二等奖。2018年，黄守峰老师积极开展人才培养模式改革探索，形成了“政府、学校、企业、行业四方协同育人，校地融合、校企融合、产教融合、育训融合四个融合”的临空产业技能人才培养新模式。学校成为对接贵州国家级临空经济区、服务临空产业的独具特色的贵州省高水平高职学校。该改革项目也获得了2021年贵州省省级职业教育教学成果奖二等奖。

这样做，行吗？行的！
“小帮扶实现大回报”，校企互动硕果累累

作为一名企业管理类专业课教师，黄守峰老师从没忘记与企业的融合、与市场的接触，也从没忘记帮扶贵州中小微型企业。他经常利用寒暑假积极到企业做培训，免费做咨询，传播企业管理经验，努力为行业企业服务。2012年至2022年期间为贵州省中小微型企业作培训讲座200余场，开展企业咨询服务100余次。10年来，参加黄守峰老师中小企业管理、营销管理等课程的学员达万余人次。

“黄老师，快来帮帮我，企业刚成立，不知道怎么办。”2018年，一个新成立的中小微企业的老板急急忙忙给黄守峰老师打来电话，正在吃饭的黄老师立即放下碗筷，驱车赶到该企业。了解情况后，黄守峰老师说：“你就是没有合适的营销人员，明天我帮

你筛选几个好学生过来。”一个月后，该公司正常运营，此后不断发展壮大。黄守峰老师也积极将所帮扶企业的现实问题作为课题研究，先后主持了省厅级各类课题 7 项，多次获得省级科研成果奖。“黄老师，你们什么时候有毕业生啊？”“黄老师，你们什么时候和我们签一个校企合作协议啊？”……黄守峰老师经常接到各企业打来的电话。黄守峰老师教授的学生也常常在这些企业实习与就业，黄老师曾经帮扶过的企业也逐步成为学校的校企合作单位。校企良好互动、深度合作取得累累硕果，校企合作影响力不断提升，黄守峰老师在贵州职业教育领域的影响力也不断增强。

陈晓翠：潜心研资环　大地挥论文

陈晓翠博士，现为贵州理工学院资源与环境工程学院教授，硕士研究生导师。现担任贵州理工学院全国高校黄大年式教师团队党支部书记，2021 年度贵州理工学院“师德先进个人”。

2015 年入校至今，陈晓翠老师对工作精益求精，对教育满腔热忱，积极进取，具有强烈的事业心与高度的责任感，无论在教学一线还是在学术科研工作中，她始终不忘“立德树人”教育初心，潜心治学，砥砺前行，开拓创新，为学校人才培养、科学研究与社会服务作出了积极贡献。

潜心治学，践行立德树人根本

陈晓翠老师潜心钻研教学，始终将立德树人贯穿教育教学工作始终。作为资源勘查工程专业的骨干教师，陈晓翠老师认真对待每一堂课，注重理论与实践结合，培养学生自主学习能力。“最好的教学不在教室里，应该在广阔的山水间。”在教育教学过程中，陈晓翠践行地质行业“三光荣”和“四特别”精神，经常带领学生深入山间野地，勘测、测绘、计量……将书本内容与贵州地质特色深度融合，让学生在实践中领略贵州喀斯特地区多金属成矿及利用的魅力。在野外实习教学期间，她与学生同吃、同住同劳动，用自己的人格魅力影响学生。常言道：“亲其师，信其道。”陈老师孜孜不倦的追求和诲人不厌的真诚，打动了一届又一届学生，她受到学生的爱戴和好评。

砥砺前行，把论文写在大山深处

走进陈晓翠的实验室，琳琅满目的各色石头映入眼帘，“这一块是来自地下 1300 米的矿井，这一块来自黔南的一个溶洞……”对于这些形态各异的“珍藏”，她如数家珍。怀着对地质的热爱之情，陈老师一直深耕在科研第一线，不畏严寒酷暑，常年在荒山野岭中开展地质考察。谈及地质考察，这位年轻的女科研工作者神采飞扬地说：“学地质挺好的，借用行业内一位前辈的话‘学地质，四季人生都不缺，春有百花秋有月，夏有凉风冬有雪，贴近生活、亲近自然，更了解世间百态，洞察人生真相’。”入校至今，她主持国家自然科学基金项目 2 项，重大研究计划培育项目 1 项；参与国家自然科学基金——贵州喀斯特中心联合资助项目 1 项；发表论文 10 余篇，其中 SCI 区论文一作 4 篇；出版学术专著 1 部……一条条闪光的履历，诉说着这位地质科研人员的成长经历，更展现出她深耕科研之路的底气与实力。

开拓创新，积极服务地方经济社会发展

作为全国高校黄大年式教师团队的成员，陈晓翠老师一直坚持以国家发展建设的重大需求为导向，落实新一轮找矿突破战略行动，为矿产增储及其高效绿色利用提供科学指导和技术支撑。陈晓翠认为：“科研创造必须紧密对接国家和地方的重大需求，才能发挥其最大价值。”贵州是我国喀斯特地区的代表之一，也是全球很典型的喀斯特地区之一。贵州以沉积碳酸盐岩为主体的地层系统中，有一系列重要的沉积矿床（磷、铝、锰等）和低温热液矿床（金、铅、锌等）等特色矿产，并产出沉积型、风化型等稀有、稀散、稀土、稀贵（“四稀”）主矿和共伴生关键矿产，是我国和全球非常重要的沉积矿床、低温矿床和相关关键矿产集聚区。喀斯特地区在全球广泛分布，但是，像贵州这样磷、铝、锰、金、铅、锌及关键金属等较多矿种都发生大规模成矿的地区全球少见。因此，贵州是全球研究喀斯特地区多金属成矿及其利用不可多得的天然实验室。近年来，陈晓翠及其研究团队发挥专业特长及优势，以贵州铅锌矿及相关关键矿产为研究对象，研究其成矿机制和背景特征，进一步确定贵州的铅锌及相关关键矿产成矿潜力。“贵州的青山绿水下埋藏着无数的宝藏，是我们地质科研工作者可以深入挖掘的科研圣地，更重要的是，如何合理开采利用地球给人类的馈赠，也是我们毕生研究的课题。”

党建引领，助推教育事业高质量发展

陈晓翠是博士、教授，现担任资源勘查工程全国高校黄大年式教师团队党支部书

记，是实打实的高校教师党支部书记“双带头人”。她勇于拼搏、敢于担当，充分发挥党建带头人、学术带头人的作用。在党建工作探索中，创造性地提出了“党建＋业务——三融合”工作方案，将支部党建工作与教育教学、科学研究和社会服务工作紧密结合，实现党建工作与业务工作同频共振、相互促进。党建工作初见成效，获批成立了2021年贵州理工学院“双带头人”教师党支部书记工作室，打造了省内高校以党建促教学、以党建促科研的鲜活样板。

生于斯时何其幸，愿将此心系华夏！作为“黄大年式教师团队”的一员，陈晓翠老师将继续以黄大年精神为指引，淡泊名利、甘于奉献，把党的教育事业作为自己最大的职责和最高的使命，努力做服务学生、服务社会的好老师、示范者和实干家。努力在推动贵州教育高质量发展，围绕“四新”主攻“四化”的行动中作出新的更大贡献！

谭丽琼：“知心姐姐”嘘寒暖
“创新导师”励自强

谭丽琼副教授，现为贵州师范学院数学与大数据学院党委副书记，主持贵州省高校首家名辅导员工作室——“丽琼工作室”。

谭丽琼老师担任辅导员以来工作表现突出，连续获得“优秀辅导员”“我最喜爱辅导员”“就业创业先进个人”“年度考核优秀”等荣誉称号30余次，其中2014年获教育部颁发的“全国高校优秀辅导员”“全国优秀教师”；2018年获教育部颁发的“全国辅导员年度人物提名”，贵州省教育厅颁发的“第四届贵州辅导员年度人物”；2020年获得教育部颁发的“全国辅导员年度人物”、贵州省教育厅授予的“最美高校辅导员”。

她主持的“丽琼工作室”，2017年获贵州省高校辅导员工作室首批示范点，2018年荣获贵州省巾帼文明岗等荣誉称号，2020年获贵州省三八红旗先进集体荣誉称号。

谭丽琼作为贵州辅导员代表参加2019年3月18日习近平总书记在北京主持召开的学校思想政治理论课教师座谈会，受到习近平总书记的亲切接见。2021年中国教育电视台CETV-1《我是辅导员》栏目播出28分钟的人物专访，报道其育人实效，面向全国推广。

始终把学生放在第一位

谭丽琼关注学生、关爱学生，是学生学习生活中的“知心姐姐”。自担任辅导员起，她全身心投入工作，她坚信“真的教育是心心相印的活动，唯独从心里发出来，才能打到心的深处”，她用真心去温暖学生，用真情去感染学生。刚担任辅导员时，她为尽快熟悉学生，在新生军训期间天天和学生在一起，遇上学生体力不支晕倒，她第一时间背起学生往医院跑。当时，她的婚礼正好安排在新生军训期间，为不影响军训工作，她利用公共假期回老家匆匆举行了简单的婚礼，婚礼结束后立刻返校投入到新生工作中。她深爱学生，只要学生有需要，她会第一时间为学生排忧解难。学生学习上有困难，产生厌学情绪时，她不厌其烦地和学生谈心，联系家长共同做好学生的思想工作，帮助他克服困难；学生因家庭经济困难买不起电脑时，她把家里电脑拿出来给学生使用；学生感情受挫时，她耐心开导；学生生病住院时，她提着营养品赶去宿舍或者医院看望；她的电话一直是 24 小时为学生守候，学生的短信、QQ、微信，看到马上回复……她被学生亲切地称为“知心姐姐”。

她爱护学生、保护学生，是学生遇到危难时的“保护女神”。一位学生半夜返校途中发生车祸，肇事车主逃逸，学生被送往医院，当时她怀有身孕，大腹便便，但接到电话她没有丝毫犹豫，挺着肚子立刻前往医院处理，当场给学生垫付医药费、办理住院手续。由于情况紧急，学生需要立刻手术，急诊室医生要求她在手术单上签字，她毫不犹豫地签上自己的名字，让学生能第一时间做手术。处理完相关事情后已经快天亮了，她却因为紧张劳累缺氧，瘫倒在地。在后续的工作中，她和学生家长积极寻求交警帮助，找到了肇事者，让其承担了责任。她的几个学生在外兼职时，被雇主恶意拖欠工资，学生向她求助，她通过各种途径帮助学生领回工资。她总是学生遇到困难和危难时值得信任的“保护女神”。

她帮助学生、激励学生，是学生自立自强的“精神导师”。贵州省曾作为全国脱贫攻坚的主战场，学校里家庭经济困难学生占的比例较大。她负责学院的资助管理工作时，为家庭经济困难学生提供勤工助学岗位或兼职机会，鼓励学生通过自己的努力改善家庭经济状况，改变学生“等、靠、要”的思想，使其变得更加自立自强。她班上一位女生的父亲不幸患病去世，母亲操劳成疾，原本就经济困难的家庭雪上加霜。她知道之后，给该生无微不至的关爱，为其争取助学金，并帮助学生找到了一份兼职工作，及时解决了该生经济上的窘境。该生后来因为在村里遭到不公正待遇，思想波动很大，有些过激的言论。她及时了解到这个情况，经常找这个学生谈心，帮助疏导其心理，平复其心态，在平时的学习生活中给予其细致的关心和指导。该生后来非常积极上进，自强不息，在课余时间在外兼职赚取生活费，分担家里的经济压力，学习进步也很大，毕业时顺利找到如意的工作，家里也脱贫了。很多家庭贫困学生因为她的鼓励和激励变得独立自信，她成为他们自立自强的“精神导师”。

育人工作和专业实践相融合

谭丽琼立足学院专业特点，鼓励学生积极参加学科竞赛和创新创业大赛。在开展学生工作时，特别注重结合学校“应用型创新人才”的人才培养要求，重视激发学生创新精神，培养学生科技创新能力，逐步形成“活动团体—科技文体活动—大创项目—学科竞赛”四位一体的学风建设新模式。她始终鼓励并支持学生积极参与各类重大赛事，积极配合学院打造系列品牌团体和活动，如数学建模竞赛、程序设计大赛、数据挖掘竞赛、大学生创新创业大赛等作为学生增强实践能力的平台，促使学生在实践中成长，在锻炼中成才。积极配合专业教师指导学生学习和参赛，在育人工作中渗透专业引导，将专业发展融入学生的校园文化生活中，引导学生将个人理想追求与国家发展紧密结合。

担任辅导员时，所带学生毛敲、柳艳、邱南亚等同学分别获得 2017 年、2018 年美国国际大学生数学建模大赛一等奖，杨小龙、王邦义两位同学获得全国大学生数学建模一等奖。在她所带的 2013 级统计学专业学生中，有 45 人通过会计师、统计师等资格考试，有 40 多名同学参加了 2015 年全国大学生数据挖掘竞赛，其中有 30 名同学获奖。2015 级物联网工程专业 48 人，有 46 人获得信息技术处理员等资格证书，有 61 人次获得贵州机器人竞赛、贵州程序竞赛等省级以上竞赛奖，有 23 人获得创新创业项目立项，其中 9 人获得国家立项，16 人获得省级立项。2015 级计算机科学与技术（大数据技术应用方向）专业学生 46 人中，有 37 人次获得省级以上竞赛奖，有 33 人获得创新创业项目立项，其中 5 人获得国家立项，13 人获得省级立项。所带学生参加国家竞赛获奖达 80 余人次，省级竞赛中获奖达 230 余人次，学生各类课题项目立项达 100 余项。获得国家奖学金、三联奖学金、省级优秀学生干部、省级三好学生、省级优秀毕业生达 30 人次，所带的 16 个班级中获校级先进班集体、先进团支部有 12 次。

她担任学院副处级专职组织员和党委副书记，分管学院学生工作和学生的党建工作后，始终坚持把学生的思想政治教育放在首位，把思想政治工作当作学生党支部、学院基层团委、辅导员的中心工作。充分利用学生党支部、团委、学生会三大学生组织，注重以形式多样、内容丰富的学生活动为载体，以主题党日活动、主题团日活动、主题教育系列活动等形式开展“爱国”“感恩”“责任”“诚信”等专题教育，不断提高学生的思想政治素质。近年来，该院有四个班级连续四年获得省级先进班集体，学院基层团委连续被评为学校先进基层团委。组织党支部完成“党支部手册一本通”和“智慧党建管理平台”等党建创新成果。该院党委和四个支部通过学校基层党组织标准化建设创建达标单位，连续被评为先进基层党组织。2018 年她所在学院成为教育部首批“三全育人”综合改革试点院系建设单位，2019 年荣获贵州省工人先锋号、贵州省教育先进单位等荣誉称号。2021 年该学院“三全育人”综合改革试点院系建设以“优秀”通过教育部验收，该院荣获“全国工人先锋号”荣誉称号。2022 年学院党委学生第一党支部成为全省党支部标准化规范化建设示范点。

服务学生、队伍发展、科学研究齐发力

她积极探索大学生思想政治教育的新平台、新载体，发挥示范辐射作用，引领辅导员成长。2017 年 5 月 4 日，成立了贵州省高校首家名辅导员工作室——“丽琼工作室”。工作室以“提升专业素养，情系学生成长”为工作目标，针对大学生思想政治教育中的热点、难点，通过场地建设、制度规范、课题申报、经验交流、咨询服务等途径，探索学生工作的新途径、新方法，推动工作室辅导员团队的职业化、专业化、专家化发展。

丽琼工作室成立五年来，在服务学生、队伍发展、科学研究等方面取得较为突出成绩。服务学生成长成才方面，通过咨询、辅导、讲座形式累计辅导服务全校学生约 18000 余人次，解答学生成长过程中的疑难问题。组织学生党支部参加“誓词响亮，我心向党”全国百所高校告白祖国和万名师生云端大合唱《唱支山歌给党听》等活动，并在“人民网”、“学习强国”、团中央微博主流媒体报道，点击量达百万。促进辅导员队伍发展方面，工作室培养了一批优秀辅导员骨干，如全国模范教师吴光梅、贵州省最美辅导员楚亚萍等，日常为辅导员积极搭建交流平台，承办辅导员沙龙活动 30 余场，派成员外出交流培训达 60 余人次，考取相关资格证 30 人次；促进辅导员专业成长，成员获得省级以上奖励 50 人次，孵化校级辅导员工作室——光梅辅导员工作室。在科研和指导学生方面，工作室共获省厅级以上课题立项 20 余项，校级课题立项 30 余项，发表学术论文 130 余篇，指导学生获省级以上奖项 150 余人次。工作室建立官方微信公众号和官方抖音号，利用各种新媒体平台，打造融媒体概念，通过学生喜欢的表达方式，贴近学生实际，潜移默化地影响和引导学生。工作室成立以来发布的网络新闻、原创推文、短视频 300 余篇，关注人数累计达到 7000 多人，浏览量累计 50 余万，发挥了网络微思政的育人效果。学工部指导拍摄的反映她征兵工作的短视频《网红叫你来当兵》荣

获省级征兵宣传短视频大赛一等奖。

谭丽琼同志一直围绕学生，关注学生，服务学生，不论是学生学习中遇到困难还是生活中遭遇困境，不论是学生心理上出现困扰还是精神上出现困惑，她总是想方设法帮助他们解决实际问题，她心中始终装着学生，始终倾注热情，始终以传道情怀、仁爱情怀，努力帮助学生筑梦、追梦和圆梦。她始终牢记习近平总书记的殷殷嘱托，胸怀“国之大者”，不忘教育报国初心，勇担立德树人使命，努力培养担当民族复兴大任的时代新人。

曾柱：律己为“灯” 搭“梯”育人

他，是贵州土地的杰出儿女，1969年出生于三都水族自治县，2006年毕业于北京大学；他，是优秀的医科人才，在美国加州大学师从著名科学家钱煦教授，入选“贵州省百层次创新型人才”“贵州省优秀青年科技人才”；他，是不忘故土的西部赤子，2008年选择回国，义无反顾地回到贵州医科大学，为西部高等教育贡献力量；他，是生物医学工程学科带头人，担任贵州省细胞免疫治疗工程研究中心主任、感染免疫与抗体工程特色重点实验室主任；他，开启了生物医学工程的学科建设和人才培养之路，是国家级一流本科专业和一流课程负责人，荣获贵州省省管专家、贵州省青年科技奖和“五一劳动奖章”等荣誉。他就是贵州医科大学教授、博士研究生导师、共产党员曾柱。

发挥头雁作用引领学科发展

伟大时代呼唤伟大精神，医药事业需要头雁引领。曾柱结合多年来的研究经验和成果，大力发展贵州生物医学工程学科。他牵头建设省细胞免疫治疗工程研究中心、省感染免疫与抗体工程特色重点实验室，领衔打造省树突状细胞基础与应用开发科技创新人才团队，主持包括6项国家自然科学基金在内的各类科研项目20余项，其中2021年获批的重点项目是贵州省在数理学领域重点项目零的突破，发表科技论文70多篇，其中SCI收录30余篇，申报发明专利6项，出版中英文学术专著各1部。

“大数据是手段，大健康是目的”，曾柱率先提出健康医疗大数据融合发展策略，先后完成贵阳市智慧医疗云的顶层设计和建设方案。他牵头成立了国内高校第一个大健康学院和贵州省内唯一的健康医药现代产业学院，为贵州大健康产业发展提供展示平台和发展导向。

作为一名中共党员，曾柱始终牢记为人民服务的宗旨。他牵头申报贵州省135期间首个高技术应用项目，在此基础上与贵安新区及贵医附属医院合作开展“影像数据的存储和远程会诊”，有效缓解基层百姓看病难的问题。

甘当人梯路石打造精英团队

学科建设和发展，人才是关键。为了建立一支朝气蓬勃、干劲十足的科研队伍，曾柱发扬严谨治学、甘为人梯的精神，勤学致用、无私奉献。他既是科研事业的开拓者，又是提携后学的领路人。

曾柱先后担任了贵州医科大学基础医学院副院长、生物与工程学院院长、大健康学院党委书记兼常务副院长、基础医学院院长和副校长等职务。他坚持“外界引进”“内部发展”的人才队伍建设模式，经过十余年的发展，师资队伍整体结构得到优化，学缘关系多样，培养出多名具有发展潜力的优秀青年骨干教师。目前已为生物医学工程学科引进博士学位的高层人才30余人，本土培养博士后/博士5人，在读博士6人。

他统筹考虑、倾注心血，对团队人员的教学和科研情况进行动态管理和精心指导，帮助青年人才尽快适应工作环境，提升科研水平。他指导青年教师参加教学竞赛、科研项目申报和评优评奖，硕果累累。五年来，团队成员先后获得贵州省优秀教师、先进工作者、优秀青年科技人才、“千”层次人才、青年科技奖等荣誉称号。此外，团队获批省科技创新人才团队和2011协同创新中心各1个，国家自然科学基金33项，省厅级项目126项。

一分耕耘，一分收获。在曾柱的带领和团队成员的努力下，生物医学工程学科2016年被批准为省级重点学科；2017年生物医学工程硕士点申报成功，填补了我省在该学科领域的空白；2018年，教学团队被评为学校“黄大年式教师团队”；2019年，生物医学工程被列为省重点学科，并入选国家一流本科专业；2021年，生物与医药专业硕士点申报成功，生物技术入选国家一流本科专业。

创新教学教研精心育人育才

作为一名从贵州大山走出去的学子，曾柱切身地体会到贵州籍学生在基础知识体系上与发达地区的差距。为了改变这一现状，他坚守教师“立德树人”本职，从“补强基础”和“激发潜力”两方面入手，在传统教学的基础上创新教学方式和模式，实现“价值塑造、能力培养、知识传授”三位一体的育人理念。

在教学方法上，曾柱采用“以问题为导向”的 PBL 教学方法以及“以项目为中心”的 DCL 教学模式，学生自主学习能力、团队协作能力、书写与表达能力得到很大提升。在研究生教育中，曾柱作为省优秀硕士生导师坚持实施研究型教学，提倡早进实验室、早接触科研，推行“讨论立项—学生负责—导师纠错”循环式的指导方案，充分激发研究生的科研热情。

曾柱遵循教学规律，聚焦教育教学改革，他主持的“基于新工科和新医科的医学高校‘生物医学工程’专业人才培养实践创新平台建设探索与实践”入选了教育部第二批“新工科”研究与实践项目，“卓越工程师教育培训计划”入选了贵州省本科教学工程建设项目，“基于学科研究思维培养的基础医学虚拟仿真综合实验”入选国家级一流本科课程，“整合实验虚拟教研室”入选教育部虚拟教研室建设试点，并有 10 余项教研成果在国家级、省级评比中获奖。

岁月为证，奋斗不止。三十年来，他不忘初心、牢记使命，把责任和担当扛在肩上；三十年来，他兢兢业业、开拓创新，为贵州省高等教育事业高质量发展作出突出贡献，为建设科技强国提供强大的后备军和新生力量。

罗俊：“‘三牛’精神”执教　“三种角色”育人

在贵州省黔南布依族苗族自治州（以下简称“黔南州”），当地广大师生和干部群众，对罗俊发扬拓荒牛、老黄牛、孺子牛精神，实现民族地区高职学校跨越式发展的故事，纷纷竖起大拇指。

罗俊毕业于贵州民族大学，全日制大学本科学历，在职取得武汉大学工程硕士学位，黔南民族职业技术学院党委书记、教授，硕士生导师，中华职教社常务理事，全国德育工作委员会常委。2014 年从中共龙里县委副书记、县长跨界到学校工作的罗俊，以一名共产党员的党性、信念与责任，坚决服从组织安排，干一行、爱一行、专一行，以求真务实的作风、争创一流的干劲，全身心投入到职业教育工作中，勇于担当，争创一流，受到学生的喜欢、家长的好评、同行的认可、领导的肯定，将黔南民族职业技术学院建成全国民族团结进步示范学校、全国国防特色教育学校、教育部“1+X”现代学徒制试点学校、AAAA 研学景区学校、贵州省优质高职高专、贵州省“双高”校建设单位。

这一份份荣誉，不仅见证了他春夏秋冬的辛勤耕耘，也让他在职业教育领域既赢得金杯银杯，又赢得广大师生的良好口碑。他团结带领广大师生实施《质量提升三年行动计划》，争资源、强基础、提质量，新增教学实训用房建筑面积 14 万平方米，在校学生由 2014 年的 2000 余人达到现在的 14000 余人，让一所即将关闭的、全省挂末的“特困户”学校，实现了向省级“双高”校的华丽蝶变，把不可能变成了可能，讲出了黔南职业教育的好故事，书写了贵州职业教育的黔南奇迹。他用辛劳、汗水、追求和奉献诠释了一名共产党员的本色，在师生心目中，他是一位好老师、好党员、好领导。

发扬拓荒牛精神，从严治党、从严治校，当好班长

初上任时，他面对的是年久失修的校舍、杂草丛生的校园、松散落后的教育管理、一亩地招不到一个学生的窘境，问题众多。如何提高治校水平，实现创新发展，成了他必须直接面对的任务和挑战，他向师生们庄严承诺要做个合格的职教人。

作为该校的掌舵人，他始终按照“忠诚、干净、担当”要求，坚决贯彻落实党委领导下的校长负责制，每年主持党委会 30 余次，研究解决问题近 300 项，当好党委班子的“主心骨”和带头人，带头深刻领悟“两个确立”的决定性意义，增强“四个意识”、坚定“四个自信”、做到“两个维护”，将习近平新时代中国特色社会主义思想融入教书育人各个环节，做到对党和人民绝对忠诚。

思维新，推进学校跨越式发展。2015 年，在学校第一次党代会上，他提出了以建成黔南经济社会发展高素质技术技能人才培养培训基地和省级优质高职学校两大目标为基础的“2348”发展战略，大多数教职工认为这是一个不可能完成的任务。上任以来，他以坚定的信心、忘我的干劲，团结党委一班人，带领教职工打赢了无数个事关学校生存和根本发展的硬仗，“2348”目标任务全面完成，闯出了发展的新路，从 2014 年全省高职高专的“倒数”迈入如今的“第一方阵”，创造了学校发展的奇迹。该校形成了以“三级书记”抓党建为统领，以校党委带头、领导干部争先、教师垂范、学生融入的“三职教育”（职业道德培养、职业技能习得、职业形象塑造）为方向，以“七个育人”（红色文化传承育人、工匠精神操守育人、传统文化滋养育人、民族文化和谐育人、生态文化山水育人、军旅文化纪律育人、典型标杆示范育人）为路径，以课程思政“五分钟”为抓手，以“三好”红心工匠（一个好品行、一副好身体、一手好技能）为目标的“33753”育人体系，全面促进学生综合素质的提升。

队伍强，紧紧抓住人才这个第一资源。他在州内高校率先组织开展优秀教职工调研，综合分析研判，动态建立优秀人才库，梳理制定人才分类分层培养计划，大力培

养、储备一批有正确的教育思想、深厚的学识学养、高尚的道德情操、丰富的教学科研和管理经验的“又红又专”的教师。在优秀教职工调研的基础上，结合教学技能大赛、学生管理、科研水平、一贯表现等情况，指导开展70余名优秀年轻教师的选拔任用，中层干部队伍年龄、专业、学历、结构得到优化，有效缓解了年龄断层、青黄不接的问题。他带头引进高素质技术技能人才近200名，培育“双师型”教师160余名，培育专业带头人、骨干教师100余名，抓好后继有人这个根本大计。

*基础实，构建活力党建。*他带头调查研究，主持修订党委议事规则等党建工作制度67项，探索出台教职员工“十严禁”“十不准”规定等管理制度150项，将全面从严治党落实到从严治校各环节。坚持以高质量党建引领职业教育高质量发展，推行“一党总支一品牌，一党支部一特色”品牌打造，培育创建了“微心愿·微爱圆梦”等7个党建品牌，为基层党建注入了新元素。推进基层党建规范化标准建设，配齐、配强二级院（系）党总支书记，实现教师党支部书记“双带头人”、州级“党建标准化五星支部”两个全覆盖。他在州内高校首推“三级书记”抓党建，层层压实党建工作责任，经常深入一线督导检查，通过问责问效促进落地落实。每年在建党节前后开展“七个一”党建系列活动，教育引导广大师生听党话、感党恩、跟党走。在他的带领下，党建工作实现省级以上表彰零的突破。2021年，该校党委被中共贵州省委、中共黔南州委表彰为“基层先进党组织”，现代山地农业工程系被中共贵州省委、省人民政府表彰为“贵州省脱贫攻坚先进集体”，获得贵州省高校党建“五个一批工程”3项。

发扬老黄牛精神，为党育人、为国育才，当好老师

他思维敏捷，精力旺盛，健步如风，做事雷厉风行，始终践行为党育人、为国育才的初心使命，为了职业教育的高质量发展，呕心沥血，忘我工作，同事们都亲切地称他为“俊老师”。

带头进课堂、上讲台，他坚持上好每学期开学“第一课”，近五年来开展形势政策课、主题党课40余次，参加培训30000余人次，《不忘初心、牢记使命、立德树人》获得黔南州“十佳”党课作品。同时，他还担任贵州省内两所本科高校的硕士研究生导师。在他的示范引领下，全体教师爱岗敬业、以身作则、关爱学生、教书育人。2019年以来，教师在职业院校技能大赛教学能力比赛中获得国赛二等奖1项、三等奖2项，省赛一等奖12项、二等奖15项。

他身体力行作表率，引导学生积极参加科技文化体育活动，帮助学生人人出彩、个个成才。他的篆刻作品《罗俊印痕》获2021年全国第六届大学生艺术展（高校书记校

长作品）书画摄影作品一等奖。还指导学生获世界级金奖2项、银奖1项、铜奖1项，国家特等奖3项，国家一等奖4项、二等奖1项，省级一等奖14项；在大学生“互联网+”创新创业大赛中，学生获国赛铜奖2项，省赛金奖2项、银奖8项。男子足球队2019年获全省高职高专组冠军，男、女田径队分别获得2021全省大学生运动会高职高专组团队总分第一，国旗护卫队获得2021年全省第二届大中学校国旗护卫队技能大赛高职高专组一等奖和最佳人气奖。近几年来，学校毕业学生就业率平均在93%以上，教育部“阳光高考”学生对学校满意度测评连续两年排名全省第二。

示范带头抓好科学研究，他撰写的课题入选《教育部职业教育助力乡村振兴研究》典型案例，是贵州入围的两个典型案例之一、黔南州境内8所高职学校高校唯一入选的案例；主持的“服务都匀毛尖茶产业，产学研训融合，茶专业群建设路径探索与实践”获得2021年贵州省职业教育省级教学成果奖二等奖；带头承担“建立黔南民族旅游菜系”“都匀毛尖茶如何走得更好”等4个州委、州政府重大课题；领衔的《党建统领，“33753”培养高素质人才》案例获全省高校党建“五个一批工程”之党建工作创新优秀案例；出版学术专著《西部高职院校服务地方办学探索与实践》《职业教育与区域经济协调发展研究》2部，发表学术论文10余篇，其中核心5篇。

发扬孺子牛精神，严于律己、乐于奉献，当好勤务员

从参加工作之日起，罗俊就怀着一颗为党的事业奋斗的忠诚之心，从乡镇基层干起，经过多岗位锻炼，有着31年党龄的他，一直在为党的事业勤勉工作，无私奉献。

重廉洁、强关怀，乐于奉献当公仆。作为“班长”的他，为人师表，廉洁自律，凡是要求党委班子成员做到的，他先做到，坚持廉洁教育不放松，营造了风清气正的廉洁从教氛围。他提炼形成“黔南职院一家人”人文精神和“团结一心，艰苦奋斗，争创一流，把不可能变成可能”工作精神，形成学校特色文化，凝聚师生磅礴力量。关爱师生是他最大的快乐，每逢职工生日，他的祝福必到；每逢师生有困难挫折，他的关心必到，对师生充满了爱，他是一个尽心服务师生的勤务员。

重育人、强品质，提升育人成效。他从事党的教育事业的时间不长，不是知名教育家，但他勤于学习，热爱教育、情系教育，通过“33753”育人体系的深入实施，学生思想道德素质、人文素质得到进一步提升，培育了荣登“中国好人榜”的王开菊；全省高校“大学生十大创业英雄”罗心华；国家级茶艺技能大师冯丹绘；荣获东京残奥会银牌，“全国向上向善好青年”“贵州省道德模范”“贵州省五一劳动奖章”“贵州省青年五四奖章”获得者刘道敏等一大批杰出学子。

重奉献、强服务，深度融入地方高质量发展。他提出学校要抢抓国发〔2022〕2号文件，聚焦中共贵州省委围绕“四新”主攻“四化”主战略和“四区一高地”主定位，深入学习宣传贯彻落实省第十三次党代会精神、州第十二次党代会精神，以省级“双高”校、“技能贵州”建设为抓手，全面提升教师队伍整体素质，既在服务中体现职业教育的担当与价值，又在一线实践中锤炼教师的能力与本领。他是这样说的，也是这样做的。他带头争取各级、各部门、各方面的支持，近几年来，该校建成了贵州省农民技能实训基地、贵州省退役军人技能培训基地、贵州省大众创业万众创新示范基地和黔南州人才基地。

罗俊多方协调，联合省内外科研、教育机构成立跨界的“乡村振兴研究院”，牵头组建黔南州职业教育联盟，搭建了“政校行企”对话合作平台，在政策咨询、产业规划服务、技术培训和人才培养等方面为乡村振兴提供了有力支持。他领衔的6个中共黔南州委、州人民政府重大调研课题结题，大力推进科技成果转化，助推都匀市毛尖茶、乡村规划设计等区域主导产业高质量发展。立足粤港澳大湾区和贵州省围绕“四新”主攻“四化”对技术技能人才的需求，他带队主动争取广州对口帮扶项目资金650万元，整合资源共投入2000余万元建成广黔技能人才供给基地（黔南乡村振兴人才培养基地），可同时开展300人培训。他争取黔南州农业农村局支持，共投入900余万元建成“黔南州农产品质量检测中心”“测土配方施肥土样检测中心”，教师团队研发的富硒茶叶、富硒绿壳鸡蛋等项目通过省验收，完成黔南州12个县（市）5230个土壤样本60000余个指标的检测任务。

高职学校如何助力打赢脱贫攻坚战？罗俊总结提出“专职常驻、全校帮扶、全域帮扶、扶智扶技、注重实效”工作思路，近5年面向贵州省14个深度贫困县招生6000余人，每年组织800余人次、投入资金100余万元，围绕产业发展等清单推进扶贫。建立100亩以上“校农”合作基地、实训基地各2个，协同打造“匀城优品”等电商平台3个，年销售额1000多万元。食堂每年采购贫困村产品500万元以上，培训新型职业农民每年20000人次以上，职业技能鉴定10000人以上。帮扶的三都水族自治县中和镇3个村同全省、全州一道实现了脱贫攻坚目标，9名教师、5个团队获州级以上脱贫攻坚表彰。

如何服务地方乡村人才振兴？他探索开办乡村振兴人才“学历技能双提升”试点班，免费为三都水族自治县、平塘县培育100名能较全面地掌握农业、农村服务和管理知识的全日制农民大学生。他说，试点班从2022年起在其他县（市）逐步推开，力争5年内覆盖黔南州1190个行政村，在巩固拓展脱贫攻坚成果同乡村振兴有效衔接中继续展现“黔南职院作为”。

罗俊说，自己首先是学生的老师、单位的职工，其次才是学校的党委书记。如今的黔南民族职业技术学院，已经是 AAAA 级研学景区的省级“双高校”。他坚持以人为本，将党的温暖送达每一个师生，将发展成果惠及广大师生。他把取得的成绩，归功于该校党委班子的不懈努力，归功于广大教职工的艰苦奋斗，他有宽广的胸怀，坚持党的事业高于一切，致力于将黔南民族职业技术学院建成服务国家战略、促进地方高质量发展的“区域引领，特色鲜明，贵州一流，全国民族自治州前列”的高职学校，他努力着、奉献着、行动着。

吴昌福：有温度的教育　有故事的老师

吴昌福教授，黔南民族师范学院马克思主义学院教师，挂职三都水族自治县（以下简称“三都县”）第五中学副校长，任职以来始终秉持“忠诚党的教育事业”的坚定信念，听党话、跟党走，始终不忘初心和本色，从普通工作人员到干部，他既是群众“贴心人”，又是单位“好帮手”。作为易地扶贫搬迁安置点配套学校的教学副校长，他始终坚持“奋进是最好的感恩，搬迁群众脸上幸福的笑脸，是最大的满意”，把学生成长成才作为自己奋斗的目标，始终做到守土有责、守土尽责。2020 年，获得黔南布依族苗族自治州教育工委“脱贫攻坚优秀共产党员”表彰，2021 年获得黔南布依族苗族自治州教育工委“优秀共产党员”称号，2021 年获黔南民族师范学院“优秀共产党员”称号，2022 年获得“乡村振兴最美家庭”称号。

在同事眼里，吴昌福是一位任劳任怨、踏实敬业的“孺子牛”；在学生心中，他是善良亲和的“好老师”；在领导眼里，他是一位值得信赖和赋予重托的干部。十多年的教育服务工作，他始终如一，努力进取，不懂的想尽办法学习弄通，但凡涉及学校及师生的事情，不论大事小事，只要在能力范围内，只要领导和同事需要，他始终坚持“精益求精，倾心奉献”的服务信念，勤勤恳恳、默默地辛勤工作，以积极向上的心态，兢兢业业、坚守岗位。努力在为人民服务中茁壮成长、在艰苦奋斗中锤炼意志品质、在实践中增强工作本领，实干担当、敬业报国，用实际行动诠释一名普通共产党员的初心和使命，让青春在党和人民最需要的地方绽放。

2020 年 9 月，根据黔南民族师范学院安排，吴昌福到三都县第五中学挂任教学副校长。接到通知，他深知家里有年迈的父母亲，还有刚满一岁两个月的女儿，本应该为了家在工作上做一点妥协，但是吴昌福同志没有向组织吐露半点难处，欣然接受了派遣任务。吴昌福同志到任后，根据该校建设实际情况，积极主动配合该校各部门补齐短板，主动和黔南民族师范学院相关部门对接，帮助教师提升内涵，提高科学研究能力，提升教育教学水平。协助做好黔南民族师范学院领办易地扶贫搬迁安置点学校行动计划工作，对接黔南民族师范学院各二级学院，把各二级学院的专家学者请到三都县第五中学开展调研、交流和培训工作，对基础教育教师长期处于一线工作压力大、科研动力不足、教育理念更新不及时等诸多问题现场“把脉问诊”，把课题研究的基础调研工作部分放在基础教育教室和课堂，既满足了学校建设发展的需要，同时对于基础教育教师业务能力的提升起到了积极的推动作用，形成高校和地方基础教育学校相互促进和发展的“良性循环”态势，促进了黔南民族师范学院领办三都县易地扶贫搬迁安置点学校之间的交流和发展，助推三都县第五中学更好、更快发展。

在三都县第五中学，吴昌福发挥自身优势，利用休息时间，完成三都县第五中学官方网站的设计部署工作，满足学校教育教学发展需要，积极推动微信公众号二次开发、资源库“数据中心”建设工作，在严重缺少资金的情况下，通过硬件装配调配，合理利用“淘汰硬件”组装完成“数据中心”，实现了数据资源闭环共享和有限开放共享功能，强化了学校日常工作简报文件、图片、视频数据等规范管理，进一步提高了学校信息化建设和部署应用能力，帮助教师解决“内存不足”等实际问题，化解了教师之间信息交流和文件传递因空间和时间“不对称”导致不及时的问题，为学校节约建设资金 6 万余元，受到学校相关领导和同事的高度赞许和肯定。

三都县第五中学是一个正在建设的学校，硬件条件不足，导致学校基础设施严重不足，办学条件举步维艰。三都县海拔低，气温比周边县市高 3—5 度，学校没有安装窗帘，学生上课时被炙热的太阳暴晒，部分学生出现了身体不适，严重影响了学校的教育教学工作。吴昌福看在眼里，急在心里，面对困难必须想办法，他通过和相关部门联系，主动对接贵州创亿宝能科技有限公司，在学校相关部门负责人和公司的积极协调下，在短短的 2 周时间内，完成了教学楼教室窗帘的设计和安装工作，解决实际经费困难 5 万余元。看到同学们在教室里不再饱受烈日的“烘烤”而能安心学习时，他感觉心里很踏实，因为对于一个普通教育工作者来说，在教育这条路上的所有付出都是值得的。

学校的宣传是学校的一项重要工作任务。大力宣传学校，树立学校良好的社会形象，是扩大学校社会影响力，增强凝聚力，组织、引导教职工推动共建共享和谐校园的重要抓手，是传播学校办学思想、办学理念、学校精神，推动学校文化建设最直接的表现形式。吴昌福同志到三都县第五中学后，积极在外宣工作上寻找突破口，把该校的建设和发展写成一篇篇催人奋进的新闻通讯稿，在贵州日报报刊社官方新闻客户端《天眼》刊载新闻稿件十余篇，外宣工作得到上级主管领导的充分认可，为三都县第五中学的发展创造了更多更好的机遇和条件。

在中学任教学副校长，不仅仅需要具备专业的知识，对于管理也有更高的要求，因为一直在高校工作，吴昌福缺乏基础教育工作经历，对基础教育工作了解不足，工作中常出现手忙脚乱的情况。一开始，吴昌福同志做了大量的调研工作，对教学工作中存在的困难和问题进行不断摸索、探究、总结、集思广益，把教学管理工作作为教育教学质量和学校管理的重要抓手，积极主动破解实际困难，为该校的发展出谋划策，当好学校主要领导的助手，协助教师完成科研课题的调研和申报工作，实现科研课题省级、州级新突破。在学生德育工作上，先后提出抓教育必先抓学生养成、抓养成必先抓制度文化建设的观点，增设了学生每天必看中央电视台晚间七点整《新闻联播》的要求，拓宽了学生社团对技术革新带来的时代适应能力的渠道，把舞龙舞狮、中华武术等作为学校特色文化建设项目，主抓民族文化进校园项目的策划和项目落地。经过一年多的发展，目前，三都县第五中学“舞龙舞狮”在该县各大文化活动中成为“首秀”篇目之一，为三都县第五中学建设发展和文化内涵提升提供了思路和参考。

在三都县第五中学，狠抓学生养成教育、感恩教育助推了学生健康成长。吴昌福同志深知，百年大计，教育为本，教育发展靠学校文化制度的熏陶和稳步推进，也需要全体员工师生的共同努力，思想政治教育工作发挥了重要的指挥棒作用，狠抓班子建设，加强和教师、员工的及时沟通工作，唯有团结奋进，攻坚克难，方得始终。

吴昌福同志用自己对工作的满腔热情和执着诠释了一名普通共产党员的先锋模范带头作用，在工作中的付出收获了领导、师生的肯定和好评。虽平凡而不甘平庸，默默坚守当好助手，为基础教育事业的发展不断努力奋斗，为推动乡村振兴持续贡献青春热血。

梁正其：学生成长“领航人”　百姓致富“引路人”

梁正其，现任铜仁学院农林工程与规划学院水产教研室主任，教授，贵州省水产学会理事，贵州省科技特派员印江土家族苗族自治县（以下简称“印江县”）科技团长，省级一流建设课程“鱼类增养殖学”主持人。主持省、市级科研项目 10 余项，编写出版著作 4 部，发表学术论文 30 余篇。先后获得省科技进步二等奖 1 项，省农业丰收奖三等奖 1 项、铜仁市百佳驻村干部、铜仁市优秀教师、铜仁市脱贫攻坚优秀共产党员、贵州省第七届科普先进个人、贵州省 2021 年最美劳动者等多项荣誉。

立德树人，教研结合，做学生成长领航人

在学生心中，梁正其是一位严厉的老师，但在专业导师师生互选过程中，他又是最受学生欢迎的老师。梁正其坚持对学生进行分阶段指导、进阶式培养。大一时，新生对专业模糊不清，对未来规划不知所措，他不厌其烦地告诉学生要做什么，应该学什么、如何学，帮助他们科学理性地规划四年大学生活。大二开始，他便根据学生的实际情况，进行分别培养。对愿意继续深造的学生，指导他们进行考研规划；对英语基础薄弱的学生，组织老师指导学生强化英语训练，以教促学；对于热爱科学研究的学生，以项目促学，提升学生的科学研究和创新能力。在梁正其和水产养殖学专业教师的指导下，水产养殖学学生获得国家级大学生创新创业计划项目近 10 项，省级大创项目 30 余项。对于考研的学生，他带领老师们对学生进行认真辅导，组织交流互动，减轻学生思想负担和考研压力。在梁正其的带领和指导下，2022 届水产养殖专业学生 26 人，报考研究生 13 人，录取率实现了 100%，2022 届水产养殖学班成为铜仁学院一个名副其实的“考研学霸班”；对实践能力强的学生，他采取以赛促学，提高学生的专业技能，指导学生先后获得全国水产技能大赛特等奖 1 项、二等奖 3 项，“挑战杯”省级二等奖 2 项、三等奖 1 项，中国创翼省级优秀奖 1 项，铜仁市选拔赛二等奖 1 项。

科研是高校教师走进课堂的资格证。梁正其在科学研究方面从不放松，多年来，他致力于铜仁市以及贵州省稻鱼、稻蛙生态综合种养技术试验示范研究及推广应用和水产动物疾病防控指导、农业产业发展帮扶工作，攻克山地特色农业难题。先后主持贵州省科技厅科技支撑项目 2 项、科技厅联合基金项目 1 项、贵州省教育厅青年人才项目 1 项以及地厅级项目等 10 余项，发表学术论文近 30 篇，获发明专利授权 1 项、实用新型发明 10 项，获贵州省科技进步二等奖 1 项、贵州省农业丰收奖 1 项，编辑出版了《水产动物疾病与免疫学》《淡水鱼增养殖实用技术》《大鲵养殖实用技术指导》《贵州省农业产业革命重点技术培训学习读本》。

田间地头，躬耕示范，做百姓致富引路人

“作为搞农业技术的高校教师，如果脚不下田，手不沾泥，就算不上为农业服务。”梁正其从2016年起，就到印江县洋溪镇开展产业帮扶。初到洋溪镇时，梁正其对全镇开展细致的调研，为探索洋溪镇产业发展出路，他的脚踏遍了全镇15个村的每一个角落。调研发现，洋溪镇水田平坦，水质好，水源充足，具备发展渔业的自然地理条件，于是他思考：如何才能充分利用好当地资源优势发展渔业，提高经济效益，让老百姓的钱包鼓起来？他首先想到的是推广稻田养鱼。一开始，当地群众并不信任他，但他并没有放弃，坚持以少数示范带动的工作思路开始推广稻田养鱼模式。当地群众对稻田养殖的技术不清楚，他就亲自下到田间地头做示范指导，细到田沟挖多宽、田埂堆多高、进出水口怎么处理、鱼苗怎么下田、养殖过程中田里水质如何判断，还将自己编著的《稻田养鱼技术手册》《水产动物疾病与免疫学》免费送给当地群众，让当地群众做到学懂弄通，充实农民的理论知识，指导农民生产实践。经过不懈努力，到2018年年底，洋溪镇双龙村、新黔村、王家村、新阳村、曾心村等村均实现了一田两用，充分利用了稻田空间资源，经济效益亩产值从2000元提高到了5000余元，促进了当地群众脱贫致富。现如今的洋溪镇已发展成了水产强镇，探索出了冷水鱼养殖、棘胸蛙养殖、稻田养鱼、池塘养鱼等多种模式，稻田养鱼面积1200亩，池塘养殖面积300亩，冷水鱼年产量500吨，棘胸蛙、大鲵（娃娃鱼）等特种养殖年产量超过10000斤。

2021年3月，多年在外务工的孟华想回家乡创业，但对于选择什么产业毫无头绪。经县里推荐，他找到梁正其，希望得到指导。双方经过对接商讨，达成了发展稻蛙综合种养产业共识，铜仁梦兴农业科技有限公司应运而生。梁正其从示范基地选址、建设、蛙的繁育、苗种培育、疾病防控等方面进行全程现场指导。为了保证稻蛙生态种养产业顺利在印江县落地生根，梁正其结合黑斑蛙生长特点及常见疾病提出了“中药防控和中药疗法”，从蝌蚪开始就进行中药防控，提高蛙苗免疫力、抵抗疾病能力，有效减少后期疾病发生和抗生素药物使用。利用“公司＋农户＋科技人员”解决农户发展产业苗难、销售难的“两头难”问题。2021年，稻蛙种养亩产产值突破5万元。苦心人，天不负。如今铜仁市稻蛙生态种养推广已超过2000亩，梁正其仍在为制定稻蛙生态种养标准默默努力。

王展才：以美育人　传承非遗

王展才是铜仁幼儿师范高等专科学校副教授，贵州省民管学会竹笛专业委员会理事，铜仁市音乐家协会理事，铜仁幼专玉屏箫笛大师工作室负责人。

2015 年以来，他牵头组建玉屏箫笛大师工作室，构建了“产、学、研、用、销”“五位一体”协同育人机制，累计教会 10000 余人吹奏笛子，培训留学生 500 余人次，主持省级项目 3 项，编写教程 1 部，录制精品课程 1 套，发表论文 20 余篇，带动多家箫笛企业产品质量提升。该同志先后荣获贵州省“最美劳动者”、“铜仁工匠”、市“五一劳动奖章”等荣誉称号。2018 年，他指导学生参加“挑战杯——彩虹人生”全国高职院校创新创效创业大赛，获二等奖。

心系非遗，八年求艺“练”本领

心怀使命，勇挑重任搭平台。2015 年，为传承保护国家非物质文化遗产——玉屏箫笛制作技艺，铜仁幼儿师范高等专科学校（以下简称“铜仁幼专”）组建了玉屏箫笛大师工作室，王展才主动请缨担任箫笛大师工作室负责人。他一边给学生上课，一边负责工作室的工作，每周末乘车 2 小时前往玉屏向国家级非遗传承人刘泽松等学艺，经过不懈努力，终于掌握全部制作工序。随后，他牵头组建了玉屏箫笛大师工作室团队，负责箫笛的生产制作、演奏技艺的教学、科研创新等，形成了以“政府主导、高校引领、行企助推、社会参与”的产教融合模式，工作室进入发展快车道。

砥砺前行，勤学善思带团队。在广泛调研和深入思考后，探索出了玉屏箫笛“产、学、研、用、销”“五位一体”模式，建立了《玉屏箫笛文化大师工作室管理制度》，创办了微信公众平台——铜仁幼专微箫笛，定期推送箫笛相关新闻，聘请国家非物质文化遗产玉屏箫笛制作技艺传承人刘泽松为客座教授。在他的影响带动下，工作室涌现出一大批热衷于箫笛艺术传承的师生。

默默奉献，精益求精出精品。2015 年至今，王展才利用假期和课余时间在校内开设玉屏箫笛制作培训班，免费传授制作技艺，带领团队累计完成 20000 多支箫笛的制作，使铜仁幼专自 2016 年以来每一届新生都有一件特别的开学礼物——一支精美的笛子。他还利用休息时间举办多场箫笛演奏讲座，长期辅导学生箫笛社团，教会 10000 多人吹奏笛子，组织学生排练演出，该校每年的艺术节上都能看到千人演奏箫笛的场景。

心系非遗，八年实践，围绕箫笛的制作、演奏和创新，王展才老师探索形成产学研一体化教学模式，也为该校创新推进“以美育人、以文化人”提供了更多经验。

以美育人，三教改革“强”内涵

王展才深入推进“三教”改革，以项目建设、教材编写、参展参演参赛等为抓手，培养能工巧匠。他主编的《箫笛演奏教程》于 2020 年 5 月出版，他将贵州传统的民族音乐融入教程，让学生循序渐进地走进传统乐曲，走进传统文化。2017—2019 年，他主持的玉屏箫笛省级大师工作室项目顺利完成。2020 年，他主持的贵州省兴黔富民行动计划箫笛艺术工坊项目立项。经过项目建设，团队老师们的教学科研水平显著提升，王展才、侯春蕾等 5 位团队成员职称晋升为副教授，6 位老师成为双师型教师、行业专家。

该团队提炼出“擅演奏·精制作·懂教学·会管理”的人才培养目标，以器乐课和选修课为主要载体，推动箫笛制作技艺与演奏技术进课堂。用箫笛创新创业项目培养学生创新思维，以赛促学，以赛促教，努力提升自身技能，培养学生成才。他指导的学生洪福、杨露等分别在技能大赛上获全市一等奖、二等奖；他带领的创新创业团队先后 9 次荣获省级及以上创新创业比赛大奖。

不忘初心，乡村振兴“生”动力

不断实践，争当乡村文化振兴的“领路人”。组织教师、学生排练箫笛艺术作品，为易地搬迁群众进行文化演出，丰富群众文化生活，巩固拓展脱贫攻坚成果。接待国内外各级领导及兄弟院校来铜仁幼专箫笛制作室考察、调研、参观等 200 多场次，参加铜仁市、铜仁幼专、周边区县演出 100 余场。在江口县坝盘镇高墙小学成立箫笛兴趣班，坚持每周开展支教活动一次；带领箫笛团队，在周边小学、幼儿园、易地扶贫搬迁社区成立箫笛兴趣班，并长期开展“四点半课堂”等支教活动。每年，王展才老师都会带领学生利用大学生暑期三下乡实践活动，走出校园，走进山乡，让声声箫笛响彻大山，让民族艺术走进更多人的心中。

不断创新，争当助推发展的“致富手”。王展才带领团队，围绕玉屏箫笛产学研三个方面进行传承推广，创新研发的十二孔笛和梵净山景观套笛在铜仁市第九届旅发大会上获二等奖两项，参与研发了幼儿启蒙笛、镂空雕龙图案系列套笛、双头笛等多款新产品，将研发的新产品投入箫笛企业生产实践，带动企业提升产品质量。

箫声尽赋山河志，笛韵常抒民族情。如今，在王展才老师的带动和影响下，箫笛艺术工坊已经成为该校艺术教育的一块特色招牌，越来越多的师生热衷并投身于箫笛艺术传承，“人人参与，人人学习，人人传承”的艺术文化氛围，让这所百年师范老校焕发出新的生机与活力。

王锦荣：溪山师者“数”风华

执教十余载如一日，躬耕黔中大地；关怀备至，心系学子成才；匠心独具，点亮学生科研梦想……他在平凡的岗位上，默默地培育着一批又一批数学人才。在学生眼中，他朴实坚毅，勤恳忘我，执着拼搏。他是榜样，给人力量！他是恩师，更是家人！

尽职尽责，悉心育人，秉敬业爱生之心

作为学于黔、长于黔的贵大人，王锦荣教授立足贵州、扎根贵州大学数统学院。作为该院院长，他心系学院的各项工作，从学院的专业建设到学科建设，从学院的教学团队建设到科研团队建设，从学院的整体规划到具体落地等工作都有他的身影。作为教师，他把科研工作中的成果进行总结，并运用到教学中，培养学生的科学精神和创新能力。他时常说：“站在三尺讲台上，应该始终对课堂心存敬畏，应该做到无愧于学生。”看文献、写论文、思考问题、指导学生，节假日也不例外，他十年如一日地坚持，为贵州省数学学科发展和数学人才的培养，步履不停。

为了培养学生持续学习的习惯，潜心科学问题研究，他根据不同的研究内容和学习进度，对学生有针对性地制定科研工作安排、定期跟踪科研进度并给予实时指导。对频繁出错掉链子、不在状态的同学，他总是一遍又一遍地反复指导。“陪学生的时间永远比陪家人的多。”他的妻子陈茜说。

此外，他对学生生活上的关心帮助也“从不掉线”。学生郭福日生病，他第一时间赶到病房，垫付医疗费，妥善安排照顾事宜；学生游中丽助学贷款出状况交不了学费，他迅速自掏腰包帮助她解决燃眉之急；疫情期间，他逐一向学生问询当地疫情的情况，并敦促学生们在做好防护的前提下确保学习不落下……

匠心独具，人格引领，践行为师之道

在王锦荣教授看来，作为一名科技工作者和人民教师，必须站在国家未来发展的需求层面，开展科研工作，教育引导青年学生。

王锦荣有相当多的行政管理工作和社会活动，但他从不懈怠科研，不耽误教学，十几年如一日地坚持早上8点前到达学校，开始一天的学习工作。作为博士生导师，他牺牲自己的休息时间（午休、夜晚、节假日）与学生进行交流研讨、指导学生修改论文。在学生撰写论文遇到困难时，他及时给予指导，并提出修改意见，解决学生遇到的问题。他常常以生活中大家喜闻乐见的例子解释说明抽象的数学概念，这种重视思维引

导、深入浅出的教学方式深受学生喜爱。他不仅关注学生的学习情况，更加重视学生德、智、体、美、劳的全面发展，他经常说："做科研不是让你们做书呆子，而是要你们做身心健康、有知识、有技能、有纪律的创新型人才。"因此，在他的带领下，实验室同学每天下午五点半都会进行一个小时的跑步、跳绳、俯卧撑等体育锻炼，这已成为大家学习生活的重要组成部分。

在指导学生学习科研工作上，他时常教导学生：科研之路从来没有捷径可走，只有耐得住寂寞，让学习成为一种习惯，少一点抱怨，多一份努力，吃得起异于常人的苦，拥有一股执着的劲儿，树立坚韧不拔的科研精神，秉持严谨的科研态度，方能走得更远！他常说："我不能站在一个指挥者的角度，而应该是一个有经验的引导者。""学习数学是辛苦的，要保证学习时间，要耐得住寂寞，要坐得住冷板凳。"王锦荣教授用实际行动诠释了他所说的"我的时间是有限的，我要把有限的时间投入到对学生的培养中去，投入到对科学的发现中去，投入到无限的工作中去"。他把全部的精力和智慧奉献给了学生，以自身的人格魅力影响学生，成为学生的良师益友。

初心不忘，科教育人，服务黔贵大地

王锦荣教授鼓励学生将远大抱负落实到实际行动中，为贵州省基础教育、高等教育、扶贫建设等方面作出贡献。硕士毕业生朱春、杨鹏、田颖分别在贵州省兴义市第八中学、贵州省思南中学和贵安新区北京师范大学贵阳附属中学任教，现已成为优秀青年骨干教师。博士后刘向虎和硕士毕业生杨丹，主动投身红色圣地遵义市的遵义师范学院从事高等教育事业，其中刘向虎已经晋升教授，成为校级学科带头人。博士研究生李蒙蒙被聘为贵州大学一流学科特聘教授和硕士研究生导师。博士研究生李蒙蒙、硕士研究生邱万政和王旭，还主动申请到黔西南布依族苗族自治州贞丰县（国家级贫困县）鲁贡镇巧年村驻村帮扶，积极参与驻村干部日常管理工作，在助力脱贫攻坚中发挥了积极作用，获得地方政府一致好评。

张克雯：深耕细研化春泥　立德树人献桑梓

张克雯博士毕业于西南财经大学，是贵州省高校"金师"（教学名师），现任贵州财经大学大数据应用与经济学院（贵阳大数据金融学院）副教授，硕士生导师。从教

十七载，她凭着共产党员的赤诚，“不忘初心，牢记使命”，致力于立德树人，倾注一腔热血，深耕细研教学创新和“双一流”建设，受到学生的爱戴、同行的好评、领导的褒奖及社会各界的认可。

不忘初心　立德树人

张克雯自2005年进校从事教学工作以来，始终具有较高思想政治素质，爱岗敬业、品德高尚、为人师表，深入贯彻党的教育方针，具有强烈的事业心和进取精神。作为一名党员教师，张克雯始终坚持站在教学的第一线，不忘初心使命，带头教书育人，学为人师、行为世范。

张克雯所执教的金融专业课程的所有教学大纲、教案、教学设计中均合理设计了课程思政内容，在教授专业知识的同时，自然融入思政内容。作为双带头人，张克雯老师还带领金融教工支部党员教师为金融专业课专门打造特色红色金融长廊，结合红色金融历史开展课程思政教学。同时，通过举办红色金融长廊讲解大赛等形式新颖的活动，提高学生参与兴趣与思政学习质量，力求将立德树人做到“润物无声”。

张克雯关注社会与校园热点，组织金融系教师结合专业优势开展防套路贷、校园贷等研究，开展理论宣讲，引导学生强化社会责任感，并指导学生用案例分享、编排舞台剧等方式运用专业特长传递防套路贷、校园贷等防金融诈骗的知识。她与贵州广播电视台联合录制的金融知识宣传公益节目《一起来“蹭”金融课》在动静新闻和学习强国上展播，播放量上百万，获得社会各界的好评。

2017年4月正式被聘为金融系副主任以来，张克雯老师高质高效地完成金融系各项教学管理工作及自身承担的教学任务，获得师生一致好评，近7年的年度考核均获得优秀。张克雯老师曾获得2021年贵州省普通高校“金师”（教学名师）的荣誉，多次获得贵州财经大学“四有好老师”“优秀教师”“教学育人楷模”“优秀共产党员”等称号，并在2021年庆祝中国共产党成立100周年表彰大会上接受学校表彰。

深耕细研　教学创新

张克雯结合多年教学与科研工作，不断进行经验总结，深耕细研教学创新。其创新设计并实践的“一体三环”互动式教学模式：以OBE教学理念为导向，以学生发展为中心，以打造一流课程为载体，通过“线上线下—翻转课堂”“虚拟仿真—实验实践”“特色思政—立德树人”三大教学环节的设计与改革，针对经管类学生特有学情，重构教学内容、创新教学方式、优化课程思政、完善过程评价。通过教学创新，将学生从被动学习者变为主动探求者，学生的专业素养与金融创新、团队协作等综合能力得到明显提升，学科竞赛获奖率与科研产出率大幅提高，把立德树人真正做到“润物无声”，培养学生成为“三观正、心感恩、素质高、后劲足”的高素质复合型人才，支持经管类专业人才“儒魂商才”的培养目标。

教改研究方面，张克雯主持的省级教改项目“一流专业背景下一体三环模式金课建设研究——以‘商业银行经营管理’金课建设为例”2020 年获得立项；主持的教育部产学合作协同育人项目“区块链技术下应用型金融学科课程内容重构与创新研究”2022 年结项；撰写并公开发表《“货币银行学”课程教学范式改革探析》《区块链技术下应用型金融学科课程内容重构与创新研究》等教改论文，三年内发表学术论文 16 篇，其中 CSSCI 核心论文 2 篇，SCI 三区论文 1 篇。

为提高自身教学水平，张克雯秉承“以赛促教”的理念积极参加全国、省、市、校级各项教学赛事，多次在教学与创新竞赛方面取得优异成绩，并在 2022 年代表贵州参加全国高校教学最高赛事——第二届全国高校教师教学创新大赛，获得国赛一等奖。

作为金融系负责人，张克雯带领全系老师积极参与“双一流”建设，在大家不懈的努力下，贵州财经大学金融学专业于 2019 年获得国家级一流专业称号；其主持建设的“货币银行学（金融学）”课程获得 2020 年首批国家级一流课程认定；主持自主开发设计的《商业银行经营管理综合仿真模拟实验》虚拟仿真项目拥有软件著作权，并于 2022 年获得虚拟仿真一流课程省级认定；主持建设的“商业银行经营管理”课程建设获得 2020 年首批校级金课荣誉称号并在学银在线平台面向全国免费开放线上慕课。

爱心温暖化春雨　匠心成就育良才

在张克雯的教学创新改革下，学生自主学习能力明显提高，综合考核成绩大幅高于改革之前。在持续的调查中，学生普遍表示能更好地接受和理解课程内容，学生对张克雯老师的亲和力、耐心及教改模式给予了充分的肯定。

在课程思政教育上，张克雯以爱心化为春雨，温暖着每一位同学。在疫情期间的直播课程中，张克雯老师给学生讲述我国的强大与积极抗疫的应对措施，给予学生信心，安抚每一位同学的情绪；“金融学”课堂上，张克雯老师给学生介绍红色金融、绿色金融、普惠金融、科技金融的发展以及对我们国家发展的重要贡献，激发每一位未来金融人的自豪感与责任感；“房地产金融”课堂上，张克雯反复强调习近平总书记“房住不炒”的要求，引导学生在未来进行健康的房地产投（融）资行为……在张克雯的谆谆教导下，同学们积极向上，人生目标充满正能量，未来规划美好而健康。

张克雯始终不改育良才的匠心，潜心教学，近五年来教学评价的排名均在该校排名前5%，2021年的评教排名更是跻身该校前0.79%。在钻研教学的同时，张克雯督促学生德、智、体、美、劳全面发展，秉承“以赛促学”的教学理念，积极指导学生参加多项全国赛事，所指导的学生金融专业竞赛参加率与获奖率、金融行业从业资格通过率大幅提高，并能在全国学术期刊上公开发表学术论文。2017年至2022年，在张克雯的指导下，学生多次获得“挑战杯”大学生课外学术科技作品竞赛、“互联网+”创新创业大赛、“工行杯”全国大学生金融科技创新大赛、全国大学生金融创新大赛国赛等学科竞赛特等奖、一等奖的好成绩。

张克雯忠诚践行“有理想信念、有道德情操、有扎实学识、有仁爱之心”的好老师标准，不忘初心、牢记使命，深耕细研教学创新和“双一流”建设。作为一名党员教师，张克雯老师将在此基础上继续努力，发挥党员先锋模范带头作用，继续在科研能力、教学活动和思想政治水平等方面争取更加优秀的表现和进步。立德树人，润物无声，这就是她——张克雯，一名有着匠人情怀的优秀教师。

[感谢各市（州）教育局供稿]

2022 年贵州教育十件大事

01 举旗铸魂：深入学习宣传贯彻党的二十大精神

党的二十大胜利召开后，贵州教育系统坚持把学习宣传贯彻党的二十大精神作为当前和今后一个时期的重大政治任务，扎实推动党的二十大精神进教材、进课堂、进头脑。

充分依托报告会、宣讲会和“贵州教育大讲堂”等平台资源和宣传方式，构建了领导干部“带头讲”、系统联动“大家讲”、党代表“现场讲”、整合渠道“创新讲”的宣讲机制。“百千万”大宣讲（百名书记、千名教师、万名学生齐宣讲）12000 余场，线上线下累计覆盖人数超 1600 万人次；通过贵州教育大讲堂播出的《教育奋进之美》全网点击量播放量达 1.3 亿 +。微视频讲述大道理，运用青年视角、青年方式、青年话语，深入开展分众化、差异化、精准化宣传宣讲，积极推动党的二十大精神“进校园”，教育引导广大师生汲取奋进力量。

02 乘势而上：率先争取政策推动贵州教育高质量发展

2022 年 3 月 31 日，教育部印发《教育部办公厅关于贯彻落实<国务院关于支持贵州在新时代西部大开发上闯新路的意见>推动贵州教育高质量发展的实施意见》（教发厅函〔2022〕12 号），这是教育部落实国务院文件要求，大力支持贵州教育高质量发展的重要举措。

为此，教育部持续在基础教育、高等教育、职业教育等方面加大对贵州支持力度，大力支持贵州教育高质量发展。2022 年，贵州获中央教育专项资金 197.37 亿元，比上年增长 7.6 亿元，同比增长 4%。省级财政预算安排教育项目资金 115.21 亿元，比上年增长 11.65 亿元，同比增长 11.25%。稳步创建国家学前教育普及普惠县，“大基教”公共服务体系、“大职教”特色发展体系、“大高教”服务发展体系不断健全，全省教育面貌发生格局性变化。

03 风清气正：加强作风建设，“三统筹”确保实现“三目标”

2022 年 1 月 25 日，省教育厅 1 号文件印发《关于改进作风狠抓落实服务发展的通知》，20 条具体措施落实到位，严控社会事务进校园等五个方面 18 条有效减轻基层负担。

着力在精文减会上下功夫，2022 年发文总数同比 2021 年减少 30%。创新建立业务会商日。通过“四下基层”，以“四不两直”的方式开展高校、市（州）、县（市、区）教育系统督导工作，着力解决困扰基层的形式主义问题，全省教育系统干部作风建设持续升温，崇尚实干狠抓落实蔚然成风。

同时，扎实推进疫情防控、安全稳定、事业发展“三统筹”工作，通过“三统筹”联合办公“统”全省教育系统工作思路，“筹”厅内各处室职能形成工作合力，简化工作流转程序，以省市县校四级联动，厅级领导干部包保市（州）、高校和处级干部包保县（市、区）的三项机制，实行日周月调度会商，专报、小结、总结，确保以过硬的工作作风为教育高质量发展保驾护航。

04 回归本真：扎实有效开展“双减”工作

2022 年 3 月，经省委、省政府同意，印发《贵州省进一步减轻义务教育阶段学生作业负担和校外培训负担的实施方案》，坚持把抓好“双减”工作作为推动基础教育高质量发展的重要抓手，作为办好人民满意教育的切入口。

统筹推进减负与提质、校内与校外、严管与厚爱、考试与评价，不断提高学校教育教学质量，规范校外培训行为，促进学生全面发展和健康成长。不断丰富课后服务活动内容，提升作业管理水平、课后服务水平和育人质量。制定出台课后服务收费政策，夯实课后服务经费保障。扎实推进校外培训机构治理，查处隐形变异 578 起，动态清零无证无照机构，义务教育阶段学科类校外培训机构压减率达 96%，对继续举办的校外培训机构实现全流程监管。在“2022 年全国校外培训机构治理工作部署会”作先进典型交流发言，6 篇校外培训治理经验入选全国“双减”工作典型案例，“轻负优质”的教育生态持续向好，人民群众的教育满意度明显提升。

05 开放合作：中国－东盟教育交流周硕果累累，东西部协作粤黔教育帮扶成效明显

8月23日，2022中国－东盟教育交流周在贵阳开幕，成功举办了“第三届中国－东盟教育部长圆桌会议”，“中国－东盟职业教育联合会”成立，“中国－东盟多彩智慧学院”上线。北京大学等7所著名高校主要领导率队赴贵州开展合作交流，其中清华大学等3所高校与省政府签署了战略合作协议，7所省外高水平大学与7所省内高校签署了合作协议。特殊教育融合发展论坛引发广泛关注和支持。

东西部协作粤黔教育帮扶暨教育人才“组团式”帮扶成效明显。目前，贵州1379所学校与广东1138所学校实现结对帮扶，两省共同选派40名校长、316名中层管理人员及专任教师“组团式”帮扶贵州省20个国家乡村振兴重点帮扶县。贵州大学等6所高校分别与华南师范大学等6所广东高校签署7个合作协议。偏居西南一隅的山地省，贵州不断展现开放合作新形象。

06 五育并举：“美的教育”理念渐入人心

2022年12月27日，教育部同意贵州省大中小学思政课一体化共同体组建，以点带面分类推进的工作机制形成。贵州省大中小学思政课一体化建设教学指导委员会、贵州省高校思想政治理论课教学指导委员会、贵州省学生心理健康教育专家指导委员会等相继建立。6家第二批贵州省重点马克思主义学院、28家第二批理想信念教育基地、10所“三全育人”综合试点高校、40个“三全育人”综合改革试点标杆院（系）脱颖而出。全面加强和改进新时代学校体育工作、美育工作的实施意见出台，遴选2022年全省中小学体育教师进行培养，开展2022年中小学生艺术素质测评试点工作。在第七届全国中小学生艺术展演活动中，贵州省获一等奖37项，较上一届翻了2.3倍，创历史新高。遴选产生首批劳动教育示范县（市、区）10个、实践（实训）基地64个、示范学校100所。

“五育并举”教育体系日趋完善，“美的教育”理念渐入人心。

07 普惠均衡："从有到优"办好家门口的基础教育

2022年7月12日，全省义务教育公办强校培育工作推进会召开，着力进一步增加全省优质公办教育资源供给，办优办强办好老百姓家门口的基础教育。

深入推进学前教育普及普惠发展提升工程。启动学前教育立法工作，保障学前教育普及普惠安全优质发展。积极稳妥创建国家学前教育普及普惠县，整体提升县域学前教育质量。

建立首批省级示范幼儿园评估专家库，创建和升类省级示范园28所，以乡镇中心园为支点，建设农村幼儿园集团化管理资源中心200个，新建改扩建幼儿园100所。

持续推进巩固义务教育成果提升、普通高中教育发展提升工程。推进义务教育城乡一体化和优质均衡发展、普通高中多样化发展、特殊教育适宜融合发展，优化区域教育资源配置。组织开展第二批公办强校计划项目学校遴选工作，遴选项目校1011所。

学前教育更加普惠，义务教育更加均衡，高中教育更有特色，人民群众的教育获得感、幸福感、安全感日益增强。

08 扩容提质：提升"技能贵州"助推职业教育改革发展

2022年12月2日，2022年全国职业院校技能大赛获奖名单中，贵州取得了历史最好成绩，高职组获一等奖5项，共获奖90项，排名跃升至全国第13位；中职组获一等奖2项，共获奖40项。

立项建设国际交流示范校、东西部协作发展示范校、乡村振兴学院等17个类别320个"技能贵州"行动计划项目；获批国家精品在线开放课程9门；建成并发布"贵州省职业教育智慧云平台"，遴选60所试点院校应用推广；全省职业院校数字校园"云化"部署全面启动。推进职业技能学历双提升工程，完成文化基础学习资料编写、专业设置、线上教学平台搭建等工作，摸排和动员入册学员35.8万人，开班6404个。完成3所国家"双高计划"学校省级中期自评和15所第一批省级"双高计划"学校中期检查，3所国家"双高计划"院校均以"优"的评价等级通过国家中期检查。评选黔南州、安顺市、黔东南州为改革成效明显市（州），有效激发各地创新推动职业教育改革发展的积极性、主动性。全省职业教育水平质量进一步提高。

捷报频传的职业教育，呈现出一片生机盎然、蓬勃发展的良好势头。

09 突破发展：优化布局提升高等教育内涵质量

日前，教育部办公厅印发《关于反馈第五轮学科和全国专业学位水平评估结果的通知》（教督厅函〔2022〕2号），贵州大学植物保护学科被评为“A-”档次，这是贵州高校首次有学科获评A档次学科，实现了历史性突破。

坚持“做强贵州大学、做大省属高校、做特市（州）高校”部署，印发《关于新时代振兴贵州高等教育的实施意见》，推动本科高等学校高质量发展。贵州大学植物保护学科入选第二轮“双一流”建设高校及世界一流学科建设名单。启动实施部分省属学校布局优化调整，指导14所省属学校谋划启动校区布局优化调整涉及的新校区建设、院校设置、校区搬迁等工作。铜仁学院顺利通过国务院学位委员会的新增硕士学位授予单位核查。新增国家级一流本科专业建设点57个，国家级一流本科专业建设点达到149个。全力做好高校毕业生就业工作，全省高校毕业生初次毕业去向落实率达83.66%。第八届全国“互联网+”大学生创新创业大赛中再创佳绩，共获金奖3项，银奖6项，铜奖42项，获奖总数在全国36个参赛区域中排名16位。

贵州高等教育抢抓机遇、奋勇突破，向着普及化发展的“新天地”阔步前进。

10 服务需求：“校农结合”彰显乡村振兴教育担当

2022年8月24日，在2022中国－东盟教育交流周上，校农结合“一带一路”生态特色食品展和“一带一路”背景下高校“校农结合”的“研”与“为”的论坛备受各界关注，中外嘉宾及专家学者深入探讨教育在乡村振兴中如何发挥作用，探索“一带一路”国际农业科技产业创新之路，为世界减贫提供中国方案，为中国乡村振兴引才引智。

全力推进落实“校农结合”消费帮扶、人才培养、品牌建设、产教融合、党建引领“五大行动”，创新推进“校农”深度融合、联动发展，探索“校农结合”融入“一带一路”倡议有效路径，加快构建“大校农结合格局”模式，形成富有贵州教育特点的乡村振兴道路。“校农结合”助力乡村振兴成效显著，消费帮扶采购突破80万吨，采购金额超90亿元，超额完成“832平台”政府采购任务，位列全省第一，“产教融合育新人，‘校农结合’助振兴——贵州教育乡村振兴工作法”入选中央党校“省部级干部新时代教育高质量发展专题研讨班”研讨学习内容并作为典型案例介绍。

贵州教育人将论文写在乡野村间，写在田间地头，写在“一带一路”国际会议上，对助力巩固拓展脱贫攻坚成果同乡村振兴有效衔接起到了重要的作用。

后　记

时间，流逝着；岁月，沉淀着；我们怀着温情与敬意记录着……

在本书策划、编撰、付梓的过程中，我们眼看着案头的日历一页又一页地被翻过去，徒劳地祈祷着时间流逝得慢一点再慢一点，只缘这薄薄一卷乃是全省两万余所学校和逾千万师生所独有的2022年的时间记忆，心存敬畏，不敢不慎！

习近平总书记指出，重教尚学是中华民族世代传承的优良传统，是中华民族生生不息的内在动力。贵州教育的发展轨迹便是鲜明的例证。610年前的1413年，黔省甫设，即重兴学，俟后人才接踵云兴，并以“万马如龙出贵州”之势，角逐于华夏科举场上，创造了“七百进士六千举人”“三鼎甲”的傲人成绩，一时“俊杰之士，比于中州”，声动宙合！1910年，刚刚出任贵州教育总会副会长的麻江人周恭寿，远赴京沪，参观新学，发出“黔之振兴、教育为大”的兴教强音……时移世易、初心不改，崇文重教、筑梦未来！贵州今日之辉煌，得益于昨日之贵州教育；贵州明日之精彩，托付于今日之贵州教育！

2022年，只是历史长河中的须臾一瞬，却是不断“见证历史”的一年。2022年，我们凝心聚力、偕行向美，为党育人、为国育才，始终与国家同呼吸、与民族共命运，脚踏实地奔跑在贵州教育这片热土上，各项事业成绩显著、亮点纷呈。我们该如何记录？我们认为宏大叙事最终都会落脚到个人的叙事中，一个个微观故事汇聚成贵州教育的发展大势。我们以宏大叙事为纲，以微观故事为目，以凝聚初心为始，以“美的教育”为终，把视角对准基层，把版面留给师生，把笔墨洒向一线，既要见“事”更要见“人”，以“小切口”，做“大宣传”，发“大宏愿”，树“大教育”：让每一个贵州教育人为教育——这部永不完结的史诗——作注！

幸甚！在省教育厅各部门、各单位的全力配合下，在全省各有关高校、各级教育行政部门的鼎力襄赞下，终成此书。同时，本书在编纂过程中还收录了有关媒体的部分新闻作品。在此，编写组谨向所有给予本书关注、帮助、支持的单位和同志致以最诚挚的敬意，表示最衷心的感谢。

东流逝水，叶落纷纷。当此急就之章，行将付之梨枣，已逾2023年重阳矣。夜漏沉沉，秋灯一穗，蓦地清风四起，书稿散落一地，俯身掇拾，陡生惶恐，编撰是书虽不作千秋之想，亦不愿徒灾梨枣。然编写组才薄智浅、管窥筐举，差讹疏漏在所难免，尚希览者批评指正。

编　者

2023年10月